5-7, rue de l'École-Polytechnique, 75005 Paris

www.editions-harmattan.fr

ISBN : 978-2-343-18659-7
EAN : 9782343186597

À l'origine des écoles de commerce : ESCP Business School, la passion d'entreprendre

Adrien Jean-Guy PASSANT

À l'origine des écoles de commerce : ESCP Business School, la passion d'entreprendre

Préface de Philippe Houzé,
président du conseil d'administration ESCP

Postface de Frank Bournois,
directeur général ESCP

À Jeanne Passant,
sans qui ce livre n'aurait pas vu le jour.

PRÉFACE

Celle qui fut l'École spéciale de commerce de Paris, aujourd'hui ESCP, fête ses 200 ans !

Elle aura traversé sept régimes politiques, deux guerres mondiales, trois révolutions, la décolonisation, plusieurs crises économiques…

Elle aura aidé à transformer l'industrie, le commerce et le monde de l'entreprise par la qualité son enseignement.

Elle figure aujourd'hui en très bonne place dans le classement mondial des business schools et ne cesse d'innover en matière de développement managérial et interculturel.

Cette résilience, elle la doit à des générations d'entrepreneurs, de professeurs, d'étudiants, de diplômés qui se sont succédé dans les murs des différents établissements que nous avons occupés.

Soyons fiers mais restons humbles devant un tel succès et regardons ouvertement les défis qui nous guettent.

Les jeunes générations de participants seront confrontées à la transformation de l'entreprise pour savoir gérer la révolution numérique.

Les modes de management, les rapports hiérarchiques, le cadre de travail, la raison d'être de l'entreprise, tout cela évolue à grande vitesse et c'est notre responsabilité que de former les jeunes à s'y intégrer et à y prospérer.

En 1819, c'est déjà un groupe d'entrepreneurs, comme ils se sont dénommés, qui fonda l'école en créant un enseignement fondé sur la méthode des cas pour aider au développement des affaires.

Par la suite, l'école s'est dotée d'une taille critique sur le marché européen et international des formations supérieures en management.

En 2018, ESCP a changé de statut, elle a acquis son autonomie. Elle est prête à s'ériger comme un modèle à vocation mondiale.

Un véritable challenge nous est lancé et nous saurons y faire face comme nos anciens et nous-mêmes avons déjà su répondre à ceux auxquels nous avons été confrontés ces 200 dernières années !

Philippe Houzé
Président du Conseil d'Administration ESCP

INTRODUCTION

Lors du discours de fin d'année du 27 juin 1821, le député et manufacturier Guillaume Ternaux, s'adressant aux élèves de la jeune École spéciale de commerce, se réjouissait[1] :

> « Amant passionné de la profession à laquelle j'ai sacrifié tous les moments de ma vie, il m'est bien doux, messieurs, de rendre justice aux vues éclairées et patriotiques du fondateur de cet établissement, et de voir en vous une pépinière de jeunes élèves destinés à porter à un degré inconnu, jusqu'à nos jours, la gloire de notre industrie et de notre commerce. »

Près de deux siècles plus tard, la vision de Guillaume Ternaux semble bien s'être accomplie. L'école, rebaptisée « ESCP », ne compte plus les grandes figures du commerce et de l'industrie, mais aussi de la politique, des médias, des sports, des lettres ou des arts qui sont passées en ses murs[2]. Le bicentenaire que l'école ESCP a célébré à la fin de l'année 2019 est loin d'être une commémoration anodine. Ce bicentenaire rappelle une date mémorable qui n'est pas seulement celle de la création d'une école de commerce devenue, au fil de péripéties innombrables, la doyenne de toutes les écoles de commerce au monde. 2019 marque surtout le deux-centième anniversaire d'une ère nouvelle, celle qui a vu émerger durablement l'enseignement commercial – que l'on connaît aujourd'hui sous l'appellation d'« enseignement de la gestion ».

Si la pertinence d'un tel enseignement est aujourd'hui indiscutable, tel n'était pas le cas à l'époque, loin de là. Les hommes et les femmes qui venaient de traverser la bourrasque de la période révolutionnaire étaient en grande partie imprégnés des préjugés de l'Ancien Régime ou encore fanatisés par l'éblouissante épopée impériale. Les carrières militaires, ecclésiastiques, politiques ou encore scientifiques étaient fort prisées ; de même que les carrières plus libérales dans la médecine ou dans l'avocature. La voie d'accès aux formations d'élite passait immanquablement par l'enseignement dit « classique ». En revanche, les professions commerciales

---

[1] *Le Moniteur universel*, n° 184 du mardi 3 juillet 1821, p. 1. Bibliothèque nationale de France, département droit, économie, politique, GR FOL-LC2-113.

[2] « ESCP » étant une marque et non un acronyme, nous n'effectuerons pas d'élision devant cette appellation lorsqu'elle suivra la préposition « de » ou la conjonction de subordination « que ».

n'étaient pas du tout socialement valorisées. En outre, l'appareil d'État, en matière commerciale, sans être inexistant, était encore fort réduit à l'époque.

En effet, le jeune Code du commerce (1807) ne comptait guère que soixante-dix pages à la fin des années 1810 – loin des trois-mille pages actuelles – tandis que – fait révélateur – aucun ministère de l'Économie, des Finances ou du Commerce n'existait alors[3]. Dans ces conditions, l'enseignement qui préparait à ces professions n'était pas formellement constitué ; l'apprentissage du commerce se faisait alors majoritairement sur le tas et n'était alors pas envisagé comme un levier de reprise économique.

Dans ces circonstances, l'intuition qui a guidé Germain Legret et Amédée Brodart fait d'eux des précurseurs à part entière d'un enseignement appelé à connaître bien plus tard un essor considérable. L'école qu'ils ont fondée en 1819 est fort différente de celle qui se présente à nous à ce jour, indéniablement. Les évolutions qu'elle a traversées – et que retrace le présent ouvrage – nous apprennent que la plupart des étapes franchies avec succès – et qui aujourd'hui paraissent évidentes –, à l'instar de sa reconnaissance par l'État, de son élévation au rang d'établissement d'enseignement supérieur, de l'instauration de la mixité scolaire, ou de l'ouverture de campus européens, n'ont pu être obtenues que très progressivement sur deux siècles. Les cycles d'évolution dans le secteur de l'enseignement, quel qu'il soit, sont en effet, par nature, longs et lents. Si le chemin parcouru est déjà considérable, il est cependant encore loin d'être achevé. Pascal ne représente-t-il pas l'humanité comme un individu qui apprend toujours et se renouvelle sans cesse ?

Certes, depuis le dix-neuvième siècle, une grande partie de l'opinion publique a immanquablement déjà entendu parler de ESCP, quoique ce soit sous des appellations diverses : « École supérieure de commerce de Paris », « ESCP », « Sup de Co Paris » ou encore « ESCP-EAP »[4]. Toutefois, cet établissement est sans doute trop connu pour être véritablement bien connu. Si cette école est généralement considérée comme une école de commerce parmi les meilleures de France et d'Europe, ses évolutions n'ont encore jamais été perçues dans leur ensemble depuis sa création en 1819.

Étonnamment, peu d'études longitudinales ont été publiées sur l'histoire de cette singulière école. Parmi elles, plusieurs travaux abordent partiellement certaines périodes du passé de ESCP[5]. Les seuls écrits qui tentent d'aborder *in*

---

[3] Le premier ministère du Commerce a été institué en France par Napoléon Ier en 1812. Toutefois, son existence fut très brève puisqu'il fut supprimé dès 1813. Ce ministère sera recréé en 1828, mais supprimé dès 1830, avant de jouir d'une pérennité mieux assurée à partir de la Monarchie de Juillet.

[4] Voir annexe 3 du présent ouvrage.

[5] Plusieurs ouvrages méritent d'être ici désignés. Pigeyre F. (1986), « Socialisation différentielle des sexes. Le cas des futures femmes cadres dans les Grandes écoles d'ingénieurs et de gestion », thèse de doctorat en sociologie, Université Paris VII. Maffre P. (1983), « Les origines de l'enseignement supérieur commercial en France au XIXe siècle », thèse de troisième cycle en histoire, Université Paris 1 Panthéon-Sorbonne. De Fournas P. (2007), « Quelle identité pour les Grandes écoles de commerce françaises (HEC-ESSEC-ESCP) ? », thèse de doctorat en sciences de gestion, École polytechnique. Blanchard M. (2015), *Les Écoles supérieures de commerce. Sociohistoire d'une entreprise éducative en*

extenso l'histoire de l'école depuis sa fondation sont au nombre de trois. Ils ont été rédigés soit pour le compte de l'Association des anciens élèves de l'école[6], soit pour celui de la direction de celle-ci[7]. S'il faut rappeler que ces ouvrages ont été publiés pour des cérémonies particulières – l'inauguration des nouveaux locaux de l'école en 1898 puis les célébrations de son centenaire en 1920 et de son cent-soixante-quinzième anniversaire en 1994 –, force est de constater que leurs analyses, parfois incomplètes, voire partiales, ont maintenu dans l'ombre plusieurs périodes de l'histoire de l'école.

Concrètement, l'histoire de l'école, telle qu'elle s'est offerte à nous en 2014 quand nous avons entrepris notre recherche, donnait au chercheur la très vive impression que pour les périodes comprises entre 1830 et 1869, puis entre 1905 et 1947, la trajectoire de l'école était devenue inintelligible, résumée à quelques anecdotes éparses ou péripéties confuses. En cela, une approche plus globale des mutations traversées par l'établissement de 1819 à 2019 restait à produire.

Mettre en perspective les principales évolutions successives traversées par l'école, de sa création à nos jours, tel est l'objectif de cet ouvrage. Il s'agit de comprendre les finalités de ces évolutions, leur déroulement, de même que leurs points d'inflexion ou de rupture. De ce fait, le présent travail est structuré en sept chapitres, correspondant à des séquences cohérentes de l'histoire de l'école. En deux siècles, l'école a plusieurs fois changé de visage[8]. Ces chapitres permettront à chacun de faire la part des continuités ou des ruptures qui ont marqué sa trajectoire historique. Ils devraient également permettre au lecteur de prendre conscience du souci constant que la direction de l'école a toujours eu de répondre aux attentes des entreprises, des banques, des administrations, des associations et, plus largement, des organisations, mais aussi, très occasionnellement, de les anticiper.

France, Paris, Classiques Garnier. Menger P.-M., Marchika C. & Hanet D. (2015), « La concurrence positionnelle dans l'enseignement supérieur. Les Grandes écoles de commerce françaises et leur académisation », *Revue économique*, 66, 237-288. Nioche J. (1997), « Enseigner les affaires par "des opérations de commerce simulées" », *Entreprises et Histoire*, 14-15 (1), 137140. Lecointre J. (1996), *Au service de la cité*, Paris, Chambre de commerce et d'industrie de Paris. Fridenson P. & Paquy L. (2008), « Du haut enseignement commercial à l'enseignement supérieur de gestion (XIXe-XXe siècles) », in P. Le Normand (s.d.), *La Chambre de commerce et d'industrie de Paris 1803-2003. II. Études thématiques*, Paris, Droz, 199-258. Lemercier C. (2001), « La Chambre de commerce de Paris, 1803-1852. Un "corps consultatif" entre représentation et information économiques », thèse de doctorat d'histoire de l'École des Hautes Études en Sciences Sociales. Lemercier C. (2003), *Un si discret pouvoir : aux origines de la Chambre de commerce de Paris 1803-1853*, Espace de l'histoire, Paris : Éditions La Découverte. Loyer D. (1995), « L'École supérieure de commerce de Paris et les Trente Glorieuses (1945-1975) », maîtrise d'histoire, Université Paris X-Nanterre.

[6] Renouard A. (1898), *Histoire de l'École supérieure de commerce de Paris*, Paris, Association des anciens élèves. Renouard A. (1920), *Histoire de l'École supérieure de commerce de Paris (1820-1920)*, Paris, Au siège de l'Association des anciens élèves.

[7] Servan-Schreiber S. (1994), *Les épices de la République. ESCP – École supérieure de commerce de Paris – Itinéraire d'une Grande école*, 1819-1994, Paris, CPL.

[8] Pour un aperçu synthétique de ces évolutions, voir les annexes 3, 4, 5, 6 et 7 du présent ouvrage.

Chapitre 1

La fondation de l'école.
Au commencement étaient deux entrepreneurs...
(1819-1830)

Au sortir du Congrès de Vienne en 1815, Louis XVIII et son gouvernement sont confrontés au lourd fardeau d'une liquidation européenne compliquée de la charge non moins pesante des dettes révolutionnaires. Dans ce contexte, l'année 1819 semble marquer la première étape du redressement national. Il s'agit en effet de la première année que le pays connaît après avoir réglé, en 1818, les ultimes dettes de la guerre et avoir été évacué, fin 1818, par les dernières troupes d'occupation. Toutefois, le contexte dans lequel émerge l'École spéciale de commerce et d'industrie est d'autant plus difficile que les mentalités, à l'époque, déprécient fortement les activités commerciales (1.). Pour aider au relèvement du pays, plusieurs essais sont tentés en France pour établir des écoles où le goût et la méthode des affaires puissent être inculqués aux générations d'alors et à venir. Ces essais ne sont pas dépourvus d'antécédents en Europe : dans plusieurs pays, des établissements de formation au commerce ont aussi été ouverts dès les années 1750 et le début des années 1800 (2.). Parmi toutes ces tentatives pionnières, une seule a finalement subsisté jusqu'à aujourd'hui : l'école qui allait devenir ESCP. Cette dernière a été fondée le 30 octobre 1819 par deux négociants inconnus du grand public : Germain Legret et Amédée Brodart (3.). Associant leur expérience et leurs compétences, ils ont conçu le plan de l'École spéciale de commerce et d'industrie non pas comme une énième école de commerce, mais comme un établissement de formation au positionnement alors inédit, à la fois par la durée de ses études, le profil de ses élèves et les fonctions auxquelles ces derniers étaient préparés (4.). Les années 1820 voient ainsi l'école se constituer progressivement autour d'un noyau appelé à demeurer pérenne : une formation dense et aux prétentions élitistes (5.). Cependant, la fragilité interne de l'établissement et les à-coups que lui porte son environnement ont grandement perturbé le fonctionnement de l'école pendant ses premières années (6.).

1. Un difficile contexte d'émergence pour l'enseignement commercial en France

De la fin du dix-huitième siècle au premier quart du dix-neuvième siècle, la France a mis en place un appareil d'enseignement supérieur sans équivalent à l'époque : l'École des ponts et chaussées est ouverte en 1775, l'École des mines en 1783, le Conservatoire des arts et métiers en 1794, c'est-à-dire la même année que l'École normale et que l'École polytechnique, quelques mois avant la création de l'École spéciale des langues orientales en 1795. L'Université de France est, quant à elle, recréée en 1808, après avoir été supprimée en 1793 par décret de la Convention nationale, tandis que l'École centrale des arts et manufactures voit le jour en 1829. Comme le rappelle Yannick Lemarchand[9], la politique éducative de la France est alors considérée à l'époque par ses promoteurs comme une condition du rattrapage industriel de la France.

Toutefois, force est de constater que l'enseignement commercial ne figure pas au programme de ces écoles scientifiques. Il faut attendre l'année 1819 pour voir apparaître les premières tentatives d'instauration d'un enseignement commercial de niveau post-secondaire en France avec l'ouverture de l'École spéciale de commerce et d'industrie par deux négociants parisiens le 30 octobre. Cette école, qui deviendra par la suite ESCP, précède de quelques semaines la création d'un cours d'économie industrielle au Conservatoire des arts et métiers, le 2 décembre. Pourquoi cette situation ? Si, depuis le Moyen Âge au moins, existaient en France des cours de tenue de livres et d'arithmétique commerciale, ce n'est qu'à la fin du dix-huitième siècle, voire au tout début du dix-neuvième siècle, qu'apparaissent les écoles de commerce en France. Les explications à cette situation sont de plusieurs ordres.

Culturellement d'abord, les élites françaises ont pendant plusieurs siècles été globalement hostiles à l'exercice du commerce et à son enseignement. Les lois de dérogeance, apparues au Moyen Âge, ont, en effet, fait de l'exercice d'une activité commerciale par la noblesse une cause de perte des privilèges associés à cet état, et donc une cause de retour à la roture. Des exceptions ont toutefois été concédées au fil du temps : les arts de la verrerie et de la métallurgie ont été jugés compatibles avec l'état de noblesse. Une ordonnance royale de 1629 ouvre, de même, l'accès du commerce maritime aux nobles, avant qu'une autre ordonnance de 1701 ne leur autorise le négoce en gros. Toutefois, ces autorisations, concédées à la noblesse pour pratiquer une activité commerciale, ont peu été suivies d'effets dans la mesure où les aristocrates français d'alors, freinés par l'interdiction des prêts à intérêts dictée par l'Église catholique[10], répugnaient généralement aux

[9] Lemarchand Y. (1993), « Du dépérissement à l'amortissement, enquête sur l'histoire d'un concept et de sa traduction comptable », thèse de doctorat en sciences de gestion, Université Paris XII.

[10] En 1187, le pape Urbain III condamne toute forme d'intérêt en se fondant sur le chapitre 6, verset 35 de l'Évangile selon Saint Luc. Cette interdiction sera rappelée en 1745 par le pape

activités marchandes, considérant le métier des armes comme le seul digne de leur lignée. De leur côté, les bourgeois français – qui eux n'étaient pas concernés par les lois de dérogeance – étaient peu désireux de voir les membres de la noblesse – qui ne payaient pas l'impôt du fait de leur statut privilégié – s'immiscer dans les affaires ; ce qui aurait entraîné une limitation de leurs gains. Colbert a, certes, tenté de réformer cet état de fait, mais il n'y est pas véritablement parvenu. Son ordonnance de 1673 prévoyait une formation pour les futurs commerçants en France, mais elle eut peu d'effets. Si les prohibitions ci-dessus décrites ont progressivement disparu des lois du royaume, elles sont cependant restées actives dans les mœurs, écartant de ce fait du commerce et de son enseignement une partie des élites du pays, et notamment celles qui possédaient les capitaux. Simultanément, une partie des commerçants eux-mêmes ont longtemps été hostiles à un enseignement formalisé du commerce. L'éducation au négoce relevait pour beaucoup de l'apprentissage pratique dans le comptoir familial. Une formation en école de commerce paraissait dès lors, aux yeux du Conseil général du commerce en 1807, inutile, voire nuisible dans la mesure où elle risquait de former des jeunes gens « très docteurs, plus savants que les personnes chez qui ils travailleraient [et qui] au lieu de s'instruire, régenteraient leurs maîtres et se moqueraient de leur ignorance ».[11]

Si la culture élitiste française a longtemps pu freiner l'émergence de l'enseignement commercial, en revanche, le contexte politico-économique du début du dix-neuvième siècle conduit à une évolution significative. Le dix-neuvième siècle naissant est en effet propice à cet enseignement dans la mesure où la Révolution industrielle impose aux entreprises un système de concurrence généralisé, forçant un grand nombre de ces dernières, pour se mesurer les unes aux autres, à calculer, pour la première fois de leur histoire, leurs prix de revient[12]. Partant, la réalisation de ces calculs provoque la généralisation de l'usage de la comptabilité en partie double et, indirectement, la nécessité de son enseignement[13]. Politiquement, la période postrévolutionnaire a favorisé la création de cours commerciaux et d'écoles de commerce. Les premières formations commerciales en France sont nées avec le développement d'une bourgeoisie industrielle et commerçante. Cet enseignement est, en effet, très lié au développement du pouvoir bourgeois. En 1801, est ainsi créé un cours de théorie commerciale à Bordeaux au sein de la Bourse de commerce. Cependant, ce sont généralement les hommes politiques au niveau local, voire régional, qui soutiennent les premières

---

Benoît XIV dans son encyclique *Vix pervenit*. Ces interdictions ont contribué, culturellement, à établir un certain mépris du commerce et de l'argent au sein de la noblesse française.

[11] Degos J.-G. (2015), "A modern critical accountant in the French Revolution: Pierre B. Boucher of Bordeaux", *International Journal of Critical Accounting*, Vol.7 No.5/6, pp. 512-524.

[12] Démier F. (2012), *La France de la Restauration (1814-1830). L'impossible retour du passé*, Paris, Gallimard.

[13] Nikitin M. (1992), « La naissance de la comptabilité industrielle en France », thèse de doctorat en sciences de gestion, Université Paris-Dauphine.

manifestations d'enseignement commercial. Le pouvoir central ne s'implique pas dans ce domaine. Initialement en effet, l'État est plutôt indifférent aux écoles de commerce qui naissent sur son territoire.

Au début du dix-neuvième siècle, deux importants projets de création d'écoles de commerce voient le jour en France. Le premier est rédigé en 1800 par Vital Roux, un négociant lyonnais. Son ouvrage, *De l'influence du gouvernement sur la prospérité du commerce*, propose la création d'écoles publiques fondées sur la pratique du commerce simulée. L'État ne donne pas suite à ce projet[14]. Le second, en 1807, est l'œuvre de Boucher, négociant bordelais. Ce dernier propose un plan de création d'écoles de commerce publiques. Son plan est soumis au Conseil général du commerce[15] dès 1807. L'avis de ce dernier est cependant négatif, notamment en raison du caractère trop théorique du plan d'études envisagé. Les motivations du refus précisent que les projets de Boucher constituent « des systèmes produits par de bonnes intentions mais fondés sur des abstractions [...] prises d'un point de vue trop élevé et trop au-dessus de ce que l'ordre social peut désirer d'utile et de nécessaire dans la pratique »[16]. Cet avis défavorable est suivi par le gouvernement : le ministre de l'Intérieur ne donne pas suite aux projets d'écoles de commerce publiques. Dès lors, dans les premières années du siècle, les écoles de commerce privées voient le jour, indépendamment de tout soutien des autorités étatiques[17].

2. Quelques écoles pionnières... et éphémères

Dans ce contexte, plusieurs écoles de commerce privées se créent dans les grandes villes françaises. L'Académie de commerce de Paris est ainsi ouverte en 1815 par deux anciens négociants, Van Acker et Legret, pour accueillir de jeunes garçons à partir de l'âge de 11 ans révolus[18]. Au début des années 1820-1830, d'autres projets de création d'écoles similaires voient le jour et se concrétisent au Havre et à Marseille (1821). Une école est

[14] Maffre P. (1983), « Les origines de l'enseignement supérieur commercial en France au XIXe siècle », thèse de troisième cycle en histoire, Université Paris 1 Panthéon-Sorbonne.

[15] Créé en 1803, le Conseil général du commerce est établi près le ministre de l'Intérieur. Composé de membres désignés par les Chambres de commerce, il donne son avis au ministre pour toutes les questions de législation et d'administration relatives au commerce.

[16] Archives nationales, F12, 521/522 « Avis du Conseil général du commerce rendu le 23 janvier 1807.

[17] Fridenson P. & Paquy L. (2008), « Du haut enseignement commercial à l'enseignement supérieur de gestion (XIXe-XXe siècles) », in P. Le Normand (s.d.), *La Chambre de commerce et d'industrie de Paris 1803-2003. II. Études thématiques*, Paris, Droz.

[18] Il est difficile de déterminer l'apparition en France de la première école de commerce. L'Académie de commerce de Mulhouse, fondée dans cette ville en 1781 par deux industriels, Koechlin et Thierry, a été ouverte à une époque où Mulhouse n'est pas encore rattachée à la France. La République de Mulhouse est en effet indépendante jusqu'à sa réunion à la jeune République française le 3 janvier 1798. À cette date, l'école avait déjà fermé ses portes depuis dix ans.

ouverte à Lyon en 1822, mais elle aurait fermé ses portes en 1823[19] ou après 1829[20]. Une école de commerce ouvre de même à Troyes en 1823 sur le modèle de l'École spéciale de commerce de Paris. Une autre école de commerce est créée à Nantes en 1828, mais elle ne semble pas avoir perduré[21]. De même, une école de commerce est créée à Toulouse en 1839 sur le plan de l'école parisienne[22], mais elle est contrainte de fermer ses portes dans des conditions qui ne nous sont pas encore connues. La grande majorité de ces écoles de première génération semblent avoir rencontré un succès incertain et, en tous cas, ont connu une existence éphémère, à l'exception de l'École spéciale de commerce de Paris.

La multiplication de ces écoles privées vise à pallier les carences traditionnelles de l'Université, qui délaisse alors l'enseignement commercial. La plupart de ces écoles pionnières forment alors, en raison de l'absence complète d'enseignement commercial de niveau post-secondaire ou supérieur, des jeunes garçons âgés généralement de 11 ans accomplis. Leur objectif est de former des comptables, alors appelés « teneurs de livres », des vendeurs, des commis et des employés de bureau. Leurs programmes s'articulent principalement autour des langues vivantes, de l'arithmétique, de la géographie, de l'étude de la composition des marchandises et de la calligraphie. Le droit n'y est enseigné qu'après la création du Code de commerce en 1807.

Toutefois, comme le souligne l'historien Philippe Maffre, le développement indiscipliné des premières écoles de commerce fondées par « esprit de lucre mal inspiré, ou bien [par] volonté de propager certaines idées [à une époque où] on fondait une école pour avoir une tribune, comme on aurait pu créer un journal »[23], amène le gouvernement à encadrer ces initiatives privées. Le gouvernement de la Restauration se révèle en effet hostile au libéralisme économique, voire politique, que professent certains enseignants d'écoles de commerce[24]. De ce fait, l'État a cherché à rattacher certaines de ces écoles de commerce à l'Université pour mieux en encadrer le développement. Afin de limiter la propagation d'écoles de commerce privées, le gouvernement de Louis XVIII a ainsi projeté, au début des années 1820, de fonder des écoles de commerce d'État. Un projet d'ordonnance de

---

[19] Renouard A. (1920), *Histoire de l'École supérieure de commerce de Paris (1820-1920)*, Paris, Au siège de l'Association des anciens élèves, p. 4.

[20] Bodé G. (2012), « À la recherche de l'Arlésienne : l'enseignement commercial en France (1800-1940) », *Histoire de l'éducation*, 136, p. 60.

[21] Renouard A. (1920), *Histoire de l'École supérieure de commerce de Paris (1820-1920)*, Paris, Au siège de l'Association des anciens élèves, p. 5.

[22] « École commerciale de Toulouse ». Archives nationales, F12/6169.

[23] Maffre P. (1983), « Les origines de l'enseignement supérieur commercial en France au XIXe siècle », thèse de troisième cycle en histoire, Université Paris 1 Panthéon-Sorbonne, p. 216.

[24] Démier F. (2003), « La construction d'une identité libérale (1808-1848) », in C. Bouneau, E. Bussière, F. Démier, R. Frank, P. Lacombrade, M. Lescure, L. Meignen, C. Omnès, A. Plessis & M. Quenet (2003), *La Chambre de commerce et d'industrie de Paris (1803-2003) : histoire d'une institution*, Paris, Librairie Droz, p. 58.

1821 révèle ainsi que le gouvernement de la Restauration avait caressé l'idée d'établir, dans chaque académie, une école de commerce. Une résurrection des projets de Vital Roux et de Boucher ? L'enseignement de ces écoles de niveau secondaire devait durer six années et comprendre l'enseignement de l'arithmétique, du droit, de la composition des marchandises, des langues vivantes, de la géographie et de l'histoire, mais aussi du latin, et de la religion catholique. Ce projet, pour des raisons encore incertaines, ne vit finalement pas le jour[25]. L'enseignement commercial ne faisait décidément pas partie des priorités du gouvernement de la Restauration.

3. Deux fondateurs pour un projet éducatif novateur

C'est dans ce contexte difficile que germe, à Paris, le projet d'ouverture d'une école de commerce d'un genre nouveau. Ce projet est conçu par deux négociants largement inconnus du public : Germain Legret et Amédée Brodart. Qui sont-ils ?

Germain Legret est né en 1752 en région parisienne, en Seine-et-Marne, dans une commune alors dénommée Rosay. Il semble avoir travaillé pour l'armée française et avoir été négociant à la fin des années 1790 et au début des années 1800. C'est à cette époque, en 1798, qu'il est initié à la franc-maçonnerie à Bruxelles à la loge des « Amis philanthropes ». Il avait été amené à Bruxelles par l'occupation française au sein de laquelle il aurait occupé les fonctions d'employé à l'Imprimerie des armées. Il réside manifestement dans cette ville plusieurs années avant de partir pour Madrid et, vers 1806, pour Bordeaux, avant de s'installer à Paris. Avec son collègue belge Van Acker, Germain Legret ouvre une première école : l'Académie de commerce de Paris en 1815. Cette dernière forme de jeunes garçons âgés de 11 ans révolus aux opérations de commerce. Toutefois, cette première école de commerce est éphémère et ferme ses portes, faute de financements, au début de l'année 1818. Ce premier échec ne décourage pas Germain Legret car il ouvre une deuxième école de commerce parisienne dont l'existence semble avoir été encore plus éphémère que la première, puisqu'elle n'est attestée que pour la seule année 1818[26]. Il s'agit d'une école ouverte en avril 1818 et dénommée « École spéciale de commerce ». Cette école est installée au domicile personnel de Germain Legret dans Paris – au 4 rue du Bouloi – où il a conservé tout le matériel scolaire de la précédente Académie de commerce. Il s'agit d'une nouvelle école de commerce « où l'enseignement est divisé en deux classes : dans la première, les élèves acquièrent tous les éléments de la science du commerce ; dans la seconde, ils en font

[25] Maffre P. (1983), « Les origines de l'enseignement supérieur commercial en France au XIXe siècle », thèse de troisième cycle en histoire, Université Paris 1 Panthéon-Sorbonne, pp. 24-25.

[26] *Journal des débats politiques et littéraires*, jeudi 30 avril 1818, p. 2. Bibliothèque nationale de France, département estampes et photographie, RESERVE QB-370 (69)-FT 4.

l'application au moyen d'une pratique simulée »[27]. Cette école est décrite par les contemporains comme pratiquant des prix modérés et accueillant des élèves externes, mais également quelques pensionnaires. Aucune donnée chiffrée ne nous est connue. Dans tous les cas, cette école ne perdure pas et, comme sa devancière fondée en 1815, elle disparaît rapidement du panorama éducatif parisien. Ces échecs successifs ne dissuadent pas Germain Legret de renouveler l'essai une troisième fois, quelques mois plus tard, avec un nouvel acolyte, Amédée Brodart.

Né le 25 octobre 1789 dans l'Eure, à Étrépagny, Amédée Brodart est entré à l'École spéciale militaire de Saint-Cyr en 1807, soit cinq années après la création de cette école par Napoléon Bonaparte. Il est promu caporal le 28 juillet 1808 et nommé sous-lieutenant au 58e régiment d'infanterie par décret du 12 décembre 1809. De ce fait, il participe aux guerres napoléoniennes et, en particulier, aux guerres d'Espagne pendant les années 1809, 1810 et 1811. Blessé d'un coup de feu à Albufera le 16 mai 1811, il est fait prisonnier par les Anglais. La blessure reçue ne guérit pas et Amédée Brodart est amputé de la jambe droite, à 22 ans. Après treize mois de captivité, il rentre en France le 25 juin 1812. Son amputation ne lui permet plus de livrer bataille et c'est pourquoi il est nommé commis auxiliaire au ministère de la Guerre en août 1812, avant d'être mis à la retraite en tant que soldat, avec une solde militaire consentie par Napoléon Ier. Ce dernier le nomme chevalier de la Légion d'honneur le 17 janvier 1813. Il est définitivement réformé après les Cent-Jours, le 8 août 1815, pour avoir manifesté ses sentiments bonapartistes après Waterloo. Après une carrière militaire brisée nette pour infirmité et une carrière administrative également interrompue de manière anticipée pour raisons politiques, il semble qu'Amédée Brodart se soit tourné vers le commerce et, particulièrement, vers le négoce du textile où il aurait fait la connaissance de Germain Legret.

Les deux hommes ont trente-sept ans de différence d'âge. Toutefois, tous deux sont de fervents admirateurs de Napoléon Ier et, comme toute la génération de la période Révolution-Empire, ces hommes ont été très marqués, dans leur esprit comme dans leur corps, par les années de guerre. Ils aspirent à œuvrer pour la paix, partageant l'espérance, comme bon nombre de leurs contemporains, que « le besoin du commerce enfantera la paix », suivant le vers fameux du poète Marie-Joseph Chénier.

Dans les faits, après la guerre, les deux hommes se sont lancés dans le commerce du textile. L'action de Germain Legret et d'Amédée Brodart est guidée par les conseils de Vital Roux, l'un des auteurs du Code de commerce, qui a publié plusieurs écrits en faveur de l'enseignement commercial en France. Leur constat est le suivant : l'instruction commerciale est délaissée en France, alors même que l'industrialisation du pays exige une main-d'œuvre qualifiée pour la servir. Des établissements de formation commerciale existent, certes, à l'étranger et forment déjà des profils internationaux, mais ils ont des spécificités

[27] *Journal des débats politiques et littéraires*, jeudi 30 avril 1818, p. 2. Bibliothèque nationale de France, département estampes et photographie, RESERVE QB-370 (69)-FT 4.

qu'ils jugent dissuasives pour les élèves français[28]. En effet, les quelques écoles de commerce qui existent alors en Europe sont ouvertes à de très jeunes garçons. Tel est le cas, par exemple, de l'École de commerce de Saint-Pétersbourg créée en 1772 ou de celle de Moscou, ouverte en 1804, qui forment des jeunes garçons âgés d'une dizaine d'années. En outre, certaines écoles polytechniques proposent aussi, depuis le début du dix-neuvième siècle, une formation commerciale dédiée aux élèves ayant achevé leur formation secondaire ; à l'instar, par exemple, de l'École polytechnique de Prague depuis 1806 ou de l'École polytechnique de Vienne depuis 1815[29]. Cependant, ces établissements offrent une formation commerciale qui, quoique très dense – comprenant généralement entre 1 000 et 1 300 heures de cours à l'année –, est très brève en durée puisque la scolarité dans la section commerciale n'y dépasse pas un an généralement. Leur nombre d'élèves, en outre, est faible, compris entre quelques unités et une douzaine[30].

De ce fait, Germain Legret et Amédée Brodart conçoivent le plan d'une école de commerce accueillant des jeunes gens ayant achevé leur scolarité secondaire et prêts à consacrer deux à trois années pleines à l'enseignement commercial, en compagnie d'élèves internationaux. En agissant ainsi, ils font preuve d'esprit d'entreprendre, car ils ont été capables d'identifier et d'exploiter avant les autres une opportunité sur le marché de l'éducation. Ils créent ainsi en 1819, sur leur fortune personnelle, l'École spéciale de commerce et d'industrie dont l'intitulé révèle bien l'ambition : il s'agit de préparer les jeunes gens au commerce et à l'industrie – dans le secteur civil – à une époque où aucune formation de niveau supérieur n'existe encore dans ces domaines en France[31]. Selon le vocabulaire d'alors, l'école est ouverte sous la dénomination d'école « spéciale » car elle n'est pas considérée comme une école d'« application », dans la mesure où, en matière commerciale et industrielle, l'application ne trouve sa place que dans la pratique proprement dite. Elle n'est pas non plus dénommée école d'« apprentissage », dans la mesure où le commerce ne recouvre pas un seul métier : l'enseignement commercial renvoie à toute une série de professions[32]. Sa mission est de former, suivant les termes de l'époque, des « chefs de maison » et des « employés supérieurs ».

---

[28] Voir annexe 1 du présent ouvrage.

[29] Voir annexe 2 du présent ouvrage.

[30] Passant A. J.-G. (2016), "Issues in European business education in the mid-nineteenth century: A comparative perspective", *Business History*, 58, 7, 1118-1145.

[31] Les écoles nationales d'arts et métiers, fondées à la fin du dix-huitième siècle, avaient encore un caractère militaire au début du dix-neuvième siècle. Source : Grelon A. (1997), « Écoles de commerce et formations d'ingénieurs avant 1914 », *Entreprises et Histoire*, n° 14-15, pp. 29-45.

[32] De fait, la scolarité est organisée sur deux ou trois années dénommées « comptoirs », et le passage d'un comptoir à l'autre est effectué après examen. L'admission au sein de l'école est alors possible à tout moment de l'année et réalisée sans concours. Source : Gervais, Guillaume (1865). « Notice sur l'École Supérieure du Commerce », in *Enquête sur l'enseignement professionnel ou Recueil de dépositions faites en 1863 et 1864 devant la Commission de l'enseignement professionnel sous la présidence de son Exc. M. Béhic,*

Afin de lancer la nouvelle école, les fondateurs ont le talent de s'entourer de personnalités brillantes telles que Vital Roux, Jean-Baptiste Say, Adolphe Blanqui, Jean-Antoine Chaptal, Jacques Laffitte et Casimir Perier. Avec le temps, certains de ces individus seront même associés, dans la mémoire de l'école, à Legret et Brodart comme fondateurs de l'école, au point même d'éclipser complètement ces derniers.

La vérité historique commande cependant de rappeler que seuls Legret et Brodart sont les fondateurs de l'école en 1819. Les associés qui les ont rejoints par la suite ne peuvent prétendre à ce titre[33]. Ces derniers peuvent être valablement assimilés, pour certains, à des inspirateurs du projet d'ouverture de l'école, comme Vital Roux. D'autres peuvent être qualifiés de soutiens moraux comme Jean-Antoine Chaptal, Casimir Perier ou Jean-Baptiste Say, qui ont été membres du premier conseil de perfectionnement de l'école dès 1825. Enfin, certains ont constitué des soutiens financiers pour celle-ci, comme Guillaume Ternaux et Jacques Laffitte, qui ont avancé de l'argent à la direction de l'école au début des années 1820[34].

4. L'École spéciale de commerce et d'industrie : un établissement inédit

L'École spéciale de commerce et d'industrie ouvre ses portes à Paris le 30 octobre 1819. Ses débuts sont modestes : Germain Legret héberge l'école à son domicile de la rue du Bouloi dans Paris pendant quelques semaines, en octobre et en novembre 1819. À l'époque, cette adresse correspond à une maison historique possédant deux façades. La première, au 4 rue du Bouloi, était située « non loin d'une cour de Messageries où coches et pataches déversaient toute la journée des flots de voyageurs »[35]. La seconde façade donnait rue de Grenelle-Saint-Honoré (près du n° 158 de la rue Saint-Honoré de nos jours), c'est-à-dire à proximité immédiate de l'ancien Hôtel des Fermes. L'installation de l'école au domicile de Germain Legret est provisoire ; le temps pour les fondateurs de recruter les premiers élèves et les premiers enseignants, mais aussi le temps d'aménager les locaux de l'Hôtel des Fermes choisi pour héberger à terme

---

ministre de l'Agriculture, du Commerce et des Travaux publics, Paris, Imprimerie impériale, pp. 675-688.

[33] Passant A. J.-G. & Arreola F. (2019), « Depuis quand apprend-on l'entrepreneuriat ? Une étude de cas historique dédiée à l'ESCP », *Entreprendre et Innover*, 42-43(3), 146-158.

[34] Toutefois, l'école, déficitaire entre 1819 et 1824, n'a pas été en mesure de les rembourser : en 1824, elle doit 175 000 francs à ses créanciers. L'une des principales missions de la société en commandite générale, dirigée à partir de 1824 par Henri Monnier des Taillades, a justement été de rembourser ses créanciers. Source : Lemercier C. (2001), « La Chambre de Commerce de Paris, 1803-1852. Un 'corps consultatif' entre représentation et information économiques », Thèse de doctorat d'histoire de l'École des Hautes Études en Sciences Sociales, p. 423.

[35] De Vorney G. (1905), « L'enseignement commercial », *Le Rappel* du 29 juin 1905. Bibliothèque nationale de France, département droit, économie, politique, JOD-43.

l'école[36]. C'est ainsi le 1er décembre 1819 que l'école s'installe à quelques mètres du logement personnel de Germain Legret, dans l'Hôtel des Fermes. Cet immeuble se révèle bien vite trop étroit et l'école doit déménager quelques mois plus tard. En 1820, le directeur signe ainsi un bail de neuf ans avec le joailler Louis-François Radu et son épouse pour louer la majeure partie de l'Hôtel de Sully et de son jardin[37]. Situés au 143 rue Saint-Antoine, dans l'arrière-corps de ce bâtiment prestigieux, les locaux de l'école sont alors suffisamment vastes pour accueillir 250 élèves[38]. Manifestement, les fondateurs de l'école voient grand et espèrent que leur école va s'engager rapidement dans la voie de la croissance.

Durant ces premières années, l'école n'accueille que de jeunes garçons âgés de 15-16 ans au minimum et ayant achevé leurs études secondaires. Pour l'époque, ce sont des conditions d'accès très sélectives. À 16 ans en effet, tous les élèves en France et en Europe ont alors achevé leur instruction élémentaire et atteint l'âge minimum légal au-delà duquel l'école n'est plus obligatoire. Leur détermination à suivre un enseignement commercial doit alors être mûrement réfléchie et suffisamment inébranlable pour ne pas fléchir aux premières difficultés venues. Comme mentionné plus haut, les rares écoles de commerce qui existent à l'époque sont nettement moins sélectives en termes d'âge et de formation antérieure que l'école parisienne. De même, par rapport à ses devancières que sont l'Académie de commerce de Mulhouse (1781-1788) ou l'Académie de commerce de Paris (1815-1818), qui recrutaient les élèves à partir de 11 ans, la nouvelle école est plus sélective.

À cette sélectivité scolaire s'ajoute une sélectivité sociale : l'école accueille des externes, des demi-pensionnaires et des internes payant respectivement 500 francs, 1 000 francs et 1 200 francs à l'année. De telles sommes sont très élevées pour l'époque quand on sait que le salaire moyen d'un ouvrier dans l'industrie s'établit alors à 700 francs annuels alors que celui d'un artisan serrurier s'élève à 1 100 francs annuels[39]. En outre, chaque année, entre quatre et six élèves de dernière année sont admis à effectuer un voyage d'études de trois mois sous la

---

[36] Voir annexe 4 du présent ouvrage.

[37] De fait, au dix-neuvième siècle, l'administration de l'école a eu tendance à faire de l'année 1820 la véritable année de naissance de l'école. Les dirigeants jugeaient en effet plus valorisant de faire coïncider l'ouverture de l'école avec son installation dans le prestigieux Hôtel de Sully. Ce rajeunissement avait aussi le mérite de passer sous silence les commencements très modestes de l'école dans le petit trois-pièces de son fondateur en 1819. L'année 1820 est d'ailleurs gravée sur la façade en pierre de l'établissement, au 79 avenue de la République à Paris, où elle est présentée à tort comme l'année de fondation de l'école.

[38] Le contrat de bail prévoit que la direction de l'école n'a pas le droit de coller d'affiches commerciales dans les locaux ni même d'abattre de cloisons ou d'en élever de nouvelles. En outre, obligation lui est faite d'entretenir « le jardin et les arbres et les arbustes de toute nature et les espaliers qui le garnissent ». Source : « Extrait de la lettre adressée le 20 février 1825 à son Excellence le ministre de l'Intérieur par M. Le Comte Chaptal », in École spéciale de commerce, *Règlement intérieur de l'établissement,* Librairie du Commerce, rue Sainte-Anne, n° 71, Paris, 1825, pp. 12-16. Archives de la Bibliothèque historique de la ville de Paris, 4-BRO-117512.

[39] À cette époque, le comptable et le directeur de l'école perçoivent respectivement un salaire de 3 000 et de 8 000 francs annuels.

direction du professeur de technologie, pour visiter « dans toute la France, les manufactures, les places commerciales et les villes maritimes », moyennant un prix à forfait de 12 francs par jour[40]. Ces visites, maintenues durant tout le dix-neuvième siècle, amènent les élèves à découvrir les grands centres de commerce français, mais également étrangers. Les villes de Lille, d'Anvers, d'Amsterdam, de Bruxelles, de Liège et de Gand sont ainsi très régulièrement visitées par les élèves. Les frais de scolarité, augmentés éventuellement des frais de voyage, révèlent que l'École spéciale de commerce et d'industrie était alors une école réservée à une minorité d'enfants issus des classes aisées. Cette sélectivité scolaire et sociale semble ne s'accompagner d'aucune complaisance de la part de l'administration de l'école : il ne suffit pas que les élèves soient parvenus à être intégrés pour demeurer à l'école. En effet, ils doivent s'y révéler studieux. Le règlement scolaire de l'année 1822 mentionne ainsi que « après six mois d'épreuves, tout élève qui, pour n'importe quelle cause, est reconnu n'avoir fait aucun progrès, est rendu à ses parents »[41].

Comment s'organise la scolarité ? L'école est alors divisée en trois classes dites « comptoirs ». Les deux premiers comptoirs prodiguent des cours théoriques alors que le dernier propose, dans le sillage des préconisations de Vital Roux, une pratique simulée des affaires. Les élèves y procèdent ainsi à des opérations boursières simulées, avec des monnaies fictives. Les élèves de dernière année sont conduits au Tribunal de commerce lorsque des causes importantes y sont plaidées. « Tous les élèves indistinctement qui manquent d'exactitude aux heures et jours de classes, sans excuse valable, ou ceux qui y troublent les travaux, sont pointés jusqu'à trois fois, et la quatrième ils sont invités à se retirer »[42]. À l'époque, le recrutement repose sur des épreuves d'examen oral uniquement pour les candidats. Ces derniers peuvent intégrer l'école en première ou en deuxième année, et ce, à tout moment de l'année scolaire. De ce fait, jusqu'en 1824 inclusivement, l'école ne délivre pas de diplôme, mais des attestations signées du directeur et des différents professeurs. Ces documents rendent compte du temps passé par l'élève à l'école, des connaissances acquises et de sa conduite. Seuls les meilleurs d'entre eux pouvaient bénéficier de la recommandation du directeur auprès des négociants (voir photographie ci-dessous).

---

[40] Renouard A. (1898), *Histoire de l'École supérieure de commerce de Paris*, Paris, Association des anciens élèves, p. 17.

[41] École spéciale de commerce, *Notice sur l'École spéciale de commerce établie à Paris, rue Saint-Antoine, n° 143, ancien Hôtel de Sully, sous la direction de A. Brodart et de G.-P. Legret, directeur honoraire*, Imprimerie Dondey-Dupé, 1822. Archives de la Bibliothèque historique de la ville de Paris, 4-BRO-117512.

[42] Legret G. P. (entre 1819 et 1821), « Pensionnat et École spéciale de commerce établi à Paris, Hôtel Boisjelin, rue Saint-Antoine, n° 143, sous la direction de M. G. P. Legret », Paris, Imprimerie de J. L. Scherff, passage du Caire, n° 54, p. 5. Bibliothèque historique de la ville de Paris, 4-BRO-117512.

ÉCOLE SPÉCIALE

DE COMMERCE

Nous Amédée BRODART Chevalier de l'Ordre Royal de la Légion d'Honneur, Directeur de l'École Spéciale de Commerce, Attestons que le Sieur Paul Henry

Fait à Paris, le 2 Août, mil huit cent vingt deux

LE DIRECTEUR.

Attestation scolaire remise par la direction de l'École spéciale de commerce à l'un de ses premiers élèves en août 1822. © CCI Paris Île-de-France – Service régional des archives.

Commentaire : ce document d'archive inédit est particulièrement émouvant. Il s'agit de l'une des toutes premières attestations remises par le directeur de la jeune École spéciale de commerce, Amédée Brodart, à l'un de ses élèves. Fait significatif : le parchemin est estampillé au caducée d'Hermès. Ce symbole du commerce est particulièrement ancien. Il est composé d'un sceptre, symbole traditionnel du pouvoir, et de deux serpents, animaux qui, changeant de peau régulièrement, sont un symbole de la vie perpétuellement renaissante. Les ailes représentent l'agilité, la vélocité et l'ubiquité du messager porteur du caducée. Le caducée se lit donc fondamentalement comme un symbole de domination sur les forces de la vie. Dans la mythologie gréco-romaine, le caducée est l'un des attributs du dieu Hermès, divinité pastorale, protectrice des voyageurs, des marchands et... des voleurs. Messager des dieux, Hermès est aussi le dieu des relations pacifiques. Selon Ovide, Hermès aurait rencontré en Arcadie deux serpents en train de se battre. Il les aurait séparés à l'aide d'une baguette d'olivier ou de laurier. C'est pourquoi le caducée est initialement le symbole de la paix. En Europe, le caducée d'Hermès ne doit pas être confondu avec le caducée médical, également connu sous le nom de « bâton serpentaire d'Esculape ». Ce dernier, dépourvu d'ailes, est constitué d'un bâton surmonté d'un miroir symbolisant la prudence. Le « bâton serpentaire d'Esculape » est, depuis le treizième siècle, l'un des symboles des professions médicales et paramédicales. Le caducée d'Hermès ne doit pas être non plus confondu avec la « coupe d'Hygie » autour de laquelle s'enroule non pas deux mais un seul serpent. Ce symbole ne comporte pas d'ailes non plus. Il s'agit de l'un des symboles des apothicaires et des pharmaciens depuis le Moyen Âge.

Les rythmes scolaires sont denses : les élèves se lèvent entre 5 h 30 du matin et 6 h, avant de commencer les cours dans les comptoirs trente minutes plus tard. Les enseignements sont dispensés à raison de onze heures par jour et sont entrecoupés par les pauses repas (le déjeuner de 9 h à 10 h et le dîner de 16 h à 17 h 30) et une récréation entre 12 h 30 et 13 h. Après leurs devoirs, ils se couchent entre 21 h 30 et 22 h. Les vacances ne sont guère nombreuses : en dehors des congés d'été, en août et en septembre, les élèves ont quelques jours de repos à Noël. L'école synchronise alors son calendrier sur le temps des marchands, comme le souligne alors la notice scolaire de 1823 : « Il n'y a pas d'autres jours de congé dans l'année que les jours de fermeture de la Bourse. »[43]

5. Une formation dense et aux prétentions élitistes

Dès le début des années 1820, l'école dispense une quinzaine d'enseignements différents ; ce qui contraste fortement avec les programmes de cours des écoles polytechniques avec section commerciale ou avec le programme des écoles de commerce concurrentes qui limitent généralement leur offre à des cours de tenue de livres, de droit et de géographie commerciale[44]. Les langues étrangères, par exemple, ne sont pas enseignées dans les sections commerciales des écoles polytechniques autrichiennes[45]. En contraste, le programme de l'école parisienne est nettement plus dense puisqu'il comprend, dès l'origine, des cours de tenue de livres, d'étude des changes et arbitrages, de correspondance commerciale, d'analyse des matières premières, de droit commercial, de géographie commerciale, d'arithmétique appliquée, mais aussi de géométrie, de mécanique, de dessin, de physique appliquée à l'industrie, de chimie minérale et organique, de technologie. En outre, neuf langues étrangères y sont enseignées – l'anglais, l'allemand, l'espagnol, l'italien, le slave, le turc, le grec moderne, le persan et l'arabe –, dont deux au moins sont obligatoires[46].

Contrairement à la majorité des autres écoles de commerce de l'époque, l'École spéciale de commerce s'engage dès les années 1820 dans une politique de valorisation « élitiste » de sa formation. En 1825, la direction crée les « diplômes de lauréat » pour récompenser les seuls meilleurs élèves

[43] École spéciale de commerce, *Notice sur l'École spéciale de commerce établie à Paris, rue Saint-Antoine, n° 143, ancien Hôtel de Sully, sous la direction de A. Brodart et de G.-P. Legret, directeur honoraire*, Imprimerie Dondey-Dupé, 1822. Archives de la Bibliothèque historique de la ville de Paris, 4-BRO-117512.

[44] Le philosophe et socialiste utopique Charles Fourier présenta en 1824 sa candidature à l'école pour y enseigner la géographie commerciale. Il ne semble pas que sa candidature ait été acceptée. Source : « Lettre de M. Fourier à M. Brodart », 1824, Archives nationales, 10/AS/16(42).

[45] Passant A. J.-G. (2019), "The early emergence of European commercial education in the nineteenth century: Insights from higher engineering schools", *Business History,* 61, 6, 1051-1082.

[46] École spéciale de commerce, *Notice sur l'École spéciale de commerce établie à Paris, rue Saint-Antoine, n° 143, ancien Hôtel de Sully, sous la direction de A. Brodart et de G.-P. Legret, directeur honoraire*, Imprimerie Dondey-Dupé, 1822. Archives de la Bibliothèque historique de la ville de Paris, 4-BRO-117512.

(voir photographie ci-dessous). Toutefois, le nombre de lauréats est délibérément réduit par l'école. La première promotion diplômée, en 1825, compte 4 lauréats seulement sur 6 élèves. Ils seront 8 (sur 9) en 1826 et 13 (sur 15) en 1827. Le directeur de l'établissement se réjouit, lors de la cérémonie de remise de diplômes le 13 juillet 1827, du nombre volontairement restreint de lauréats :

> « Nous voulons que les diplômes délivrés dans ces séances solennelles, et signés des honorables membres de notre conseil de perfectionnement, soient des titres réels, disputés, acquis au prix d'un long travail et de connaissances positives ; nous désirons que le commerce et l'industrie trouvent ici des sujets dignes de toute leur confiance, des hommes pratiques exercés d'avance au maniement des affaires. »[47]

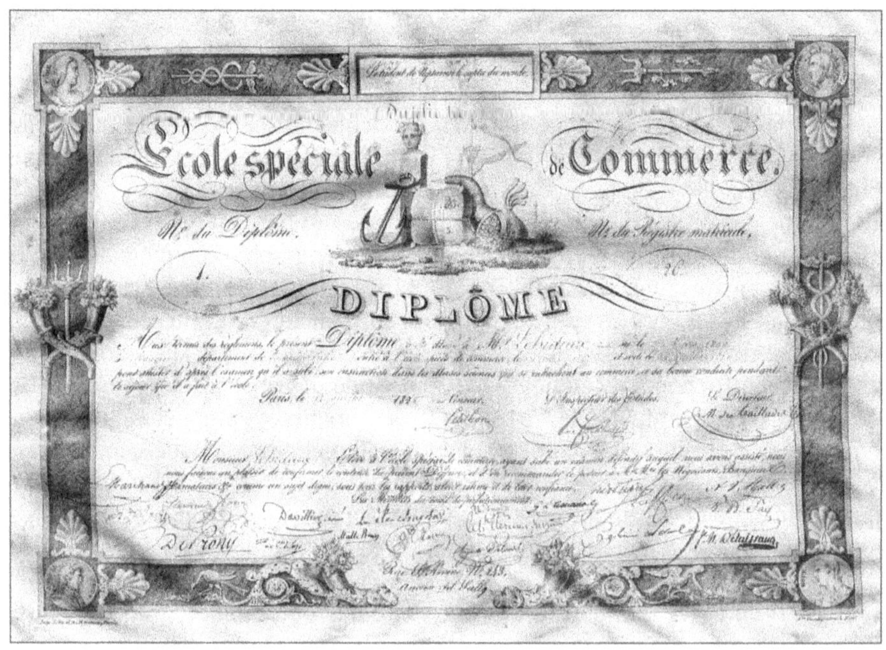

École spéciale de Commerce

N° du Diplôme.

N° du Registre matricule

DIPLÔME

Premier diplôme remis par la direction de l'École spéciale de commerce au major de promotion en juillet 1825.

Commentaire : ce document est le diplôme de lauréat remis à Paul Lehideux, tout juste âgé de 19 ans, à sa sortie de l'école. L'élégance recherchée de ce diplôme contraste singulièrement avec la sobriété délibérée des attestations que l'école remettait jusque-là à ses meilleurs élèves. Le diplôme, réservé à une minorité, se veut prestigieux et c'est pourquoi il est pourvu des attributs qui en font un passeport pour la réussite commerciale. Si l'on retrouve le caducée d'Hermès, comme sur les précédentes attestations, de nouveaux symboles sont venus agrémenter le précieux parchemin. Le trident de Neptune y est représenté à deux reprises, accompagné d'une ancre marine et d'une frégate à l'arrière-plan, tandis qu'un cartouche, en haut du diplôme, cite le vers alors fameux du poète français Antoine-Marin Lemierre : « le trident de Neptune est le sceptre du monde ». Sept

[47] École spéciale de commerce, *Discours prononcé à la troisième séance du Conseil de perfectionnement de l'École spéciale de commerce, le 13 juillet 1827*, sous la présidence de M. Le Comte Chaptal, Paris, Dondey-Dupré Père et Fils, rue Saint-Louis, 1827, p. 19.

cornes d'abondance, prodiguant fruits, fleurs et pièces d'or, laissent entrevoir, quant à elles, les gains potentiels que le récipiendaire pourra espérer retirer de sa formation à l'école. Les angles du diplôme sont agrémentés de médaillons où sont représentées d'illustres figures du commerce mondial, notamment Christophe Colomb et Côme de Médicis. Entouré de ces figures symboliques et historiques du négoce, le nom de l'élève est également accompagné des signatures des principaux représentants du commerce contemporain parisien. Parmi les signatures du diplôme, celles de l'économiste Jean-Baptiste Say, de l'ingénieur Charles Dupin et du banquier Jacques Laffitte sont reconnaissables.

Les conditions de remise du diplôme de fin d'étude participent également de cette politique de différenciation honorifique fondée sur le diplôme. Le précieux parchemin est remis en séance solennelle dans la cour de l'école du prestigieux Hôtel de Sully, depuis la première remise le 15 juillet 1825, en présence de plus de 1 200 spectateurs[48]. En juillet 1826, ce sont plus de 1 500 personnes qui se réunissent à la cérémonie, avec parmi elles « l'élite des négociants de la capitale »[49]. Cette mise en scène de la remise des diplômes s'accroît au fil des années : en 1827, plus de 2 000 personnes assistent à la remise des diplômes lauréats, parmi lesquelles « des pairs de France, des députés, des membres de l'Institut, l'élite des industriels, des négociants et des banquiers de la capitale, et plus de 500 dames »[50].

Pour signaler ses visées élitistes, l'école tente d'instaurer dès ses débuts des traditions qui rehaussent le prestige de la scolarité : les élèves portent l'épée, le bicorne, ainsi que l'habit bleu avec pantalon à bande blanche. Cet uniforme place les élèves sur le même plan, symboliquement, que leurs homologues des écoles spéciales du gouvernement, comme ceux de l'École polytechnique, de l'École normale ou de l'École spéciale militaire de St-Cyr. Leurs mouvements dans la cour s'effectuent, en outre, au son du tambour, comme dans la plupart des écoles dépendant du gouvernement. Si Germain Legret se flatte d'avoir mis en place une discipline qu'il juge sévère, il semble que le régime scolaire n'ait pas été jugé suffisamment rigoureux pour les élèves de l'école. L'un des contemporains ayant visité l'école à plusieurs reprises durant sa première année, l'avocat Pierre Dufey, déplore ainsi en 1821 le manque de sévérité de la discipline scolaire ; les élèves semblant plus prompts à parader avec leur nouvel uniforme qu'à travailler studieusement[51] :

---

[48] École spéciale de commerce, *Discours prononcé à la première séance du Conseil de perfectionnement de l'École spéciale de commerce, le 15 juillet 1825*, sous la présidence de M. Le Comte Chaptal, Paris, Dondey-Dupré Père et Fils, rue Saint-Louis, 1825.

[49] Poux-Franklin, *Rapport au Conseil de perfectionnement de l'École spéciale de commerce sur les travaux de l'année, 15 juillet 1826*, Paris, Dondey-Dupré Père et Fils, rue Saint-Louis, 1826, p. IX.

[50] École spéciale de commerce, *Discours prononcés à la troisième séance du Conseil de perfectionnement de l'École spéciale de commerce*, sous la présidence de M. Le Comte Chaptal, pair de France, membre de l'Institut, le 13 juillet 1827, Paris, Dondey-Dupré Père et Fils, rue Saint-Louis, 1827.

[51] Dufey P.-J.-S. (1821), *Mémorial parisien, ou Paris tel qu'il fut, tel qu'il est*, Paris, Dalibon, libraire, Bibliothèque nationale de France, département philosophie, histoire, sciences de l'homme, 8-LK7-6143.

« Paris, qui n'était autrefois qu'une ville de consommation, est devenue le point central des principales opérations du commerce de toute la France ; et le besoin d'une institution pour les jeunes gens qui se destinent au commerce s'y faisait généralement sentir. L'École spéciale [de commerce et d'industrie] remplit-elle cet objet ? Je répondrai : quant aux éléments d'instruction, le choix des études et des maîtres ne laisse rien à désirer. Je voudrais pouvoir en dire autant d'une autre partie non moins essentielle, sans laquelle toute éducation est imparfaite. Les élèves sont nombreux ; presque tous appartiennent à des familles aisées ; quelques-uns y sont entrés de leur propre gré. Je dois le dire, les directeurs ont voulu mettre leurs élèves en état de figurer avec un égal avantage dans les comptoirs et dans les salons. Mais s'il dépend d'eux de voir quand il leur plaît le spectacle du jour et de briller au bal du lendemain, l'attrait du plaisir, si puissant à leur âge, leur permettra-t-il de donner une attention suivie à leurs études ? En vain ils resteront pendant quelques heures établis dans leurs comptoirs ; en vain on aura cherché à intéresser leur amour-propre au succès des opérations mercantiles, en leur fournissant des effets négociables entre eux et des échantillons réunis dans le Musée commercial ; rien ne pourra les distraire des jouissances que leur promet un avenir si près d'eux. Un régime plus sévère préside à nos écoles Normale, des Mines et Polytechnique. Des succès brillants justifient ce régime, austère sans dureté, et indulgent sans faiblesse. Les forces physiques et intellectuelles y prennent les plus heureux développements, et l'espoir des familles et de la patrie n'est point déçu. »

Portrait d'un élève de l'école en uniforme entre 1823 et 1829.

Commentaire : au début du dix-neuvième siècle, les élèves des Grandes écoles portent des uniformes à l'instar des élèves de l'École spéciale militaire de Saint-Cyr depuis 1802, de l'École polytechnique depuis 1804, ou de l'École normale depuis 1808. L'uniforme est alors reconnu comme un révélateur de la discipline toute militaire qui préside à la formation de la future élite nationale. Bien que l'École spéciale de commerce ne soit pas encore considérée comme une Grande école, ses dirigeants – dont l'un, Amédée Brodart, est Saint-Cyrien – ont également imposé le port de l'uniforme à leurs élèves. Ce dernier s'inspire alors des uniformes existants mais cherche à s'en distinguer. Lorsque cet uniforme est créé, sous Louis XVIII, les Polytechniciens ne portent plus le bicorne, mais le haut-de-forme. Pour les directeurs de l'école de commerce, qui sont de fervents admirateurs de Napoléon Ier, ce couvre-chef n'est pas assez prestigieux. C'est pourquoi leurs élèves, à l'instar des Polytechniciens du Premier Empire, arborent le bicorne. Néanmoins, ils ne le portent pas à la manière des Polytechniciens qui, dans les années 1810, le plaçaient sur leur tête comme

Napoléon Ier, c'est-à-dire parallèlement aux épaules ou « en bataille ». De fait, les élèves de l'Hôtel de Sully arborent le bicorne à la manière des officiers, c'est-à-dire perpendiculairement aux épaules ou « en colonne ». Leur habit est bleu foncé, avec parement de manches à deux boutons, surmonté d'une veste échancrée d'un large collet. Si, par sa couleur, l'uniforme des élèves de l'école est proche de celui que portent alors les Normaliens, il est, contrairement à celui-ci, dépourvu d'ornement. Enfin, leur pantalon est agrémenté d'une bande latérale blanche qu'anime, sur le côté gauche, une épée de parade. Même si le port de l'uniforme disparut dès la fin des années 1820, les élèves de l'école y restèrent affectueusement attachés. De fait, une réplique de cet uniforme fut réalisée en 1898 à l'occasion de la cérémonie d'inauguration des nouveaux locaux de l'école, avenue de la République. Cette réplique devait également resservir dans les années 1950 et 1960 lors des remises de prix au major de la promotion sortante. L'uniforme resservit encore en mai 1970 lorsque, devant les journalistes médusés, le premier coup de pioche fut donné pour moderniser le campus parisien face à un élève en uniforme d'apparat. De manière à la fois touchante et pittoresque, la tradition et l'avenir de l'école se donnaient ainsi la main sous l'œil des caméras de télévision.

De ces premières promotions, deux diplômés sont à distinguer. Paul Lehideux est le major de la première promotion en 1825. Il reçoit son diplôme des mains du président du conseil de perfectionnement de l'école, le chimiste Jean-Antoine Chaptal, avant de rejoindre l'entreprise familiale dirigée par son oncle dans le commerce des métaux. En 1842, il fonde une banque à son nom qui deviendra l'un des principaux établissements bancaires de la capitale. Cette entreprise familiale sera gérée par quatre générations successives jusqu'à sa liquidation en 1955. Paul Lehideux est, de ce fait, le premier ancien élève à avoir fait carrière dans la banque.

Le second diplômé remarquable de ces premières années est Jacques-Ariste Trouvé-Chauvel. Diplômé de l'École spéciale de commerce de Paris en juillet 1827 – il est neuvième de sa promotion sur 13 lauréats –, il s'initie aux affaires dans plusieurs entreprises du Havre, puis en Angleterre et en Écosse. Installé au Mans en 1831, il développe un commerce de draps, d'étoffes et de mousseline, avant de se lancer dans la politique en 1834. Élu député de la Sarthe en avril 1848, il devient préfet de la Seine le 15 juillet 1848, avant d'être nommé ministre des Finances ; poste qu'il occupe du 25 octobre 1848 au 20 décembre de la même année. Jacques-Ariste Trouvé Chauvel est ainsi le premier ancien élève à avoir été ministre en France.

Sur cette première période, les effectifs de la jeune école augmentent raisonnablement. Bien que les statistiques soient très lacunaires pour cette période, nous sommes parvenus à les reconstituer en partie. À la rentrée de 1819, l'école accueille 60 élèves avec 9 professeurs. À la rentrée de 1820, elle accueille 70 élèves et 15 professeurs. En 1825-1826, l'école compte 118 élèves dont déjà près de 30 % d'étrangers[52] et en 1827-1828, 104 élèves dont 21 % sont étrangers. Toutefois, l'hostilité du gouvernement français, qui considère alors l'école comme un foyer du libéralisme économique, voire

[52] Parmi eux figurent sept Espagnols, cinq Brésiliens, cinq Hollandais, quatre Allemands, deux Grecs, deux Portugais, deux Chiliens, deux Havanais, deux ressortissants des États-Unis, un Italien, un Russe et un Haïtien.

politique, freine son développement[53]. En effet, plusieurs des personnalités politiques et économiques, qui soutiennent ouvertement l'école, sont membres de l'opposition. Le régent de la Banque de France, Jacques Laffitte, de même que le député Casimir Perier, sont d'inconditionnels soutiens au libéralisme. Germain Legret et Amédée Brodart ont aussi invité l'un des principaux chefs de file de l'opposition libérale, le député Benjamin Constant, à faire un discours à l'école. En outre, même si les considérations politiques sont, par principe, interdites au sein de l'établissement, plusieurs de ses enseignants sont suspectés par la police d'introduire dans leurs leçons des critiques sur certaines mesures du gouvernement. De ce fait, dès le début des années 1820, le préfet Delvau fait surveiller les cours des professeurs de l'école. À ces difficultés externes, il faut ajouter de nombreuses secousses internes qui fragilisent la jeune école.

6. Une école chahutée à la fin des années 1820

En dépit de ses débuts prometteurs, l'école reste fragile durant toute cette première période. Les difficultés financières rattrapent rapidement Germain Legret et son associé Amédée Brodart. Sont-ce ces difficultés qui amènent Germain Legret à quitter la direction de l'école en 1821 ? À cette époque, il a 70 ans et aspire peut-être à d'autres activités. L'absence de soutien des pouvoirs publics est aussi l'une des causes expliquant la fragilité de l'école dans ses jeunes années. Il est probable que les sentiments bonapartistes de Germain Legret, ouvertement mis en avant pendant le Premier Empire, aient porté préjudice à la nouvelle école qu'il cherchait à développer dans les premières années de la Restauration[54]. Toujours est-il qu'il quitte la tête de l'établissement qu'il a cofondé tout en gardant le titre honorifique de « directeur honoraire » en 1821[55].

---

[53] Démier F. (2003), « La construction d'une identité libérale (1808-1848) », in C. Bouneau, E. Bussière, F. Démier, R. Frank, P. Lacombrade, M. Lescure, L. Meignen, C. Omnès, A. Plessis & M. Quenet (2003), *La Chambre de commerce et d'industrie de Paris (1803-2003) : histoire d'une institution*, Paris, Librairie Droz, 1-84.

[54] Dans son poème « Réponse du peuple français à la proclamation de Louis XVIII en date du 2 décembre 1804, dixième année de son règne », Germain Legret répond fictivement à l'adresse de 1804 par laquelle Louis XVIII rappelait aux Français qu'il était leur souverain. Germain Legret n'hésite pas à écrire : « Napoléon pour nous est un dieu tutélaire / Qui surpasse tous vos aïeux. / De leurs hauts faits, de leurs vertus, / Quand nous rappelons la mémoire, / La vérité prend le dessus, / Et nous montrant toute sa gloire, Elle force nos cœurs émus / À lui décerner la victoire » in Legret G.-P. (1806), *Mon portefeuille ou Recueil de mes Opuscules*, Bordeaux, p. 19.

[55] Que devient-il après avoir quitté l'école qu'il avait cofondée ? Les dernières années de Germain Legret semblent difficiles. Manifestement, ses activités de négociant et de directeur d'écoles ne semblent guère l'avoir enrichi, bien au contraire. En 1832, devenu aveugle, il est privé par les pouvoirs publics d'une pension de 1 800 francs. Rédigeant une pétition auprès du ministre de l'Intérieur pour solliciter le reversement de sa pension, il est soutenu dans ses prétentions par Jacques Laffitte qui le décrit à la Chambre des députés en ces termes : « M. Legret a rendu de grands services par la fondation d'une École spéciale de commerce qu'il a

Son successeur n'est autre qu'Amédée Brodart. Ce dernier recentre le périmètre de l'école sur les seules études commerciales, évacuant les études industrielles. De ce fait, l'école est renommée « École spéciale de commerce » dès 1821[56]. La référence à l'« industrie » est ainsi supprimée de la dénomination et du cursus de l'école en raison du projet de création de l'École centrale des arts et manufactures qui aboutit finalement en 1829. Pour célébrer cette nouvelle dénomination, il organise le 3 février 1821 un bal à l'école où se pressent 400 participants dont plusieurs députés, magistrats et officiers[57].

La situation financière de l'école semble difficile car, en 1822, il contracte, en son nom, un prêt pour l'école ; prêt qu'il remboursera encore quatorze années plus tard à hauteur de 500 francs annuellement, comme il l'écrira au ministre du Commerce[58]. La situation de l'école semble se dégrader rapidement car, le 6 juin 1824, par acte notarié affiché au Tribunal de commerce, l'école est réorganisée sous la forme d'une société en commandite sous la raison « H. M. des Taillades et Cie ». Comme le présume Paul Wiriath en 1921, à la lumière du dossier personnel d'Amédée Brodart :

> « On peut présumer qu'en dépit du patronage d'hommes éminents comme Ternaux, Laffitte, Casimir-Perier, le général Foy et peut-être précisément à cause du patronage de ces députés libéraux, l'École spéciale de commerce ne reçut pas les appuis officiels et ne connut pas la prospérité financière qu'auraient mérité son originalité et ses programmes. »[59]

C'est la fin de la direction d'Amédée Brodart[60]. Le troisième directeur de l'école est Henri Monnier des Taillades. Ancien officier d'artillerie, il est

---

dirigée pendant dix-huit ans [sic]. Cette école heureusement n'a pas été détruite par la Révolution de Juillet [1830]. Elle est continuée aujourd'hui par un directeur extrêmement habile. Il y a 45 ans que je connais M. Legret : il a aujourd'hui 80 ans, est aveugle, et ne possède rien. » Source : *Journal des débats politiques et littéraires*, dimanche 23 décembre 1832, p. 3, Bibliothèque nationale de France, département estampes et photographie, RESERVE QB-370 (69)-FT 4. L'issue de cette requête ne nous est pas connue pour le moment. Germain Legret décède en 1838 à l'âge de 86 ans.

[56] Voir annexe 3 du présent ouvrage.

[57] *Le Moniteur universel*, n° 58 du mercredi 7 février 1821, p. 3. Bibliothèque nationale de France, département droit, économie, politique, GR FOL-LC2-113.

[58] « Lettre d'Amédée Brodart au ministre du Commerce Cunin-Gridaine », 30 septembre 1846. Archives nationales, F/12/5098.

[59] « Amédée Brodart, fondateur de l'École spéciale de commerce et d'industrie », *Bulletin de l'Association amicale des anciens élèves de l'École supérieure de commerce de Paris*, juillet 1921, n° 259, pp. 3-7. Archives de la Bibliothèque nationale de France, 8-JO4030.

[60] Retraité à 34 ans, que devint-il ? Il se marie avec Marie Epicharis Brochoir dont il a quatre enfants. Son dossier aux archives du ministère de la Guerre atteste qu'il partit en Amérique du Sud. La connaissance des langues espagnole et portugaise qu'il avait acquise au cours de ses trois années de campagnes militaires lui facilita vraisemblablement l'accès à cette région. Nos recherches nous ont permis de mettre à jour l'étonnante suite de la carrière d'Amédée Brodart. À la fin de l'année 1824, il quitte la France pour l'Argentine où il parvient après une traversée de l'Atlantique de près de deux mois. Dès 1825, il est professeur de français à l'Université de Buenos Aires ainsi qu'au prestigieux Colegio de Ciencias Morales. Si son enseignement du français est apparemment très apprécié, Amédée Brodart n'a pour autant pas abandonné l'enseignement commercial : il donne également des cours de comptabilité au Colegio de

également chevalier de la Légion d'honneur. En 1825, il se présente lui-même ainsi :

> « Élevé dans le tumulte des camps, j'ai vécu au milieu des orages qui ont longtemps ravagé notre patrie ; aujourd'hui j'éprouve d'autres besoins, je n'ai d'autre prétention que de la servir encore, en administrant cette école ; son intérêt et sa gloire se partageront mon zèle et mon existence. »[61]

Jean-Antoine Chaptal, dans sa lettre au ministre de l'Intérieur, précise que « le directeur de l'École est un ancien militaire distingué par son attachement à la cause royale ; il est connu de l'auguste héritier de la Couronne »[62]. Le discours que prononce Henri Monnier des Taillades le 15 juillet 1826 en faveur des captifs grecs nous apprend qu'il était marié[63].

Sa direction est marquée par la création du conseil de perfectionnement de l'école, le 1er janvier 1825. Pour rehausser le prestige de l'école, Henri Monnier des Taillades lui choisit un saint-patron, Saint Henri, qui est fêté le

---

Ciencias Morales dès 1825, avant d'envisager d'en élargir la diffusion. Ainsi, le 11 mai 1825, il propose au gouverneur de Buenos Aires, Manuel Gregorio, de reproduire dans cette ville le projet d'école de commerce qu'il avait ouverte à Paris. Le projet est approuvé par le gouverneur le 4 août 1825. C'est ainsi que naît l'Académie de comptabilité, créée par la Banque nationale de Buenos Aires. Six élèves sont pris en charge par le gouvernement de Buenos Aires pour bénéficier de son enseignement commercial. Dans cette institution, Amédée Brodart est chargé de l'enseignement du français. Toutefois, l'existence de cette académie est éphémère puisqu'elle ferme ses portes dès 1827. À côté de ses fonctions professorales, Amédée Brodart verse également dans le journalisme en tant que rédacteur du journal *Almanaques*, avant de fonder, toujours à Buenos Aires, son propre journal en langue française, *L'Abeille,* qui ne connaîtra pas moins de vingt-six numéros. L'échec de l'Académie de comptabilité n'immobilise pas Amédée Brodart. Par une lettre du 1er avril 1828, nous apprenons qu'il est investi à Santiago du Chili du titre de « premier commis auxiliaire des finances » du pays, avec appointements à 2 000 piastres par an. En 1830, il est de retour à Paris – vraisemblablement dans l'espérance d'obtenir de l'administration française une nouvelle place après l'abdication de Charles X –, tandis que sa femme est restée à Rio de Janeiro où elle tient un magasin. En 1854, à l'âge de 65 ans, Amédée Brodart se retire à Amboise, probablement après le décès de son épouse. Il y mène une vie de rentier. C'est vraisemblablement dans cette ville qu'il reçoit en 1857 la Médaille de Sainte-Hélène. Pendant la guerre franco-prussienne de 1870-1871, Amboise est occupée par les Prussiens et lorsque l'armée occupante apprend qu'il est un officier du Premier Empire, décoré de la Légion d'honneur, les soldats prussiens tiennent à le saluer – hommage qu'Amédée Brodart accepte avec difficultés. Il décède à son domicile à Amboise le 29 septembre 1873 à l'âge de 84 ans. Source : Archives du musée « Arturo Jauretche » del Banco de la Provincia de Buenos Aires.

[61] École spéciale de commerce, *Discours prononcé à la première séance du Conseil de perfectionnement de l'École spéciale de commerce, le 15 juillet 1825*, sous la présidence de M. Le Comte Chaptal, Paris, Dondey-Dupré Père et Fils, rue Saint-Louis, 1825, p. 4.

[62] École spéciale de commerce, *Discours prononcé à la première séance du Conseil de perfectionnement de l'École spéciale de commerce, le 15 juillet 1825*, sous la présidence de M. Le Comte Chaptal, Paris, Dondey-Dupré Père et Fils, rue Saint-Louis, 1825, p. XIV.

[63] École spéciale de commerce, *Discours prononcé à la deuxième séance du Conseil de perfectionnement de l'École spéciale de commerce, le 15 juillet 1826, sous la présidence de M. J. Laffitte*, Paris, Dondey-Dupré Père et Fils, rue Saint-Louis, 1826, pp. 79-80.

15 juillet[64]. Le choix de ce saint-patron n'est pas laissé au hasard : il s'agit, bien évidemment, du saint-patron du directeur lui-même (qui se prénomme Henri), mais également du saint-patron des commerçants, des étudiants et des écoles. Sous la direction de Henri Monnier des Taillades, en 1827, l'école est admise au sein de l'Université, mais en tant qu'établissement primaire. Désormais, elle relève du ministère de l'Instruction publique et non plus du ministère de l'Intérieur[65]. Malheureusement, le décès de Henri Monnier des Taillades en 1829 interrompt cette période qui s'annonçait prometteuse pour l'école.

Son successeur est Louis Pelleport, licencié en droit. Il aurait intégré l'armée française avec les fonctions d'officier d'administration[66]. Suite à un différend avec l'un de ses supérieurs, il aurait quitté l'armée pour intégrer l'école en qualité de censeur des études sous la direction de Monnier des Taillades[67]. Il semble que ce soit le décès inopiné de ce dernier en 1829 qui l'ait précipité à la direction de l'école, davantage par nécessité que par choix : Louis Pelleport ne se serait décidé qu'après plusieurs semaines d'hésitations au cours desquelles aucun candidat ne se serait proposé pour ce poste. Comme le mentionne Alfred Renouard[68] :

> « Les circonstances étaient difficiles : à bref délai, la discipline se relâcha. À l'approche des vacances, comme suite à une échauffourée des élèves, un jour de sortie au fort de Vincennes, le ministre de l'Instruction publique, sous la dépendance duquel ils se trouvaient, décida qu'à l'avenir ils porteraient le costume civil. Le tricorne [sic] et l'épée ne furent plus qu'un souvenir. Il n'y eut vraisemblablement cette année [juillet 1829] aucune distribution des récompenses – du moins avec un caractère spécial de solennité semblable aux précédentes. »

L'absence de cérémonie pour la remise de diplômes et l'interdiction du port du costume révèlent sans doute que l'école traversait des difficultés. D'autant plus que les membres de son conseil de perfectionnement – qui ne semblent guère s'être réunis pendant cette période – étaient occupés par ailleurs : son président, Jean-Antoine Chaptal, était malade tandis que Jacques Laffitte et Guillaume Ternaux étaient très investis dans leur mandat de député. Quand Louis Pelleport cessa-t-il ses fonctions à la tête de l'école ?

---

64 École spéciale de commerce, *Discours prononcé à la deuxième séance du Conseil de perfectionnement de l'École spéciale de commerce, le 15 juillet 1826, sous la présidence de M. J. Laffitte*, Paris, Dondey-Dupré Père et Fils, rue Saint-Louis, 1826, p. 19.

65 École spéciale de commerce, *Discours prononcé à la troisième séance du Conseil de perfectionnement de l'École spéciale de commerce, le 13 juillet 1827*, sous la présidence de M. Le Comte Chaptal, Paris, Dondey-Dupré Père et Fils, rue Saint-Louis, 1827.

66 Lacroix P. (1898). « Notice historique sur l'École Supérieure de Commerce », Extrait du *Bulletin de la Chambre de Commerce de Paris*.

67 École spéciale de commerce, *Discours prononcé à la deuxième séance du Conseil de perfectionnement de l'École spéciale de commerce, le 15 juillet 1826, sous la présidence de M. J. Laffitte*, Paris, Dondey-Dupré Père et Fils, rue Saint-Louis, 1826, p. VI.

68 Renouard A. (1898), *Histoire de l'École supérieure de commerce de Paris*, Paris, Association des anciens élèves, p. 29.

À la fin de l'année civile 1829, ou dans les premiers mois de l'année 1830 ? Aucun élément ne nous permet pour le moment de répondre à cette question.

Dans tous les cas, la fin de la décennie 1820 est difficile pour l'établissement : suite aux départs de ses co-fondateurs en 1822 et en 1824, puis au décès de leur successeur Henri Monnier des Taillades en 1829, l'école traverse une période d'instabilité qu'aggrave la Révolution de Juillet 1830. Comme le résume Guillaume Gervais, directeur de l'école entre 1854 et 1867[69] :

> « Bientôt les mécomptes arrivèrent : les charges de l'École étaient lourdes, et tout à fait en disproportion avec le capital réel de l'entreprise ; la continuation du succès aurait pu rendre ce dernier suffisant, mais il s'amoindrit et disparut successivement devant des difficultés prolongées et rendues plus graves par les événements politiques ; le personnel éprouva bientôt des pertes impossibles à réparer en présence des circonstances ; des fautes d'administration furent commises, la situation devint chaque jour plus difficile, l'École changea de mains plusieurs fois, pour arriver enfin à une chute après la Révolution de Juillet 1830. / C'est alors qu'Adolphe Blanqui, professeur d'histoire du commerce et d'économie politique à l'École, osa prendre pour son compte personnel une opération qui n'avait fait jusque-là que des victimes, et en assumer toute la responsabilité. »

[69] Gervais G. (1865), « Présentation de l'École supérieure de commerce à Paris », in France, *Enquête sur l'enseignement professionnel*, Paris, Imprimerie impériale. Bibliothèque nationale de France, département littérature et art, Lf262-25, p. 684.

CHAPITRE 2

Une entreprise familiale : l'École de commerce Blanqui (1830-1869)

En 1830, le destin de l'école croise celui d'un homme exceptionnel qui va lui imprimer une orientation académique déterminante pour son avenir : Adolphe Blanqui (1.). Son directorat correspond à une phase de consolidation pour l'école qui conquiert rapidement une honorable réputation en France et à l'étranger (2.). Son successeur, Guillaume Gervais, poursuit l'œuvre familiale et en accentue même certains traits en transformant l'établissement en pensionnat obligatoire à compter de 1856 (3.). En surveillant étroitement les élèves, la direction de l'école cherche alors à mieux en encadrer la formation (4.). Pour développer l'émulation entre les élèves et récompenser les plus studieux parmi eux, la période 1830-1869 voit aussi se mettre en place plusieurs dispositifs honorifiques tels que les remises de médailles ou les cérémonies de remise de diplômes en présence de hauts dignitaires (5.). Cependant, le décès inopiné de Guillaume Gervais en décembre 1867 et l'impréparation de son héritière, Jane Blanqui, à assumer la charge de la direction de l'école entraînent la vente de celle-ci à la Chambre de commerce de Paris en 1869 (6.).

1. UN MAÎTRE POUR L'ÉCOLE : ADOLPHE BLANQUI

Aux alentours de 1829-1830, Adolphe Blanqui, âgé de 31 ans, prend la direction de l'école, sans savoir alors qu'il scelle un engagement qu'il poursuivra pendant près d'un quart de siècle, jusqu'à sa mort en 1854. Qui est-il ?

Adolphe Blanqui est né à Nice le 21 novembre 1798, à une époque où le comté de Nice a été récemment annexé par la France. Son père, Jean-Dominique Blanqui, est membre de la Convention nationale avant d'être nommé par Napoléon comme premier sous-préfet des Alpes-Maritimes, à Puget-Théniers, en 1800. Placé au lycée de Nice en 1810 en qualité d'élève du gouvernement, Adolphe Blanqui est un élève brillant. La chute du Premier Empire en 1814 oblige sa famille à quitter la région de Nice et à venir s'installer en Eure-et-Loir, à Aunay-sous-Auneau, au château familial de Grandmont dont la mère d'Adolphe vient d'hériter. Dans ce château, Jean-Dominique Blanqui ouvre une école pour les enfants du village. À 16 ans, son fils Adolphe y enseigne la lecture, l'écriture et l'arithmétique. Toutefois, n'ayant pas été autorisée officiellement, l'école est contrainte de fermer ses portes. Adolphe gagne alors Paris à deux reprises en 1815-1816 mais, faute de financements, est contraint de revenir au château familial[70].

La troisième tentative s'avère être la bonne : en 1817-1818, il gagne la capitale pour achever ses études. Aîné de huit enfants au sein d'une famille aux revenus modestes et aux relations parentales conflictuelles, Adolphe Blanqui est contraint de pourvoir assez tôt à ses propres besoins ainsi qu'à ceux de ses frères et sœurs. Il entame une carrière dans l'enseignement classique, au sein de la pension Gallois à Bourg-la-Reine, puis dans le Marais, à la pension Boucher, puis à l'institut privé Massin où il demeure pendant plusieurs années en qualité de secrétaire et répétiteur d'humanités pour les élèves de troisième qui suivent les cours du lycée Charlemagne. Il gagne 1 500 francs par an, soit autant que son père lorsqu'il était sous-préfet. Comme il le reconnaît : « C'en fut assez pour me permettre de réaliser le rêve le plus doux à mon cœur, faire venir à Paris mon plus jeune frère, Louis-Auguste, le même qui s'est acquis, depuis, une célébrité si funeste dans nos troubles civils et qui m'a causé par ses malheurs des chagrins si cuisants. » Parallèlement à ses débuts dans l'enseignement, Adolphe Blanqui suit des cours de médecine, car c'est alors dans la voie médicale qu'il projette son avenir professionnel.

Au début des années 1820, il fait la connaissance de l'économiste Jean-Baptiste Say, professeur au Conservatoire des arts et métiers, par l'intermédiaire du fils de ce dernier, Horace, auquel il avait eu l'occasion de donner quelques cours à l'institut Massin. Les rapports entre les deux hommes semblent conviviaux, voire filiaux – Jean-Baptiste Say, âgé d'une soixantaine d'années, est approximativement du même âge que le père de Blanqui. L'économiste recommande à Adolphe la lecture de plusieurs ouvrages d'économie politique qui ont constitué pour ce dernier une révélation intellectuelle. Comme en témoigne Blanqui lui-même : « Le traité de Jean-Baptiste Say que je lus par simple politesse, fut pour moi comme la révélation d'un nouvel ordre d'idées qui me conduisit à l'étude des œuvres d'Adam Smith, puis à celles de Turgot, de Quesnay, de Malthus, de Sismondi, de tous les écrivains dont je devais être un jour l'historien traduit en plusieurs langues »[71]. Sur les conseils de Jean-Baptiste Say, il quitte alors ses activités d'enseignant classique et, sur recommandation de son mentor, est recruté en janvier 1825 comme professeur d'histoire commerciale et d'économie politique à l'École spéciale de commerce de Paris. La même année, il devient professeur d'économie politique à l'Athénée royal de Paris.

---

[70] Blanqui A. (1916), « Souvenirs d'un lycéen de 1814 », *Revue de Paris*, 15 avril 1916.

[71] Blanqui A. (1916), « Souvenirs d'un lycéen de 1814 », *Revue de Paris*, 15 avril 1916, p. 165.

Ses deux emplois rémunérés lui permettent de prélever sur ses gains annuels la somme nécessaire pour fonder et entretenir un foyer : à 27 ans, il se marie à Paris, en l'église Saint-Sulpice, le 19 janvier 1826[72], avec l'une de ses anciennes élèves, âgée de 15 ans, Louise-Julie Chaigneau[73]. Cette dernière lui donnera six enfants, à savoir deux fils et quatre filles[74] ; tous parvenus à l'âge adulte.

Parallèlement à sa vie familiale, Adolphe Blanqui mène des excursions à visée scientifique en France et en Europe. La plupart de ces dernières donnent lieu à la parution d'ouvrages où il analyse la situation économique des pays visités, notamment l'Angleterre, l'Écosse et l'Espagne. Dès le milieu des années 1820, Adolphe Blanqui, qui n'a pas encore 30 ans, publie ainsi plusieurs brochures sur le thème de l'économie politique et de l'histoire du commerce qui sont traduits dans plusieurs langues et lui apportent un commencement de renommée scientifique[75]. À sa palette d'activités consacrées à l'enseignement, aux voyages et à l'écriture, Adolphe Blanqui ajoute aussi dès les années 1820 le journalisme. Il publie ses premiers articles dans *Le Producteur*, journal créé en 1825 par les Saint-simoniens, puis dans *Le Courrier français* et dans *Le Figaro*.

Adolphe Blanqui ne renonce pas à ses activités académiques en prenant la direction de l'école. À la mort de Jean-Baptiste Say en 1832, Adolphe Blanqui est appelé à le remplacer à sa chaire d'économie politique au Conservatoire des arts et métiers. L'élève succède ainsi au maître et concilie à ses leçons les suffrages d'un nombreux auditoire, tant son style chaleureux et expressif plaît aux auditeurs[76]. De fait, les qualités pédagogiques de Blanqui ont été unanimement saluées au dix-neuvième siècle. Certains ont même lié ces qualités au dévouement filial dont ce dernier faisait preuve vis-à-vis de son père. Un contemporain souligne ainsi « combien cet éducateur possédait à un haut degré la délicatesse du cœur et était bien fait pour

---

[72] Et non en 1828 comme l'avancent certains. Voir Démier F. (1994), « BLANQUI, Adolphe (1798-1854). Professeur d'Économie industrielle (1834-1854) », in C. Fontanon & A. Grelon, Les professeurs du Conservatoire National des Arts et Métiers. Dictionnaire biographique 1794-1955, Paris, Institut national de recherche pédagogique, pp. 185-194.

[73] Julie Chaigneau aurait connu Adolphe Blanqui à l'institution Blondet où ce dernier donnait des cours. Elle aurait été, selon les sources contemporaines, « la plus brillante de ses élèves ». Un tel écart d'âge ne manque pas d'étonner aujourd'hui. Les parents d'Adolphe s'étaient également mariés très jeunes et avec un écart d'âge plus important. Jean-Dominique Blanqui avait, en effet, épousé Sophie de Brionville le 8 octobre 1796. Ils avaient vingt-deux ans de différence : le mari était âgé de 38 ans et sa jeune épouse de 16 ans.

[74] Et non deux fils et trois filles comme l'écrit Démier (1994, p. 187). Voir Démier F. (1994), « BLANQUI, Adolphe (1798-1854). Professeur d'Économie industrielle (1834-1854) », in C. Fontanon & A. Grelon, Les professeurs du Conservatoire National des Arts et Métiers. Dictionnaire biographique 1794-1955, Paris, Institut national de recherche pédagogique, pp. 185-194.

[75] Ce sont, notamment, son *Précis élémentaire d'économie politique* (1826), et son *Résumé de l'histoire du commerce et de l'industrie*, publiés en plusieurs langues, qui lui apportent un début de reconnaissance sur le plan scientifique.

[76] Le Van-Lemesle L. (2004), *Le Juste ou le Riche. L'Enseignement de l'économie politique, 1815-1950*, Paris, CHEFF.

enseigner le respect à la jeunesse ». Pour illustrer ce compliment, il évoque une anecdote personnelle de la vie de l'économiste que nous partageons ici. « Dès qu'[Adolphe Blanqui] eut conquis un peu de bien-être, il avait acheté pour son père une villa aux environs de Paris. M. Blanqui père avait en horreur le simple bruit d'une arme à feu et l'exercice de la chasse, que son fils aimait avec transport. Non seulement son fils défendit à tout visiteur de poursuivre le gibier dans le bois qui complétait le parc avoisinant la maison, mais il n'y chassa jamais lui-même et s'interdit ce plaisir sur des guérets plus lointains, dans la crainte de révéler un sacrifice dont le secret doublait le prix. Le père n'apprit que vers les derniers jours de sa vie quelle privation son fils s'était imposée. »[77]

Persuadé que l'action politique n'est plus le moyen privilégié pour changer la société, Adolphe Blanqui accorde à l'enseignement une valeur sacerdotale. Son enseignement est, de fait, engagé, voire militant[78]. Si les cours qu'il continue de professer à l'école de commerce sont, de fait, réservés à une « élite » très réduite, ses cours au Conservatoire des arts et métiers sont en revanche suivis par une foule d'auditeurs issus de tous les milieux, et principalement des milieux populaires et notamment « de nombreux travailleurs du centre de Paris, des ouvriers qualifiés des vieux métiers, des mécaniciens »[79]. La parution en 1837 de son *Histoire de l'économie politique* lui ouvre les portes de l'Académie des sciences morales et politiques. Tout juste nommé par cette Académie, Adolphe Blanqui est chargé par elle d'aller étudier la situation économique de la Corse (1838), de l'Algérie (1839), de la Turquie d'Europe (1841) et de la Bulgarie (1841), puis de l'Espagne (1846). Voyageur infatigable, il rencontre au cours de ses excursions des intellectuels et des confrères libéraux qui lui permettent de renforcer sa réputation internationale. La réputation scientifique de l'économiste est telle qu'elle rejaillit sur l'école, connue du grand public sous l'appellation « École de commerce Blanqui ».

Sa célébrité déborde les milieux intellectuels parisiens et lui gagne même les faveurs des milieux négociants de Bordeaux. Ces derniers le sollicitent pour les représenter à la Chambre des députés où Blanqui est élu en 1846, après un premier échec en 1842. À la même époque, il est colonel dans la Garde nationale parisienne[80]. Son aventure politique est cependant brève. La

[77] Lacroix P. (1898), « Notice historique sur l'École supérieure de commerce », extrait du *Bulletin de la Chambre de commerce de Paris*, pp. 10-11.

[78] Démier F. (1979), « Adolphe Blanqui un économiste libéral face à la Révolution industrielle (1794-1854) », thèse de doctorat d'histoire de troisième cycle, Paris-X Nanterre, p. 413.

[79] Démier F. (1994), « BLANQUI, Adolphe (1798-1854). Professeur d'économie industrielle (1834-1854) », in C. Fontanon & A. Grelon, *Les professeurs du Conservatoire national des arts et métiers. Dictionnaire biographique 1794-1955*, Paris, Institut national de recherche pédagogique, p. 189.

[80] Démier F. (1994), « BLANQUI, Adolphe (1798-1854). Professeur d'économie industrielle (1834-1854) », in C. Fontanon & A. Grelon, *Les professeurs du Conservatoire national des arts et métiers. Dictionnaire biographique 1794-1955*, Paris, Institut national de recherche pédagogique, 185-194.

Révolution de 1848 met un terme à son mandat de député et recentre toutes ses préoccupations sur l'École spéciale de commerce qui souffre alors d'une diminution de ses effectifs.

Portrait d'Adolphe Blanqui exposé dans le salon d'accueil de ESCP.

Commentaire : Adolphe Blanqui fut l'un des principaux artisans du développement de l'école au dix-neuvième siècle. Fils aîné d'une famille désunie, Adolphe Blanqui devait faire les frais, toute son existence, du poids des relations familiales. Du fait des fortes dissensions entre ses parents, il rechercha très jeune son indépendance, notamment en s'installant à Paris pour y devenir professeur. Devenu malgré lui soutien de famille, il se chargea de pourvoir à l'éducation de ses cadets, et notamment de son frère, le futur révolutionnaire Louis-Auguste Blanqui. Lorsque les mésententes éclatèrent entre les deux frères au début des années 1830, Adolphe prit soin d'éviter tout amalgame aux yeux du grand public pour que l'« École de commerce Blanqui » qu'il dirigeait ne soit pas associée aux idées socialistes de son frère. Si l'école acquit grâce à sa gestion, à ses publications et à ses voyages à l'étranger, un rayonnement international très tôt, elle ne put cependant pas demeurer une entreprise familiale tant les relations étaient difficiles dans la famille Blanqui. Faute d'être parvenu à intéresser ses deux fils à l'administration de l'école, Adolphe Blanqui la céda à son décès à son ami Guillaume Gervais, également tuteur de sa fille cadette, Jane. Lorsque Guillaume Gervais mourut prématurément en 1867 sans avoir eu le temps de préparer sa succession, l'école fut léguée à Jane. Privée du soutien de ses deux frères, pourtant négociants, elle se résolut à vendre l'école familiale à la Chambre de commerce de Paris en 1869. Les anciens élèves demeurèrent cependant très attachés au souvenir d'Adolphe Blanqui jusqu'aux premières années du vingtième siècle. En 1999, lorsque la direction de l'école prit la décision de changer le nom de l'établissement, l'appellation « Blanqui Business School » fut même suggérée mais finalement non retenue.

2. Le directorat d'Adolphe Blanqui (1830-1854) : la consolidation de l'école

En 1830, avant la Révolution de Juillet, Adolphe Blanqui, âgé de 31 ans, prend la direction de l'école où il n'a cessé d'enseigner depuis 1825. L'école se trouve alors dans une situation financière difficile et l'économiste l'achète sur ses fonds personnels. Les motivations qui conduisent ce jeune père de famille à se porter acquéreur d'une école en faillite procèdent de son esprit d'entreprendre. Ce dernier témoigne de sa capacité à passer des idées aux actes, à prendre des risques et à saisir les occasions pour créer du changement.

L'école lui paraissait en effet utile socialement – l'enseignement supérieur du commerce répondait à un besoin insatisfait à l'époque en France et dans bon nombre de pays étrangers – ; elle s'était constitué une clientèle et un comité de patronage prestigieux de sorte que son potentiel de développement ne demandait qu'à être exploité. Par ailleurs, les circonstances étaient favorables à l'acquisition et à la direction de l'école. En effet, après la révolution politique de 1830, l'école avait perdu une grande partie de sa clientèle et donc de ses revenus : les agitations révolutionnaires parisiennes – voire peut-être même les liens de l'école avec le révolutionnaire Louis-Auguste Blanqui[81] – ont effrayé les parents, les élèves et les enseignants. Son précédent directeur, Louis Pelleport, attendait ardemment d'être remplacé à la tête de l'école ; à défaut de quoi la fermeture définitive de l'école était envisagée. C'est dans ce contexte perturbé

[81] Un témoignage inédit que nous avons retrouvé indique qu'en juillet 1830, juste au moment de la Révolution de Juillet, le révolutionnaire Louis-Auguste Blanqui serait venu à plusieurs reprises à l'école pour informer son frère des dernières évolutions politiques et solliciter son aide. L'école aurait ainsi été transformée en atelier de munitions pour armer les opposants politiques du roi Charles X. Comme en atteste Jean Lux, jeune pensionnaire à l'école, âgé d'une quinzaine d'années et témoin oculaire au moment des faits : « Le mercredi 28 [juillet 1830], [Louis-Auguste Blanqui] apparut, la carabine à l'épaule, le visage noir de poudre, une large cocarde tricolore à son chapeau de paille, la taille entourée d'une ceinture formée de trois bandes de calicot, l'une blanche, les autres rouge et bleue. Quatre pistolets d'arçon et un sabre étaient attachés à cette ceinture. Il trouva l'école de commerce transformée en atelier, ici l'on fondait des balles, là on roulait des cartouches, plus loin on épluchait en charpie tout le linge de la maison. Il se jeta dans les bras de son frère [Adolphe] pleurant d'émotion, but quelques gorgées d'eau rougie, et dit en s'en allant : — Dans vingt-quatre heures tout sera fini pour celui-ci [Charles X] ; mais avant trois mois il faut qu'il n'y ait plus un seul roi en Europe ! ». Source : Lux J. (1870), « Auguste Blanqui », in Claretie, Jules et Challamel, Augustin, *Plutarque populaire contemporain illustré. Études biographiques, historiques, anecdotiques et satiriques sur les hommes du jour*, Paris, Librairie centrale, pp. 173-178.

qu'Adolphe Blanqui a pris la décision d'acheter l'établissement « sur ses deniers personnels » et de le diriger à ses risques et périls. L'entreprise était en effet risquée car Adolphe Blanqui était alors impécunieux, père de famille et encore inconnu dans les milieux de l'enseignement commercial et, donc, dépourvu de réseaux professionnels de soutien. Toutefois, l'homme avait foi dans ses capacités. L'arrivée de Blanqui à la tête de l'école marquerait donc les qualités d'entrepreneur de l'économiste ; si l'on entend par « entrepreneur » « celui qui est à la fois directeur et propriétaire de son entreprise »[82].

À ces qualités d'entrepreneur chez Blanqui – sa vision pour redresser l'école, sa perception des opportunités, son goût du risque – comme moteurs de l'acquisition de l'école, il semble également nécessaire d'ajouter l'esprit du devoir. En effet, ce seraient les parents d'élèves et les élèves eux-mêmes qui auraient sollicité l'intervention d'Adolphe Blanqui et auraient exercé sur lui une pression de nature à le contraindre à accepter de reprendre, à sa charge, le flambeau de l'institution scolaire après la fermeture de celle-ci. Adolphe Blanqui aurait alors mis plusieurs semaines avant d'accepter les sollicitations dont il faisait l'objet, non seulement parce qu'il connaissait le contexte périclitant de l'école, mais aussi, vraisemblablement, parce qu'il s'estimait en partie coresponsable de la situation de celle-ci[83]. En effet, avant 1830, Adolphe Blanqui était enseignant à l'école, mais également cogérant de celle-ci puisqu'il secondait personnellement le directeur de l'époque, Louis Pelleport. Son acceptation de diriger l'école pourrait dès lors s'interpréter comme la preuve qu'il se sentait moralement engagé vis-à-vis des parents d'élèves et des élèves de l'école[84].

Quelles que soient les motivations qui ont amené Adolphe Blanqui à prendre la tête de l'établissement, il s'est rapidement retrouvé face à une situation inédite – mais amenée à se reproduire par la suite – dans l'histoire de l'école : les suites de la Révolution de 1830. Si l'école affronte dès la rentrée de 1830 une situation particulièrement difficile, il ne semble pas qu'elle ait pour autant durablement fermé ses portes pendant l'année scolaire 1830-1831[85]. Les premières difficultés qu'Adolphe Blanqui a rencontrées se

[82] Boutillier S. (2015), « Jean-Baptiste Say et l'émergence d'une économie des entrepreneurs », in D. Uzunidis, *Et Jean-Baptiste Say... créa l'entrepreneur*, Bruxelles, Business and Innovation, 59-74.

[83] Lacroix P. (1898), « Notice historique sur l'École supérieure de commerce », Extrait du *Bulletin de la Chambre de commerce de Paris*.

[84] L'engagement moral est une qualité que reconnaît et souligne également la version de l'Association des anciens élèves. À plusieurs reprises, celle-ci rappelle qu'Adolphe Blanqui se sentait personnellement engagé vis-à-vis des enseignants et élèves de l'école, mais également vis-à-vis des actionnaires qui ont financièrement soutenu l'établissement entre 1848 et 1852.

[85] L'école a-t-elle fermé ses portes suite à la Révolution de Juillet 1830 ? Plusieurs sources laissent entendre que tel fut le cas. Source : Gervais G. (1865), « Présentation de l'École supérieure de commerce à Paris », in France, *Enquête sur l'enseignement professionnel*, Paris, Imprimerie impériale. Bibliothèque nationale de France, département littérature et art, Lf262-25. Toutefois, cette fermeture ne fut probablement que très temporaire (quelques jours à quelques semaines). En effet, l'existence d'élèves diplômés en 1830, en 1831, en 1832 et en 1833 laisse penser que l'école n'a pas durablement cessé son activité malgré les tourments

sont manifestées dès la fin de l'année 1830 et dans les quelques années qui ont suivi quand l'école, du fait de la révolution politique[86], s'est retrouvée en pénurie d'enseignants et d'élèves. La Révolution parisienne, menée sur fond de crise politique et sociale, est en effet apparue à beaucoup de parents d'élèves, d'élèves, mais aussi d'enseignants comme un répulsif à tout projet de séjour dans la capitale. Len outre, les épidémies de choléra de 1832, puis de 1849, ont provoqué à Paris, à chaque fois, près de 19 000 morts.[87]

Pour faire face à cette situation, Adolphe Blanqui a réduit le train de vie de l'école en la déménageant dans un édifice moins vaste, moins prestigieux et moins onéreux[88]. L'Hôtel de Sully que l'établissement louait à son arrivée pouvait certes accueillir 250 élèves (un niveau que l'école ne connaîtra qu'à partir de 1899), mais il était très coûteux. Le nouvel immeuble loué pour héberger l'école est situé dans un quartier populaire et moins dispendieux, au 10 rue Neuve Saint-Gilles. Cette première mesure de réduction du train de vie de l'école ne semble pas avoir été suffisante puisque deux années à peine après ce premier déménagement, un deuxième est intervenu en 1832 pour installer l'école dans un hôtel du dix-huitième siècle, au 59 boulevard Saint-Antoine. Un troisième déménagement intervient en 1838, pour loger l'établissement au 22 rue Saint-Pierre-Popincourt – adresse devenue 102 rue Amelot en 1868 – dans un édifice encore moins onéreux qu'elle occupera pendant soixante ans. C'est dans cet immeuble qu'Adolphe Blanqui vit avec son épouse qui tient salon et y organise des soirées musicales. Joseph Lakanal, Horace Say, Adolphe Thiers, Alfred de Musset, Émile de Girardin ainsi que le peintre Eugène Delacroix y furent reçus. La même année, Adolphe Blanqui obtient une nouvelle source de financement pour l'école, autre que les rétributions scolaires : les bourses d'études que le gouvernement octroie aux meilleurs élèves à compter de 1838 et qui constituent, en réalité, des subventions déguisées.

Par ailleurs, parallèlement à cette politique de réduction des coûts fixes, Adolphe Blanqui recrute plusieurs des enseignants dans son réseau social immédiat, et notamment parmi les anciens élèves de l'école. Joseph Garnier, Niçois comme Blanqui, est ainsi le premier élève de l'école – promotion 1832 – à y être embauché à la sortie de ses études pour occuper successivement les postes de répétiteur puis d'enseignant.

---

révolutionnaires de 1830. Si des élèves ont été diplômés l'année de la Révolution et dans les années qui ont immédiatement suivi celle-ci, c'est que l'école a vraisemblablement été en mesure de les former dès la rentrée scolaire de 1830 : les élèves diplômés en 1832 ou en 1833 ont probablement intégré l'école à l'automne 1830 pour accomplir leurs deux ou trois années de scolarité. Source : Amicale des anciens élèves de l'École supérieure de commerce de Paris, *Bulletin de l'Association amicale des anciens élèves de l'École supérieure de commerce de Paris – Annuaire 1907*, mars 1907. Archives de ESCP.

[86] La Révolution de Juillet 1830 renverse la monarchie de la Restauration et place sur le trône Louis-Philippe d'Orléans.

[87] Le propre père d'Adolphe Blanqui devait mourir à 72 ans passés à l'École spéciale de commerce de Paris, le 1er juin 1832, vraisemblablement des suites de la contagion épidémique.

[88] Voir annexe 4 du présent ouvrage.

La seconde crise majeure qu'Adolphe Blanqui rencontre pendant sa direction éclate après la Révolution de 1848. De nouveau, l'avenir de l'école se retrouve compromis en raison de la crise politique, sociale et économique qui sévit alors. Il est vraisemblable, selon certaines sources[89], que l'école ait été transformée pendant quelques semaines en hospice ouvert à tous les blessés. Néanmoins, si cette situation est avérée, elle n'a été que très temporaire. En effet, dès l'été 1848, Adolphe Blanqui la surmonte par deux résolutions. D'abord, il rassure sa clientèle, actuelle et potentielle, en affirmant que, bien que localisée dans un quartier populeux et très actif révolutionnairement, l'école n'a rien d'un foyer insurrectionnel. Une telle communication est pour lui d'autant plus importante qu'à la même époque son frère Louis-Auguste Blanqui se fait connaître en France pour ses menées révolutionnaires[90]. Pour concrétiser le positionnement conservateur de l'école, Adolphe Blanqui surveille étroitement ses élèves et son personnel. Il sanctionne ainsi sévèrement les quelques élèves du deuxième comptoir qui prennent part aux manifestations révolutionnaires et rend publiques ces sanctions à l'occasion du discours de fin d'année où assistent les parents des élèves et le représentant du ministre du Commerce.

La seconde voie qu'emprunte Adolphe Blanqui pour consolider l'école dans la tempête qu'elle affronte à la fin des années 1840 est la

[89] Comme en témoigne un contemporain, en 1848 l'école devint « un hospice volontairement ouvert aux blessés de tous les partis [et] l'humanité de M. Blanqui n'eut d'autres bornes que celles de ses forces et de sa fortune. Ses pertes furent immenses. Pendant deux années, la terreur qu'avait inspirée de telles calamités, et l'appauvrissement de presque toutes les familles, firent déserter même l'école qui révélait les moyens d'accroître, par la paix, l'étude et le travail, la richesse des nations et celle des particuliers ». Source : Dupin C. (1854), *Discours de M. le baron Charles Dupin lors des funérailles de M. Blanqui*, Paris, Firmin Didot, p. 9.

[90] Louis-Auguste Blanqui (1805-1881) est le frère cadet d'Adolphe. Révolutionnaire socialiste, il participe à plusieurs insurrections et révolutions en France entre 1830 et 1871. Ses activités révolutionnaires lui valent de passer trente-cinq années de sa vie en prison. Les relations entre les deux frères semblent avoir été très mouvementées. Adolphe Blanqui a fait venir à Paris son jeune frère en 1818 et a financé ses études. Il le trouvait brillant et le considérait, étant donné leurs sept ans d'écart d'âge, comme son propre fils. Son affection pour lui était réelle et, dans la correspondance familiale, il l'appelait tendrement « Minou ». Après son embauche à l'École spéciale de commerce de Paris en 1825, Adolphe y fait également recruter son frère tout juste âgé de 20 ans. La radicalisation révolutionnaire de Louis-Auguste l'a cependant éloigné de son frère. Victor Hugo, qui était un proche d'Adolphe Blanqui dans les années 1840, affirme ainsi dans *Choses Vues* que ce dernier avait peur de Louis-Auguste qui le considérait comme un traître et qu'il haïssait. « Après février [1848], [Louis-Auguste] sortit de prison [...] et il écrivit à son frère qu'il haïssait : – *Je sors une fourche de fer rouge à la main.* » Hugo V. (2013) [1887], *Choses Vues*, Le Livre de Poche, collection Classiques, p. 306. Apprenant la sortie de prison de son frère, Adolphe en aurait conçu une grande frayeur, comme en témoigne encore Victor Hugo fin 1848 : « Un matin, j'étais encore couché, un homme effaré entre dans ma chambre. C'était M. Adolphe Blanqui, professeur au Conservatoire des arts et métiers, membre de l'Institut, et huit jours auparavant député [...]. Il était épouvanté et pâle, il me prend les mains en me criant : – Sauvez-moi ! / – De qui ? / – De mon frère. Son frère, Auguste Blanqui, arrivait en effet de prison et était venu se loger dans le VIIIe arrondissement [devenu le XIe arrondissement en 1860] où demeurait aussi l'aîné. » Sources : Hugo V. (2013) [1887], *Choses Vues*, Le Livre de Poche, collection Classiques, p. 208. Blanqui A. (1916), « Souvenirs d'un lycéen de 1814 », *Revue de Paris*, 15 avril 1916.

recapitalisation de l'établissement. Entre 1848 et 1850, l'école perd une partie de ses élèves, de sorte que, pour limiter le risque de faillite de l'établissement, Adolphe Blanqui la transforme en société par actions dès 1848. L'objectif n'est pas uniquement financier, mais aussi successoral : le directeur veut préparer sa succession à la tête de l'école pour éviter le renouvellement de la crise qui avait suivi le décès de son prédécesseur Monnier des Taillades en 1829. En d'autres termes, Adolphe Blanqui cherche un continuateur de son œuvre et espère trouver dans les actionnaires de l'école un futur repreneur. À cette époque, en effet, il ne peut pas compter sur ses deux fils qui sont encore trop jeunes pour être associés à la gestion de l'école. En outre, l'entourage familial immédiat d'Adolphe ne lui offre aucun successeur envisageable. En effet, son frère Louis-Auguste, par incompatibilité idéologique et juridique, n'est pas un candidat possible : il est révolutionnaire et emprisonné ; tandis que son second frère, Jérôme, est menuisier à Paris mais sourd et muet de naissance.

ÉCOLE SPÉCIALE DU COMMERCE.

RUE SAINT-PIERRE-POPINCOURT

Action N°

Grand-Livre F°

BLANQUI AINÉ ET Cie.

EXTRAIT D'INSCRIPTION.

Je soussigné déclare que M. Maillet Labosté est inscrit sur les Registres de la Société pour Deux Actions de Deux Cent Cinquante Francs, dont il a versé la totalité, conformément à l'art. des Statuts.

Paris, le 17 octobre 1848.

Le Gérant,
Blanqui

EXTRAIT DES STATUTS.

Exemple de certificat nominatif d'action de l'École spéciale de commerce en 1848.

Adolphe Blanqui prend alors 50 % du capital à sa charge et le reste est mis à la disposition du public sous la forme d'actions. La souscription est effectuée en huit jours seulement et sans aucune publicité ; ce qui prouverait l'étendue et l'efficacité du réseau social construit par Blanqui depuis 1830. L'entreprise est un succès d'autant plus remarquable qu'elle était risquée. En effet, Adolphe Blanqui ne proposait « ni l'exploitation d'un brevet fructueux, ni une affaire industrielle à risques plus ou moins dissimilés »[91]. L'entreprise aurait donc pu se solder par un fiasco financier – souscription partielle ou insuffisante des actions – d'autant plus douloureux que l'insuccès aurait été rendu public.

La société par actions dégage des bénéfices : les actionnaires de la société en commandite de l'École spéciale de commerce touchent ainsi 6,5 % de dividendes à l'issue du premier exercice complet au 31 décembre 1849 et 12 % à l'issue du deuxième exercice au 31 décembre 1850. L'impôt n'existant pas à l'époque sur ces revenus, il s'agissait d'un placement net.

Néanmoins, l'objectif de transmission de l'école étant prioritaire, Adolphe Blanqui dissout la société en commandite le 30 septembre 1852 après avoir identifié son ami Guillaume Gervais comme potentiel successeur. Il transforme alors l'école en société civile pour en faciliter la transmission. Pour symboliser la bonne fortune retrouvée, l'école est baptisée dès 1852 « École supérieure de commerce », même si dans les faits elle est déjà connue sous le nom d'« École de commerce Blanqui »[92]. Aux termes de l'acte passé devant notaire, l'école est ainsi administrée par trois coassociés, dont Adolphe Blanqui qui possède la majeure partie de l'école. Cette phase de cogestion permet au directeur de former ses successeurs. Enfin, sur le plan familial, Adolphe Blanqui semble avoir eu l'habileté de nommer Guillaume Gervais tuteur de sa fille cadette, Jeanne-Isabelle dite « Jane », née en août 1850. Gervais n'a alors pas de famille et, vraisemblablement, pas l'intention d'en fonder une. En faisant en sorte que Gervais devienne le tuteur de sa fille à son décès, Blanqui a fait de Gervais le gestionnaire de la fortune de sa fille. En agissant ainsi, il a fait de l'École supérieure de commerce de Paris moins une entreprise à faire prospérer qu'un capital familial à transmettre à sa descendance. L'avenir proche démontrera d'ailleurs la justesse de ses prévisions. Malade, Adolphe Blanqui décède prématurément à l'âge de 55 ans, en janvier 1854, au sein de l'École supérieure de commerce. Il laisse une succession d'environ 60 000 francs mais chargée de plus de 181 000 francs de dettes[93]. La direction de l'école est alors transférée, comme prévu, à son ami Guillaume Gervais.

Juridiquement l'école est donc transmise à ses deux coassociés, Guillaume Gervais et Louis Marie. À la mort de ce dernier, en 1856, l'école revient aux mains exclusives de Guillaume Gervais qui dissout la société civile, retransformant l'école en bien propre.

[91] Renouard A. (1898), *Histoire de l'École supérieure de commerce de Paris*, Paris, Association des anciens élèves, p. 38.
[92] Voir annexe 3 du présent ouvrage.
[93] « Succession d'Adolphe Blanqui ». Archives nationales, Étude L XXI/332.

3. Le directorat de Guillaume Gervais : l'école devenue pensionnat privé

La direction de Guillaume Gervais est marquée par la poursuite de la stratégie initiée par ses prédécesseurs. Qui était ce directeur ?

Né le 6 mai 1803 dans le Calvados, à Caen, d'un père épicier et d'une mère fruitière, Guillaume Gervais est l'une des personnalités les plus étonnantes ayant dirigé l'école[94]. Il passe son doctorat en médecine à Paris en 1827 et, dès 1828, achète une charge de médecin du roi par quartier[95]. Il se fait rapidement connaître comme l'un des membres les plus ardents du parti républicain. C'est à l'occasion de son entrée au sein de la Société des amis du peuple qu'il se lie à Louis-Auguste Blanqui pour la première fois, de même qu'à Raspail et à Trélat. Est-ce au cours de ses études de médecine à Paris, dans les années 1820, qu'il rencontre Adolphe Blanqui ? Ou après 1830, par l'intermédiaire de son frère Louis-Auguste ? Ces questions restent, à ce jour, sans réponse.

Sur le plan professionnel, la première activité de Guillaume Gervais est, comme nous l'avons mentionné, la médecine qu'il exerce avec suffisamment de talent pour être correspondant de l'Institut. Peu après la Révolution de Juillet 1830, il devient enseignant et professe, en sa qualité de médecin, un cours d'hygiène à l'Association libre pour l'éducation du peuple récemment créée[96]. Guillaume Gervais est cependant très actif politiquement durant les dix premières années du règne de Louis-Philippe.

Ses activités politiques lui valent d'être cité à comparaître en justice, à plusieurs reprises, et même d'être condamné. Toutefois, le trublion s'assagit et, à la fin de la décennie 1830, Guillaume Gervais se lance dans les entreprises industrielles, notamment en devenant administrateur de la Compagnie générale des mines de la Loire dès 1839 ; fonction qu'il

---

[94] Son nom à l'état civil est « François-Guillaume Gervais ». Fréquemment, ce dernier signait « Gervais (de Caen) », vraisemblablement pour se différencier de l'un de ses contemporains « Paul Gervais », naturaliste français né à Paris en 1816, également docteur en médecine. De ce fait, le complément du nom « de Caen » ne fait pas partie du patronyme officiel de ce personnage, contrairement à ce que laissent entendre tous les auteurs qui ont écrit sur lui. Source : Larousse P., *Grand dictionnaire universel du XIXe siècle : français, historique, géographique, mythologique, bibliographique*, Paris, 1866-1877, p. 1231.

[95] La charge de « médecin par quartier » signifie que Guillaume Gervais assurait le service médical du roi Charles X chaque année pendant un trimestre, avec l'aide d'un confrère. Pendant les trois autres trimestres, il se consacrait à sa clientèle privée. La charge de « médecin par quartier » ne doit donc pas être confondue avec celle de « premier médecin » qui impliquait que le médecin se consacrât exclusivement au service du monarque toute l'année.

[96] Cette association donnait gratuitement des cours aux ouvriers et aux femmes du peuple dans le domaine de l'instruction élémentaire et scientifique. Cette association a connu un succès rapide : à la fin de l'année 1833, 54 cours différents sont offerts dans les différents quartiers de Paris pour près de 4 000 auditeurs. Un comité central élu par les sociétaires se réunissait une fois par semaine pour s'occuper des intérêts généraux de l'association. Parmi les membres du comité figuraient des personnalités telles que les députés Dupont de l'Eure, Arago, le général Lafayette, le banquier Legendre, de même que des académiciens tels que Magendie, Savard, Rostan, Darcet. Cette association ne poursuivait officiellement aucun but politique, les discussions de ce genre ayant été interdites par ses règlements.

conservera jusque vers 1856[97]. Après la Révolution de Février 1848, il remplit les fonctions de préfet de police de Paris pendant une courte période : ses fonctions commencent le 18 octobre 1848 et s'achèvent le 10 décembre 1848. C'est d'ailleurs en 1848 qu'il est associé à la gestion de l'École spéciale de commerce de Paris par son ami Adolphe Blanqui. La maladie de ce dernier amène Guillaume Gervais à exercer, de fait, la direction de l'école dès août 1853 avant que le décès d'Adolphe Blanqui en janvier 1854 ne fasse de lui son sixième directeur.

Portrait de Guillaume Gervais.

Commentaire : ami de jeunesse d'Adolphe Blanqui, Guillaume Gervais devait lui succéder à la tête de l'École supérieure de commerce de Paris en 1854. Administrateur zélé et négociateur habile, le sixième directeur de l'école fut un dirigeant qui consolida l'œuvre de ses prédécesseurs. Parallèlement à ses activités à la tête de l'école, Guillaume Gervais avait conservé une charge d'enseignement auprès des élèves, comme ses prédécesseurs Adolphe Blanqui, Germain Legret et Amédée Brodart. Il a également été membre et président de classe dans le jury de l'Exposition universelle de Paris en 1855. En 1863, il est nommé par Napoléon III membre de la commission d'organisation de l'Exposition universelle de Paris de 1867. Ses activités extra-scolaires l'ont amené à voyager en Europe, comme son prédécesseur. Sa présence est ainsi attestée au Portugal pour l'Exposition internationale de 1865 mais également en Suède. Guillaume Gervais était aussi membre du Conseil supérieur de l'Algérie et des colonies, aux côtés de l'économiste Michel Chevalier qui était d'ailleurs membre du conseil de perfectionnement de l'école.

---

[97] La Compagnie générale des mines de la Loire était chargée d'exploiter le bassin houiller de l'ouest de l'agglomération stéphanoise qui était alors le principal site d'extraction de charbon en France. Ce bassin fournissait, en effet, jusqu'à 40 % de la production nationale de charbon dans les années 1820 et 1830. La Compagnie générale des mines de la Loire employait, à l'époque, près de 4 000 mineurs. La prépondérance de ce bassin houiller sera toutefois dépassée par celle du Nord-Pas-de-Calais dans les années 1860.

Guillaume Gervais poursuit l'œuvre de son prédécesseur et en accentue même le caractère scolaire en faisant de l'école un pensionnat obligatoire à partir d'octobre 1856 : seuls les élèves internes sont alors admis à l'école. En réduisant délibérément la population scolaire cible, la direction de l'École supérieure de commerce de Paris se construit un positionnement plus étroit et plus élitiste que par le passé. Contrairement aux autres écoles de commerce d'alors qui ont préféré une stratégie visant une cible plus large, à l'instar de l'Institut supérieur de commerce d'Anvers ou de l'Académie de commerce de Vienne qui s'apprête alors à ouvrir ses portes, la direction de l'École supérieure de commerce de Paris a choisi de se concentrer sur une partie relativement aisée de la population scolaire. Les raisons stratégiques qui ont conduit à l'instauration de ce régime scolaire particulier sont à la fois pédagogiques, psychologiques et symboliques.

L'internat offre l'avantage pédagogique de focaliser l'élève sur ses seules études : les devoirs constituent le cœur de son activité quotidienne. Après les heures de cours, suivent immanquablement les heures d'études qui, en volumes horaires, sont parfois aussi conséquentes que les classes elles-mêmes. La vie des élèves est précisément réglée dans leurs moindres actions, sous une surveillance active. Cette volonté de contrôle n'est pas spécifique à l'école, mais est alors dans l'esprit du temps. Comme le formule le ministre de l'Instruction publique en 1852 : « Notre devoir est d'observer nos élèves et de les diriger à leur insu, de pénétrer par une sorte de divination presque infaillible, qui est le caractère propre de l'expérience pédagogique, dans les ténèbres de leur avenir. »[98] De ce fait, l'emploi du temps des élèves de l'École supérieure de commerce de Paris est élaboré à la demi-heure près : lever à 6 h du matin en toutes saisons, cinq heures de cours, six heures d'études, deux heures et demie de récréation et une heure et demie pour les repas. Le soir, chaque élève est tenu de préparer une rédaction sur le contenu des cours suivis dans la journée, sur la base de ses prises de notes et de ses lectures faites pendant les heures d'études quotidiennes. La prose est recueillie par l'inspecteur du comptoir qui la remet le lendemain au professeur concerné pour correction. Le coucher est impératif à 21 h. Si l'internat est un élément clef du dispositif pédagogique de l'École supérieure de commerce de Paris, il l'est tout autant sur le plan disciplinaire : l'école retranche ses élèves en ses murs six jours sur sept, du matin au soir, pour les avoir plus facilement sous sa surveillance et les soustraire aux tentations de Paris et de la vie étudiante en général. Le contrôle quasi permanent des faits et gestes de tous ses élèves par l'école inclut la pratique religieuse pour laquelle la direction de l'école se fait fort d'« appliquer en la matière les instructions des familles »[99]. La discipline est confiée à un sous-directeur et à

[98] Fortoul H. (1852), « Circulaire aux recteurs sur le décret du 10 avril 1852 relatif au plan d'études », *Bulletin administratif de l'instruction publique*, année 1852, p. 83.

[99] Gervais G. (1865), « Présentation de l'École supérieure de commerce à Paris », in France, *Enquête sur l'enseignement professionnel*, Paris, Imprimerie impériale. Bibliothèque nationale de France, département littérature et art, Lf262-25.

quatre inspecteurs maîtres d'études dont trois sont chargés, chacun, d'un comptoir et dont le quatrième supplée ses collègues si besoin.

Les sanctions appliquées pour la non-observation de la discipline scolaire sont peu nombreuses : une demi-consigne ou une consigne complète est appliquée le dimanche ; en cas de récidive, l'élève est renvoyé définitivement de l'école avec information faite aux parents[100]. C'est l'intervention personnelle du directeur qui active la punition ; les professeurs et les inspecteurs peuvent seulement avertir et réprimander verbalement les élèves. Même quand les élèves sont, en principe, soustraits aux regards inquisiteurs des surveillants et des censeurs, notamment dans les dortoirs, ils n'échappent pas à la collectivité. L'isolement de l'élève n'est, en effet, pas encouragé : les chambres individuelles sont tolérées mais leur nombre a été limité à vingt pour une population d'élèves variant de 70 à 110. La majorité des élèves se retrouve donc dans des dortoirs où la cohabitation est officiellement considérée comme un incitateur pour la réalisation « des travaux de groupe ».

Psychologiquement ensuite, l'internat qui est à l'époque caractéristique de l'enseignement secondaire, est sécurisant pour les familles. L'argument sécuritaire est d'autant mieux compris par l'administration de l'école que l'établissement accueille en ses murs une proportion d'élèves étrangers et provinciaux qui ne sont pas nécessairement avisés des tentations ou des dangers de la « Ville Lumière » et qui, dépourvus parfois de l'aisance linguistique, culturelle ou relationnelle qui leur assurerait une relative autonomie, ne sont pas nécessairement « armés » pour y faire face[101]. Comme l'écrit l'historien Antoine Prost, « l'internat privé donne aux familles l'assurance – ou l'illusion – d'un climat de dévouement, de prévenance [...]. Le mal, pour les administrateurs de ce temps, vient toujours du dehors ; et ce n'est pas seulement souci de dégager leur responsabilité. Il faut préserver l'enfant des influences extérieures, toujours pernicieuses [...] Tout se passe comme si l'univers scolaire ne se définissait pas pour la vie, ni même à côté d'elle, mais contre elle. »[102] Installée dans une capitale réputée pour ses plaisirs, l'École supérieure de commerce de Paris conçoit l'éducation comme un enclos où se forgent, à l'abri des distractions de la

---

[100] Gervais G. (1865), « Présentation de l'École supérieure de commerce à Paris », in France, *Enquête sur l'enseignement professionnel*, Paris, Imprimerie impériale. Bibliothèque nationale de France, département littérature et art, Lf262-25, p. 682.

[101] Dans sa notice de présentation de l'école rédigée en 1865, Guillaume Gervais note que la direction de l'école « est arrivée par une expérience de onze ans à cette conviction, en vertu de laquelle elle agit, qu'il est impossible de faire en même temps de l'instruction et de l'éducation avec des jeunes gens de seize à vingt-cinq ans sans une action personnelle et constante de la direction ; qu'il est impossible dans une grande ville comme Paris, avec des jeunes gens de cet âge, appartenant presque tous à des familles au moins aisées, d'agir utilement à ce double point de vue de l'instruction et de l'éducation simultanées sur des élèves externes ; aussi les a-t-elle retranchés, quoiqu'ils fussent un élément important de produit financier ». Voir Gervais G. (1865), « Présentation de l'École supérieure de commerce à Paris », in France, *Enquête sur l'enseignement professionnel*, Paris, Imprimerie impériale. Bibliothèque nationale de France, département littérature et art, Lf262-25, p. 686.

[102] Prost A. (1968), *L'enseignement en France, 1800-1967*, Paris, Armand Colin, pp. 49-52.

« fête impériale », les hommes du commerce de demain. Le pensionnat, gage de sécurité pour les familles, est également gage de sérieux pour les employeurs : l'élève qui, en dépit de son âge avancé, a su se soumettre deux ou trois années complètes à un régime aussi contraignant tout en validant sa scolarité, est un individu policé et discipliné que ne sauraient déprécier des employeurs en quête de collaborateurs aux qualités morales éprouvées. La discipline rigoureuse du pensionnat prépare donc les élèves à une vie laborieuse au cours de laquelle ils auront à se soumettre à la discipline de l'entreprise qu'ils devront respecter en tant qu'employés, mais aussi faire respecter en tant que personnels d'administration.

Au-delà des avantages matériels et psychologiques que procure l'internat, des avantages d'ordre plus symbolique ont sans doute motivé Guillaume Gervais à le rendre obligatoire dans son école : à une époque où l'enseignement commercial dit « supérieur » souffre d'un déficit de considération, voire d'une certaine stigmatisation de la part des filières classiques d'enseignement et du grand public, l'appropriation de certaines méthodes du secondaire classique – comme l'internat – répond à une quête de reconnaissance à destination de l'institution scolaire, mais également de ses clients, et plus généralement des parties prenantes qui la fréquentent. La reprise du pensionnat emprunté aux écoles secondaires est donc un marqueur disciplinaire qui signale son inclusion dans le système scolaire habituel[103] : l'école, contrairement à certains de ses concurrents, et notamment l'Institut supérieur de commerce d'Anvers, ne cherche pas à vivre sur le pied d'une université ni à se présenter comme telle.

4. Surveiller les élèves et encadrer la formation des esprits : une école onéreuse pour une jeunesse studieuse

L'instauration d'un internat obligatoire n'est pas neutre, en termes de frais de scolarité. L'augmentation considérable de ces derniers – entre 1854 et 1869 les tarifs du pensionnat augmentent de 33 % – s'accompagne d'un recalibrage à la hausse des capacités financières des clients cibles de l'école. En 1856 – année d'instauration de l'internat obligatoire –, l'écolage à l'École supérieure de commerce de Paris s'élève à 1 600 francs annuels puis à 1 800 francs annuels en 1864. À l'époque, de tels frais de scolarité sont conséquents puisqu'ils représentent environ le salaire annuel d'un instituteur titulaire du brevet supérieur.

---

[103] Au dix-neuvième siècle, le pensionnat est en effet vu comme le symbole d'un certain élitisme scolaire. Les membres de la Chambre de commerce de Paris, dans leurs premiers projets de création de l'école HEC en janvier 1870, envisageaient ainsi de faire de la nouvelle école un pensionnat de 900 places (Meuleau, 1981, p. 3). De fait, en 1881, cette école sera ouverte sous la forme d'un pensionnat obligatoire et elle le restera jusqu'en 1886 (Meuleau, 1981, p. 66). Voir Meuleau M. (1981), *HEC 100 : 1881-1981. Histoire d'une Grande école*, Jouy-en-Josas, Groupe HEC.

Frais de scolarité	**1851-1854**	**1854-1856**	**1856-1864**	**1864-1869**
Pensionnat	1 400 francs annuels	1 500 francs annuels	1 600 francs annuels	1 800 francs annuels
Demi-pensionnat	1 100 francs annuels	1 200 francs annuels	–	–
Externat	500 francs annuels	500 francs annuels	–	–

Évolution des frais de scolarité à l'école de 1851 à 1869.

En optant pour ce régime scolaire onéreux, la direction de l'école fait le choix stratégique de se focaliser sur une clientèle relativement aisée[104]. Avec 1 800 francs par année d'études, auxquels s'ajoutent 25 francs de droit d'entrée pour l'amortissement du matériel scolaire, l'école, à la fin des années 1860, est la plus chère école de commerce qui soit en Europe. En effet, à la même époque, en Belgique, à l'Institut supérieur de commerce d'Anvers, les frais de scolarité s'élèvent à 200 francs en première année, et à 250 francs en deuxième année pour une inscription générale[105]. À la même époque, en Autriche, à l'Académie de commerce de Vienne, la rétribution scolaire s'élève à environ 330 francs par an, pour l'ensemble des cours obligatoires[106]. À l'École supérieure de commerce de Mulhouse, elle s'élève à 600 francs par an. Les frais de scolarité pratiqués par l'École supérieure de commerce de Paris vers 1865-1866 sont donc trois à sept fois supérieurs à ce que proposent les concurrents.

Certes, force est d'admettre que le prix d'un pensionnat est, par nature, plus élevé que celui d'un externat. Ce prix élevé des études permet à l'École supérieure de commerce de Paris de couvrir ses dépenses qui sont plus importantes que ses concurrentes, rapportées au nombre d'élèves du fait de l'internat. Sans doute, également, les prix élevés permettent-ils à l'école parisienne de se doter d'une image de sélectivité propre à rehausser son prestige, tout en la prémunissant contre les élèves dilettantes.

Si la stratégie élitiste se manifeste d'abord par une restriction de la clientèle de l'école aux portions les plus aisées – en mesure de s'offrir les frais de pensionnat –, force est de rajouter que la focalisation de l'école s'exprime aussi dans son offre d'enseignement. Contrairement à ses concurrents qui prodiguent,

---

[104] En France, le décret du 19 avril 1862 porte le traitement annuel minimum d'un instituteur, après cinq années d'ancienneté, à 700 francs et à 800 francs après 10 ans d'exercice. À titre de comparaison, l'indemnité annuelle du directeur-propriétaire de l'École supérieure de commerce de Paris est portée à 13 850 francs à compter de 1856 ; ce qui est un montant très conséquent pour l'époque quand l'on sait que l'indemnité annuelle d'un député s'élève alors à 9 000 francs. En 1870, le salaire moyen d'un ouvrier houiller s'élève à 874 francs annuels. Voir Prost (1968, p. 74 ; p. 141).

[105] Baudoin J.-M. (1865), *Rapport sur l'état actuel de l'enseignement spécial et de l'enseignement primaire en Belgique, en Allemagne et en Suisse*, Paris, Imprimerie impériale.

[106] Gervais G. (1865), « Présentation de l'École supérieure de commerce à Paris », in France, *Enquête sur l'enseignement professionnel*, Paris, Imprimerie impériale. Bibliothèque nationale de France, département littérature et art, Lf262-25.

à partir des années 1850, une offre d'enseignement diversifiée, portant généralement simultanément sur un enseignement commercial post-secondaire – destiné aux élèves issus du secondaire – et un enseignement commercial moyen – via des formations nocturnes destinées aux employés du commerce –, l'École supérieure de commerce de Paris se concentre sur le seul enseignement de haut niveau. De ce fait, la très grande variété de l'offre de cours inaugurée au début des années 1820 est pérenne sur la période : dans les années 1850 et 1860, entre quinze et dix-huit cours différents sont offerts aux élèves. La volonté de Guillaume Gervais est alors d'élargir l'horizon intellectuel des élèves, pour leur donner une vision plus complète des processus complexes dans lesquels ils devront intervenir plus tard : s'il n'est, certes, pas indispensable pour un négociant de connaître intimement le fonctionnement organique des machines qu'il utilise ou qu'il vend, ni la succession des transformations chimiques que les matières premières ont subies à l'atelier ou à l'usine pour donner naissance au produit manufacturé sur lequel il spécule, la connaissance de ces processus n'est pas complètement dénuée d'intérêt pour le commerçant. C'est pourquoi, les cours commerciaux sont dispensés avec une orientation pratique qui se manifeste par des simulations commerciales et par des visites industrielles. Comme le souligne Guillaume Gervais au début des années 1860[107] :

> « Les élèves, répartis en groupes ou maisons de commerce de temps en temps renouvelés, achètent et vendent des marchandises, font la banque, expédient des navires, assurent, commissionnent, correspondent, se livrent enfin, sous la direction d'un habile professeur et d'une grande expérience, aux opérations les plus variées et les plus difficiles. À partir de Pâques, les élèves du troisième comptoir visitent, sous la direction du professeur de technologie, les principales usines de Paris et des environs, la douane, les entrepôts, etc. »

Ces enseignements resituent l'intervention du négociant dans un contexte plus large, et lui montrent la complémentarité fonctionnelle qui existe, de fait, entre son travail d'écoulement des marchandises et le travail en amont des industriels qui ont contribué à la conception desdites marchandises : l'art de fabriquer les produits précède en cela l'art de les vendre. Le commerce peut apparaître, ainsi, comme une branche spéciale d'industrie. Une autre raison, de nature non plus technique mais davantage liée à l'image entourant les commerçants, peut expliquer la présence d'enseignements apparemment éloignés des préoccupations immédiates des élèves : les cours industriels (mécanique, technologie, chimie minérale, etc.) ou de culture générale (histoire commerciale, littérature) donnent aux études commerciales – et indirectement à l'école de commerce qui les dispense – un caractère de scientificité propre à rehausser le prestige de ces études[108]. À ce titre, l'introduction de cours autres que strictement commerciaux semble s'inscrire

---

[107] Gervais G. (1865), « Présentation de l'École supérieure de commerce à Paris », in France, *Enquête sur l'enseignement professionnel*, Paris, Imprimerie impériale. Bibliothèque nationale de France, département littérature et art, Lf262-25, p. 679.

[108] Maffre P. (1983), « Les origines de l'enseignement supérieur commercial en France au XIXe siècle », thèse de troisième cycle en histoire, Université Paris 1 Panthéon-Sorbonne.

dans une logique d'appropriation, par procuration, du capital symbolique attaché à l'enseignement classique ou aux études d'ingénieurs.

Cette extension considérable – « encyclopédique » selon le qualificatif de l'historien Philippe Maffre – du champ pédagogique couvert par l'enseignement de l'école parisienne est une originalité que les contemporains n'ont pas manqué de souligner... et de critiquer. Certains enseignements paraissent à l'époque assez éloignés des préoccupations directes que les négociants peuvent rencontrer quotidiennement : les cours de physique, de mécanique, de géométrie et de dessin linéaire appliqué aux machines et aux grands appareils de l'industrie interpellent plusieurs contemporains sur la pertinence de ces cours dans un programme déjà passablement chargé. Ainsi, répondant au concours de la Société industrielle de Lyon qui projetait la création d'une école supérieure de commerce dans cette ville, Marius Morand écrit ainsi en 1869, au sujet des cours de l'École supérieure de commerce de Paris[109] :

> « Nous avons cru devoir [...] écarter (de notre programme de cours pour l'École supérieure de commerce à Lyon) toute étude dont l'utilité ne nous semblait pas bien démontrée. La physique, la mécanique, la géométrie, le dessin appliqué aux machines, etc., ne sont-ils pas plutôt du domaine de la science industrielle que du domaine de la science commerciale ? Si leur connaissance est de la plus impérieuse nécessité pour le fabricant, pour le manufacturier, est-elle vraiment utile à l'administrateur, au banquier, au négociant ? Nous ne l'avons pas pensé. Elle nous a paru ne présenter aucun intérêt pratique pour les élèves d'une institution qui n'auront jamais à en faire une application directe ; le commerçant ne possède pas ces grandes machines qui centuplent la production, et dont il faut que tout industriel ait une connaissance approfondie. [...] La chimie même ne nous a pas paru devoir faire l'objet d'un enseignement commun à tous les élèves. Si elle acquiert une certaine importance par son utilité directe et incontestable pour les élèves du second comptoir, elle ne présente, au point de vue pratique, du moins, aucun intérêt à ceux du premier ou du second [sic] ; il n'y a aucun inconvénient à ce que le banquier, par exemple, reste étranger aux principes de la chimie industrielle et à la connaissance du dévidage et tissage des fils textiles. »

Si l'encyclopédisme du programme d'enseignement de l'École supérieure de commerce de Paris amène les élèves à suivre des cours qui ne présentent pas d'intérêt professionnel immédiat, il offre en outre l'inconvénient de priver les cours commerciaux essentiels d'un volume horaire suffisant pour en traiter tous les détails. Ainsi, Jacques Siegfried, l'un des généreux mécènes fondateurs de l'École supérieure de commerce de Mulhouse, dénonce à la fin des années 1860 une prolifération des cours à l'école parisienne, aboutissant à niveler tous les enseignements, indépendamment de leur intérêt avéré pour le commerce[110].

---

[109] Morand M. (1869), *Projet d'organisation d'une École supérieure de commerce à Lyon*, mémoire couronné par la Société des sciences industrielles de Lyon, dans sa séance du 5 novembre 1868, Lyon, Imprimerie de H. Storck, pp. 80-81.

[110] Siegfried J. (1870), *Les Écoles supérieures de commerce*, Mulhouse, Imprimerie de L. L. Bader.

Cours en 1868-1869	Nombre d'heures de cours par semaine		
	Premier comptoir	**Deuxième comptoir**	**Troisième comptoir**
Mathématiques	4,5	4,5	2
Sciences	3	–	–
Chimie	–	1,5	1,5
Physique	–	1,5	1,5
Mécanique	–	–	1,5
Technologie	–	–	1,5
Tenue de livres	3	4,5	3
Calligraphie	2	2	1
Géographie	2	2	1,5
Histoire du commerce	1	1	1
Droit des affaires	–	1	2
Économie politique	–	–	1,5
Dessin linéaire	3	2,5	2,5
Dessin d'ornement	1,5	1,5	1,5
Étude des marchandises	–	1	1,5
Littérature	–	1,5	1,5
Français	4,5	1,5	–
Anglais	–	4	3
Allemand	3	3	3
Italien / espagnol	–	3	3
Étude	32,5	28	29

Programme de cours de l'école pour l'année scolaire 1868-1869.

En conséquence, les emplois du temps des élèves sont très chargés : au milieu du dix-neuvième siècle, les élèves de deuxième année suivent obligatoirement trente-cinq heures de cours hebdomadaires et, en dernière année, trente heures de cours hebdomadaires pour plus d'une quinzaine d'enseignements différents.

À l'époque, seule l'École de commerce de Leipzig, créée en 1831, dispense un programme aussi chargé avec trente-cinq heures de cours en deuxième année et trente-sept heures de cours en dernière année. Toutefois, contrairement à l'École de commerce de Leipzig, la direction de l'école parisienne a instauré une obligation d'assiduité pour l'ensemble de son programme scolaire : à l'exception de la troisième langue vivante et des cours d'agréments – danse, musique, escrime –, tous les cours de l'école parisienne sont obligatoires. Aux yeux du directeur de l'époque, l'obligation d'assiduité est considérée comme la condition nécessaire d'une plus grande liberté d'autodétermination professionnelle sur le moyen terme : mieux éclairés que leurs camarades qui auront choisi de méconnaître délibérément certaines disciplines commerciales, les élèves pourront faire un choix d'orientation professionnelle plus éclairé[111]. Par son enseignement à la fois encyclopédique et professionnalisé, complété des cours d'agrément, l'établissement comble les attentes de ses « clients » à la fois techniquement – acquisition d'un savoir et d'un savoir-faire –, mais aussi culturellement – acquisition d'un savoir-être marquant l'appartenance des élèves aux classes sociales aisées.

5. La course aux médailles : une scolarité placée sous le signe de l'émulation honorifique

Les prix d'honneur avaient fait leur apparition pour la première fois en 1838, sous la forme de médailles remises aux élèves. Le ministre du Commerce remettait chaque année six médailles d'honneur aux trois premiers élèves du deuxième comptoir (une médaille en argent et deux médailles en bronze), et tout autant pour les élèves du deuxième comptoir. Le directeur de l'école se réservait le droit, discrétionnaire, de décerner une médaille aux majors de la promotion sortante ; ce qu'Adolphe Blanqui fit, par exemple, deux fois en vingt-quatre ans de direction, respectivement en 1849 et en 1852. Cette politique de récompense des meilleurs élèves – et donc de valorisation de la formation – est poursuivie et même accentuée par les successeurs d'Adolphe Blanqui. En effet, la panoplie des médailles de fin d'année est étoffée à partir de 1853. À partir de cette date, les deux meilleurs élèves du troisième comptoir reçoivent une médaille d'or et une médaille d'argent octroyées, de 1853 à 1870, par Jérôme Napoléon – frère cadet de Napoléon Ier – puis par le fils de ce dernier, le prince Napoléon, à la fois cousin de l'empereur Napoléon III et l'une des principales personnalités politiques d'alors[112].

[111] Gervais G. (1865), « Présentation de l'École supérieure de commerce à Paris », in France, *Enquête sur l'enseignement professionnel*, Paris, Imprimerie impériale. Bibliothèque nationale de France, département littérature et art, Lf262-25.

[112] Comment l'école a-t-elle croisé la route de ces deux influents personnages ? Au début du Second Empire, Jérôme Bonaparte, et son fils sont les héritiers de la Couronne, avant que ne naisse le Prince impérial en mars 1856. Même après la naissance de ce dernier, ils demeurent princes héritiers et occupent des fonctions officielles. Selon Alfred Renouard, ce rapprochement serait dû aux relations d'Adolphe Blanqui qui « connaissait [Jérôme Bonaparte] d'une façon particulièrement intime ». Source : Renouard A. (1908), « Documents pour servir à l'Histoire de l'École supérieure de commerce de Paris – L'École supérieure de commerce de Paris sous le Second Empire », in *Bulletin de l'Association amicale des Anciens élèves de l'École supérieure de commerce de Paris*, janvier-février 1908, p.3. Archives de ESCP. Aucune preuve historique de cette prétendue amitié n'est cependant avancée par cet auteur… En outre, les recherches consacrées à la famille de Jérôme Bonaparte n'ont encore jamais fait mention de cette prétendue amitié. Pour lever le voile sur cette énigme, nous avons donc exploré, pour partie, les archives familiales de ce dignitaire. Nos investigations nous ont appris que la première rencontre entre Adolphe Blanqui et Jérôme Bonaparte aurait eu lieu vers 1848, à une époque où les fonctions de député d'Adolphe Blanqui le conduisaient à fréquenter les milieux politiques au plus haut niveau. Il semble que ce soit vers 1848 que le directeur de l'École supérieure de commerce de Paris ait rencontré pour la première fois Jérôme Bonaparte, alors gouverneur des Invalides et, en tant que tel, chargé de recevoir de

Cette distinction constitue un important motif d'émulation pour les meilleurs élèves de l'École supérieure de commerce de Paris qui, selon les contemporains, se la sont disputée ardemment. Comme en témoigne Alfred Renouard, qui fut élève à l'école entre 1868 et 1870[113] :

> « Dans les traditions de notre École, les médailles d'honneur du prince Napoléon, la "médaille d'or" surtout, ont toujours été considérées comme des récompenses hors pair, que les premiers du troisième comptoir se disputaient ardemment par un travail assidu. Aux approches des examens finaux, la ruche ne bourdonnait plus, beaucoup des récréations se passaient le livre à la main dans la cour de l'École, et la lutte, âpre et ardente, revêtait un caractère quasi homérique. / Aussi, lorsque, à la distribution des récompenses, le "lauréat de la médaille" venait tout joyeux recevoir ce couronnement légitime de ses études et de ses succès, ses camarades, qui tous assistaient à la séance et avaient pu juger de l'effort accompli et de la difficulté vaincue, soulignaient-ils toujours son triomphe d'une véritable ovation. Et c'est ainsi que la remise de l'écrin se doublait pour le vainqueur d'une satisfaction méritée d'amour-propre. »

Le nombre de médailles remises aux élèves sur cette période connaît une certaine inflation puisqu'elles sont multipliées par deux entre 1838 et 1869. À effectifs scolaires pratiquement constants, le taux de médaillés rapporté à la population des élèves semble donc avoir été considérablement augmenté sur la période. Si l'engouement témoigné par l'École supérieure de commerce de Paris pour les décorations honorifiques procède, manifestement, d'une appétence plus générale des contemporains pour ce genre de gratifications, il n'est en revanche pas partagé par toutes les écoles de commerce de l'époque. Certaines d'entre elles, à l'instar de l'École supérieure de commerce de Mulhouse[114] ou de l'École supérieure de commerce de Lyon projetée[115], préfèrent attribuer à leurs meilleurs élèves des prix qui, à l'instar des bourses de voyage ou des livres de langues ou de comptabilité, dispensent une utilité mieux avérée pour les carrières commerciales que des médailles, aussi prestigieuses soient-elles[116].

---

nombreux visiteurs, généraux, officiers, et hommes politiques. Les relations entre les deux hommes semblent avoir été empreintes de sympathies mutuelles car Jérôme Napoléon et son fils ont tenu à rendre visite à Adolphe Blanqui à l'école, en janvier 1854, quelques jours avant sa mort. En outre, ils se sont fait représenter aux obsèques de ce dernier, le 30 janvier 1854.

[113] Renouard A. (1920), *Histoire de l'École supérieure de commerce de Paris (1820-1920)*, Paris, Au siège de l'Association des anciens élèves, p. 90.

[114] *Le Bulletin de la Société industrielle de Mulhouse,* 1865-1872. Bibliothèque municipale de Mulhouse, 2015-125885.

[115] Morand M. (1869), *Projet d'organisation d'une École supérieure de commerce à Lyon*, mémoire couronné par la Société des sciences industrielles de Lyon, dans sa séance du 5 novembre 1868, Lyon, Imprimerie de H. Storck.

[116] Les bourses de voyage pour les meilleurs élèves de l'École supérieure de commerce de Paris ne seront instituées, par la Chambre de commerce de Paris, qu'en 1876.

<table>
<tr><th rowspan="2">Donateurs</th><th colspan="3">1838</th><th colspan="3">1869</th></tr>
<tr><th>1er comptoir</th><th>2e comptoir</th><th>3e comptoir</th><th>1er comptoir</th><th>2e comptoir</th><th>3e comptoir</th></tr>
<tr><td>Ministère du Commerce</td><td>1 médaille d'argent ; 1 médaille de bronze</td><td>1 médaille d'argent ; 1 médaille de bronze</td><td>–</td><td>1 médaille d'argent ; 2 médailles de bronze</td><td>1 médaille d'argent ; 2 médailles de bronze</td><td>–</td></tr>
<tr><td>Prince Napoléon-Jérôme</td><td>–</td><td>–</td><td>–</td><td>–</td><td>–</td><td>1 médaille d'or ; 1 médaille d'argent</td></tr>
<tr><td>Total</td><td colspan="3">4 médailles</td><td colspan="3">8 médailles</td></tr>
</table>

Évolution du nombre de médailles distribuées aux élèves de l'école lors de la cérémonie annuelle de remise des diplômes de 1838 à 1869.

À la multiplication des médailles s'ajoute la réduction du nombre de lauréats du diplôme. En effet, les certificats d'études partielles, qui avaient été créés dans les années 1820 à destination des élèves n'ayant pas validé l'examen final, sont supprimés en 1854 au motif que l'existence de ces « diplômes incomplets » incitait certains élèves à s'en contenter et à ne pas pousser plus loin leur instruction commerciale[117]. L'abolition de ces certificats révèle un renforcement de l'orientation élitiste de l'école : les diplômés de l'École supérieure de commerce de Paris doivent être des lauréats, à part entière, ayant intégralement satisfait aux prérequis académiques de l'institution.

À la réduction du nombre de lauréats s'ajoute un renforcement de la difficulté d'attribution du diplôme. Ce dernier ne sanctionne plus seulement la réussite aux seuls examens de fin de troisième année, mais récompense plus globalement la réussite des lauréats mesurée tout au long de l'année scolaire par les examens intermédiaires[118]. Chaque cours des deuxième et troisième comptoirs commence, en effet, par un examen oral et aléatoire des élèves sur les leçons précédentes. Tous les trois mois, un examen a lieu pour chaque discipline et donne lieu à un classement public des élèves, avec notification des notes aux parents et remise de prix en présence des enseignants et du directeur de l'école. Ces examens, se déroulant en cours d'année, disciplinent les élèves en les contraignant à travailler régulièrement et non à « potasser » la veille des seuls examens de fin d'année[119]. Ces examens comptent pour une part relative dans l'évaluation finale de l'élève. Ce dernier n'est donc plus jugé sur une série d'épreuves finales uniquement, mais sur l'ensemble de l'année. L'avantage stratégique de cette opération de

[117] Gervais G. (1865), « Présentation de l'École supérieure de commerce à Paris », in France, *Enquête sur l'enseignement professionnel*, Paris, Imprimerie impériale. Bibliothèque nationale de France, département littérature et art, Lf262-25.

[118] Gervais G. (1865), « Présentation de l'École supérieure de commerce à Paris », in France, *Enquête sur l'enseignement professionnel*, Paris, Imprimerie impériale. Bibliothèque nationale de France, département littérature et art, Lf262-25.

[119] Siegfried J. (1870), *Les Écoles supérieures de commerce*, Mulhouse, Imprimerie de L. L. Bader.

durcissement des conditions d'attribution du diplôme est double : créer un diplôme – et donc une formation – hautement valorisé dans l'esprit des élèves (le diplôme est d'autant plus prestigieux qu'il est difficile à obtenir) et tenter de verrouiller la clientèle : la suppression du certificat d'études partielles incite les élèves à poursuivre leur instruction commerciale jusqu'à la dernière année d'étude incluse.

En outre, le diplôme, signé de la main même du ministre du Commerce depuis 1852, est remis par ordre de mérite aux impétrants à l'occasion d'une cérémonie chargée d'apparat. Après le traditionnel discours de félicitations adressé aux heureux lauréats, sous la présidence d'un délégué du ministère du Commerce, les diplômes sont remis aux élèves, de même que les prix d'honneur. Ces derniers, tout en valorisant les meilleurs élèves, accroissent le prestige de la cérémonie et permettent de valoriser l'institution scolaire. Il est à préciser que, pour rehausser l'éclat de la cérémonie et en même temps faire connaître l'établissement aux étrangers, des hauts-fonctionnaires issus des gouvernements dont les nationaux sont représentés à l'école sont invités à la remise de diplômes. Ainsi, la cérémonie du 3 août 1858 accueille le consul général du Mexique, un directeur au ministère grec de l'Instruction publique et un professeur à la Faculté de droit d'Athènes, tandis que la session du 27 juillet 1867 est honorée de la présence d'un ancien ministre des Finances en Grèce et d'un ancien président du Conseil des ministres en Espagne[120].

Cette stratégie de valorisation du diplôme différencie nettement l'École supérieure de commerce de Paris de ses concurrentes. Les autres écoles supérieures de commerce ne font pas alors de leur diplôme le « graal » de leur formation. Le diplôme d'une école supérieure de commerce, en tant que tel, est alors peu recherché à l'époque : à l'Académie de commerce de Vienne, les examens de fin de parcours sont peu valorisés par l'institution : ils sont facultatifs et rarement passés par les élèves. L'indifférence, voire la déconsidération, des entreprises à l'égard du diplôme de l'Académie de Vienne semble d'ailleurs expliquer le peu d'engouement que manifestent les élèves pour l'obtenir[121]. La fréquentation d'une école de commerce poursuit à cette époque parfois des finalités autres que scolaires, telles que, notamment, la « socialisation de certaines couches en voie d'émergence et appelées à un fort développement [...], les cadres administratifs et commerciaux d'entreprises »[122].

De même, à l'Institut supérieur de commerce d'Anvers, le « diplôme de capacité » est peu recherché par les élèves : moins de 9 % des élèves de

[120] Renouard A. (1920), *Histoire de l'École supérieure de commerce de Paris (1820-1920)*, Paris, Au siège de l'Association des anciens élèves.
[121] Gstraunthaler T. (2011), "The history of the Austrian commercial colleges from their foundation as independent educational institutes to full integration into public administration (1850s-1950s)", *Entreprises et histoire*, 65, 11-23, p. 17.
[122] Maffre P. (1983), « Les origines de l'enseignement supérieur commercial en France au XIXe siècle », thèse de troisième cycle en histoire, Université Paris 1 Panthéon-Sorbonne, p. 717.

l'Institut aspirent à l'obtenir[123] et les familles anversoises qui y envoient leurs fils ne sont en quête ni du diplôme de fin d'études, ni d'une scolarité complète, mais uniquement de la validation de quelques cours spéciaux. Enfin, le diplôme de l'école belge n'est pas le privilège exclusif des élèves réguliers de l'établissement : tout homme, quels que soient son cursus scolaire et sa nationalité, peut se présenter à l'examen de fin d'année ; même s'il n'a jamais étudié à l'école d'Anvers[124]. Aucun examen intermédiaire n'est mis en place dans cette école avant 1877 : seuls les examens de fin d'année établissent dans les années 1850 et 1860 la cote de mérite des élèves.

Ces faits illustrent que le diplôme, comme sanction officielle de la scolarité en école supérieure de commerce, n'est pas alors la priorité ni de la majorité des élèves, ni même de la plupart des écoles qui semblent peu soucieuses de consacrer leur formation par cette marque de considération académique.

6. La fin de l'entreprise familiale : la crise de 1867-1869

Le décès du directeur-propriétaire Guillaume Gervais le 3 décembre 1867 ouvre une nouvelle période de crise pour l'école. Manifestement, à l'inverse de son prédécesseur, Guillaume Gervais n'avait pas préparé sa succession à la tête de l'école. Il décède sans postérité connue, en laissant tous ses biens à Jane Blanqui. Cette dernière est tout juste âgée de 17 ans : elle est mineure juridique et sans expérience aucune dans la gestion de l'entreprise familiale.

---

[123] Chevalier M. (dir.) (1868), *Exposition universelle de 1867 à Paris, rapports du jury international, Groupe X – Classes 89 à 95*, Paris, Imprimerie administrative de Paul Dupont, 731-732.

[124] Morand M. (1869), *Projet d'organisation d'une École supérieure de commerce à Lyon*, mémoire couronné par la Société des sciences industrielles de Lyon, dans sa séance du 5 novembre 1868, Lyon, Imprimerie de H. Storck, p. 32.

Portrait de Jane Blanqui en 1869.

Commentaire : benjamine de la famille, Jane Blanqui est le sixième et dernier enfant d'Adolphe et de Julie Blanqui. Elle n'avait pas encore 4 ans à la mort de son père en janvier 1854. Vivant dans les locaux de l'École supérieure de commerce de Paris avec sa mère et son tuteur, Guillaume Gervais, elle fut très tôt témoin de la vie de celle-ci. Elle n'eut cependant guère le temps de s'y impliquer : le décès brutal de Guillaume Gervais, en décembre 1867, devait l'amener à prendre très rapidement des décisions déterminantes pour l'avenir de l'entreprise familiale. Héritière de l'école que lui avait léguée son tuteur, elle sut trouver un directeur intérimaire capable d'administrer l'établissement avant qu'un repreneur durable ne soit identifié. Ce dernier devait être la Chambre de commerce de Paris qui acheta l'école en février 1869.

Cette situation ne laisse pas d'étonner : pourquoi est-ce à Jane Blanqui que Guillaume Gervais lègue l'école, et non à ses frères ? Adolphe Blanqui avait en effet eu deux fils avec son épouse : Arthur-Anatole et Octave-Adolphe. En 1867, ils étaient majeurs, étant âgés respectivement de 39 ans et de 32 ans. Leur âge en faisait donc *a priori* des candidats sinon pour remplacer l'ami de leur père, du moins pour participer à la gestion de l'« École Blanqui » dont ils portaient le nom[125]. Le fait que tous les deux

[125] Amédée Brodart a cofondé puis dirigé l'École spéciale de commerce et d'industrie en 1819, à l'âge de 30 ans. Adolphe Blanqui y a enseigné dès l'âge de 27 ans, avant d'en devenir propriétaire et directeur à l'âge de 31 ans. De même, Joseph Garnier, le futur beau-frère d'Adolphe Blanqui, est devenu directeur des études à l'École spéciale de commerce à Paris en 1832, à l'âge de 19 ans, avant de prendre lui-même la direction d'une autre école de commerce dans Paris en 1839, à l'âge de 26 ans. À cette époque, le jeune âge de ces individus

exerçaient, dès les années 1850, des activités de « négociants », selon les sources notariales que nous avons consultées, laisse penser qu'ils avaient manifestement des connaissances, voire des compétences, dans le domaine d'enseignement couvert par l'école. En l'absence de sources sur la qualité des relations familiales, cette question demeure sans réponse ferme.

Dans tous les cas, Jane Blanqui hérite de l'école au moment où elle doit se constituer une dot pour pouvoir se marier. C'est pourquoi elle propose la direction de l'école à Aimé Girard, professeur de chimie à l'école depuis 1858. Ce dernier accepte cette fonction avec réticences. « Il avait demandé à réfléchir, puis, sur les nouvelles sollicitations de Mlle Blanqui qui sut faire appel au souvenir de Gervais de Caen, et à l'amitié qu'il avait constamment témoignée au jeune professeur à ses débuts, il finit par acquiescer à cette demande, mais sous condition que ces fonctions ne seraient que provisoires ».[126]

À défaut d'avoir pu trouver un repreneur durable au sein de l'école, Jane Blanqui part en quête d'un possible acquéreur en dehors de celle-ci. L'enjeu est de ne pas laisser disparaître une école pour laquelle son père et son tuteur ont consacré leur vie, mais également de pouvoir en retirer un prix suffisamment élevé pour lui permettre d'assurer son avenir. C'est dans ce cadre que la vente de l'école est proposée à la Chambre de commerce de Paris[127] qui, après avoir ouvert une école de commerce de niveau secondaire en 1863 – l'École commerciale de la rue Trudaine –, cherche alors à se doter d'un établissement de niveau plus élevé. Le président de la Chambre, Guillaume Denière, est sensible à l'offre de Jane Blanqui et c'est pourquoi il convainquit ses collègues consulaires[128] :

> « Du risque qu'il y avait à voir l'école Blanqui tomber entre des mains inexpérimentées, du prestige qu'elle ne saurait manquer d'acquérir si elle était officiellement patronnée par la Chambre, sachant qu'elle formait le point culminant de cet enseignement commercial qu'on cherchait avec tant de persévérance à organiser. Il argua des services qu'elle pouvait rendre au commerce, analogues à ceux que l'École centrale rendait à l'industrie, même à l'étranger. »

---

ne semble pas avoir constitué un frein à leurs prises de fonctions au sein d'une école de commerce. Voir Garnier J., « Enseignement commercial », *Dictionnaire universel théorique et pratique, du commerce et de la navigation.* T. 1. A-G, Guillaumin (Paris), 1861.

[126] Renouard A. (1920), *Histoire de l'École supérieure de commerce de Paris (1820-1920)*, Paris, Au siège de l'Association des anciens élèves, p. 111.

[127] Du fait de l'amplitude chronologique couvert par le présent ouvrage, nous avons fait le choix de conserver aux organisations évoquées (écoles, chambres de commerce, ministères, etc.) les dénominations qui étaient les leurs à l'époque considérée : la Chambre de Commerce et d'Industrie de région Pari – Île-de-France est ainsi désignée sous plusieurs appellations en fonction des époques – « Chambre de Commerce de Paris » de 1803 à 1960, puis « Chambre de Commerce et d'Industrie de Paris » de 1960 à 2013, avant de se voir baptiser du nom qu'elle porte actuellement.

[128] Archives départementales de Paris, cote I-274.34.

De ce fait, la brièveté du mandat d'Aimé Girard – quinze mois – est marquée par les négociations avec la Chambre de commerce de Paris, intéressée pour racheter l'école. Les négociations sont longues et difficiles, notamment parce qu'il s'agit pour la principale intéressée, Jane Blanqui, de sauver son héritage familial afin de se constituer une dot pour se marier avec Philippe Maze, un brillant professeur d'histoire.

Les négociations aboutissent finalement et, le 18 février 1869, la Chambre rachète l'école pour 120 000 francs tout en prenant en location l'immeuble de la rue Amelot pour un loyer de 25 000 francs annuels. À cette époque, l'école est moribonde : ses élèves sont très peu nombreux – 65 seulement alors qu'elle peut en accueillir le double – et ses locaux se trouvent dans un état de délabrement matériel avancé. Lors de l'inauguration de l'école par le président de la Chambre de commerce, le ministre du Commerce voulut d'ailleurs emprunter les escaliers en colimaçon pour visiter les comptoirs de l'école. Il dut y renoncer suite aux protestations du personnel consulaire qui le mit en garde face au risque d'effondrement des marches vermoulues. Face à cette situation, la Chambre profita donc des vacances de Pâques 1869 pour consolider la structure de l'ancien hôtel particulier, adjoindre un avant-corps au bâtiment principal, agrandir le parloir, rénover l'amphithéâtre, puis moderniser le réfectoire ainsi que les dortoirs. Comme en témoigne Alfred Renouard, revenu à l'école après les travaux :

> « Refait à neuf, ce vieil amphithéâtre, mis à mal par les inscriptions au canif qu'avait incrustées toute une génération scolaire ! Abattues, ces salles apocalyptiques qui l'encadraient et auxquelles on accédait par des escaliers archéologiques en colimaçon que nos jeunes jambes escaladaient si souvent sans la moindre fatigue ! Fini, ce vieux laboratoire, antre comme je me figure que Le Dante en placerait aux enfers, et où se perpétraient cependant de si intéressantes expériences ! L'architecte avait tout transformé : il avait fait presque de l'architecture. Je ne retrouvais plus qu'une vieille connaissance, ce fut le vieux marronnier du Japon, remontant pour le moins à Blanqui, qui surplombait encore le tout, et sur la cime duquel j'avais si souvent lancé, nonobstant un regard furibond de l'inspecteur, maint caillou ravageur ».[129]

Officiellement, l'année 1869 marque donc la fin de l'entreprise familiale Blanqui. Néanmoins, la période suivante prouvera à quel point l'héritage Blanqui est resté vif à l'école jusqu'au tournant du vingtième siècle.

---

[129] Renouard A. (1920), *Histoire de l'École supérieure de commerce de Paris (1820-1920)*, Paris, Au siège de l'Association des anciens élèves, pp. 136-137.

CHAPITRE 3

La transformation de l'ancienne « École Blanqui » en service consulaire (1869-1905)

L'acquisition de l'école par la Chambre de commerce de Paris en 1869 ouvre une nouvelle page dans son histoire. Dans un premier temps, le changement s'effectue en souplesse, sans rupture particulière avec le passé familial de l'école (1.). L'« Année terrible » 1870-1871 va cependant très fortement perturber la vie de l'école sans pour autant l'amener à fermer ses portes (2.). Après cette période troublée, l'administration consulaire met en œuvre une ambitieuse politique de réformes pour l'établissement : ses finances sont régularisées (3.), tandis que ses infrastructures et ses dispositifs pédagogiques sont modernisés, sans pour autant détruire l'héritage de la période Blanqui (4.). Cependant, l'ouverture de l'école HEC en 1881 va introduire une situation de rivalité au sein des services consulaires, en même temps qu'une certaine défiance de la direction de l'école vis-à-vis de la Chambre de commerce de Paris (5.). La reconnaissance de l'école par l'État en 1890 y ramène un climat de sérénité, en même temps qu'elle ouvre une période de prospérité inédite pour celle-ci (6.).

1. UNE PÉRIODE DE TRANSITION AMORCÉE EN DOUCEUR : L'ANNÉE 1869-1870

Le rachat de l'école par la Chambre de commerce de Paris le 18 février 1869 n'occasionne pas de revirement stratégique dans l'immédiat. Dans un premier temps, les modifications qu'apporte l'administration consulaire consistent en de menus ajustements du régime précédent : le programme de cours fait l'objet de quelques ajouts, les locaux de l'école sont rénovés, tandis que la première année d'études est transformée en année préparatoire et se retrouve facultative pour les élèves bacheliers.

Pour diriger l'École supérieure de commerce de Paris, la Chambre choisit Paul Schwaeblé, professeur de mécanique et de technologie qui y enseigne depuis 1865. Ce dernier est choisi de préférence à Joseph Garnier –

beau-frère d'Adolphe Blanqui dont il avait épousé la sœur Aglaé – qui s'était également proposé pour le poste de directeur[130]. Pourquoi la candidature de Joseph Garnier est-elle rejetée ? Ce dernier, diplômé de l'école en 1832, était également un éminent professeur de l'école, un économiste réputé ainsi que le président honoraire de l'Association des anciens élèves. Si sa candidature présentait d'indéniables atouts, il est vraisemblable que le souvenir de l'école de commerce qu'il avait créée à Paris, à la fin des années 1830 et qui avait fermé ses portes suite à des difficultés de gestion, ait incité les élus consulaires à lui préférer Paul Schwaeblé[131]. Avec l'intervention de ce dernier, la Chambre met en œuvre pour l'ancienne « École Blanqui » les mêmes procédures d'administration que celles alors en vigueur pour l'École commerciale que les dirigeants consulaires avaient créée en 1863.

En effet, à l'instar de cette dernière, l'École supérieure de commerce de Paris est désormais un service de la Chambre et se doit de fonctionner comme tel : le directeur de l'école est chargé d'implémenter les orientations stratégiques que la direction de la Chambre lui impose ; il ne les décide plus. À cette fin, une commission administrative est instituée par la Chambre de commerce dès février 1869 pour réformer le programme d'enseignements de l'école, ses règles de comptabilité et son installation immobilière. Après cette mission originelle de réforme de l'école, son rôle est de s'assurer que la direction de celle-ci applique bien les directives consulaires.

En conséquence, dès 1869, la rigueur comptable de la Chambre de commerce est très rapidement mise en œuvre à l'École supérieure de commerce de Paris. La rapidité de cette implémentation est un enjeu d'importance pour le nouveau propriétaire consulaire, car si auparavant la comptabilité, privée puis familiale, de l'école pouvait s'accommoder de certaines pratiques – telles que la prise en charge discrétionnaire des frais de repas, de chauffage, d'éclairage, de logement et de blanchisserie du directeur de l'école, voire même de ses proches –, le caractère social, puis public, de la Chambre de commerce de Paris lui impose de respecter des règles comptables nettement plus rigoureuses que par le passé.

---

[130] « Procès-verbal de la Chambre de commerce de Paris ; séance du 24 février 1869 », p. 218. Archives départementales de Paris, 2ETP/1/A12.

[131] À l'âge de 26 ans, Joseph Garnier fonda une école de commerce en 1839, à Paris, place du Trône. Cette école fonctionna sous sa direction jusqu'en 1843. Par la suite, Joseph Garnier deviendra président du conseil d'administration d'une compagnie d'assurance, président du Congrès international des poids et des mesures puis académicien et sénateur. Il restera également professeur et enseignera à l'École supérieure de commerce de Paris, et à l'École des ponts et chaussées notamment. Son frère Jean-Joseph dit Jules, également diplômé de l'École spéciale de commerce de Paris (1837), avait fondé une école de commerce à Nice en 1850 – l'une des premières du royaume de Piémont-Sardaigne –, puis une seconde école de commerce à Turin en 1854. Adolphe Blanqui avait été consulté pour l'organisation de ces écoles vers 1850. Selon les dires de Jules Garnier, ces écoles suivaient même le plan de formation de l'école parisienne. L'École de commerce de Turin était connue des autres écoles de commerce italiennes et françaises : dès les années 1870, pour le cours de correspondance commerciale, ses élèves échangeaient régulièrement avec les élèves de l'École supérieure de commerce de Venise, mais aussi avec les élèves de l'École supérieure de commerce de Paris et avec ceux de l'École supérieure de commerce de Lyon.

Des principales mesures que la Chambre prend immédiatement après avoir acheté l'école, la transformation du « premier comptoir » en année préparatoire est, de loin, la plus importante. En effet, avant 1869, la première année de l'école était facultative et ne préparait pas spécialement aux deux années d'études suivantes, ce qui occasionnait nombre de départs d'élèves à l'issue de cette première année. Cette situation est corrigée par la Chambre dès 1869. Pour éviter de « perdre » des candidats pour les deux dernières années d'études, elle transforme la première année en année de préparation pour l'examen d'entrée en deuxième année. Cette année préparatoire est obligatoire pour tous les élèves, sauf pour les bacheliers. L'utilité de cette année préparatoire est stratégique : elle assure à l'école une « clientèle » – un public scolaire – pour son cycle « supérieur » de formation.

De ce fait, la classe préparatoire affranchit partiellement l'école de la dépendance dans laquelle elle se trouvait vis-à-vis des établissements secondaires qui formaient ses candidats. Pour éviter des conflits potentiels avec les institutions secondaires de formation au commerce, comme cela a pu être le cas à l'époque dans d'autres écoles de commerce[132], l'École supérieure de commerce de Paris adapte le contenu de son cours préparatoire pour le rendre moins similaire aux cours proposés par les établissements qui la précèdent dans l'organigramme scolaire. Ainsi, après son acquisition par la Chambre en 1869, la direction supprime du programme de son cours préparatoire, entre autres, les cours de droit, d'algèbre et d'économie politique – qui se donnent en dernière année à l'École commerciale de l'avenue Trudaine à Paris et dans la plupart des écoles secondaires spéciales – pour recentrer l'enseignement de son cycle préliminaire sur le français, la calligraphie, le calcul et l'initiation aux principes de base de la comptabilité, de la chimie, de la physique, de l'histoire et de la géographie. Ce faisant, la direction de l'école se garantit une clientèle pour la deuxième année d'étude et amortit ses coûts fixes – salaires des enseignants, frais de location, de chauffage, d'éclairage, etc.

Ce faisant, la Chambre de commerce de Paris poursuit la stratégie initiée par ses prédécesseurs en termes de publics scolaires. Ainsi, l'école n'accueille que de jeunes garçons ayant achevé leur scolarité secondaire, et âgés au minimum de 16 ans. Les prix des rétributions scolaires sont, de même, conservés intacts ; ce qui réserve l'accès de l'école aux familles fortunées – à l'exception des élèves désargentés qui peuvent prétendre à une bourse du gouvernement. De même, l'école reste un pensionnat. Plusieurs voix s'étant élevées au sein de la commission administrative de l'école pour

---

132 L'École supérieure de commerce de Venise a ainsi disposé pendant ses deux premières années d'un tel cours préparatoire. Le succès rencontré par celui-ci fut réel : en 1868-1869, sur les 112 premiers élèves de l'établissement, 77 sont inscrits au cours préparatoire, et l'année suivante, sur les 135 élèves inscrits à l'école, 41 suivent le cours préparatoire. Accusé d'attirer à son profit les élèves de dernière année des instituts techniques italiens, ce cycle préparatoire a finalement été supprimé du cursus de l'école en 1870. Il est fort probable que de telles raisons aient également conduit l'Académie de commerce de Prague à supprimer, en 1864, le cours préparatoire dont elle disposait depuis sa création en 1856.

faire de l'externat le régime normal de l'école et de l'internat un régime facultatif, le président de la Chambre a tranché pour le conserver en faisant remarquer que l'externat « menace de nuire aux intérêts de l'École parce que les internes nouveaux sollicitent leurs familles pour jouir de la liberté accordée forcément aux externes [...] Dès que l'externat semble devoir faire du tort à l'école, la commission a décidé qu'il ne sera plus admis aucun externe à partir de ce jour. »[133]

Si l'école reste donc un pensionnat, en 1869 et au début des années 1870, elle conserve sa discipline stricte, de même que son caractère élitiste marqué. En effet, le nombre de lauréats du diplôme de fin d'études reste volontairement restreint et les médailles récompensant les meilleurs élèves sont augmentées : de huit médailles distribuées annuellement dans les années 1860, l'école passe à onze médailles dès 1870.

2. L'ÉCOLE DANS LA TOURMENTE : L'« ANNÉE TERRIBLE » 1870-1871

Si l'école s'adapte progressivement en 1869-1870 à son nouveau statut consulaire, elle est très rapidement confrontée à l'une des pages les plus sombres de son histoire : l'« Année terrible ». En effet, la direction de Paul Schwaeblé est marquée par la guerre franco-prussienne de 1870-1871 puis par la Commune de Paris au printemps 1871. Pendant ces deux événements, l'administration de l'école est parvenue à protéger au maximum la vie de ses élèves et des personnels scolaires ; non sans mal. Revenons sur cet épisode fort singulier de l'histoire de l'école.

[133] « Procès-verbal de la commission administrative de l'École supérieure de commerce de Paris ; séance du 9 octobre 1871 », p. 89. Archives de ESCP.

Portrait de Paul Schwaeblé en 1869.

Commentaire : né en 1835, Paul Schwaeblé est militaire de formation. Diplômé de l'École polytechnique en 1856 – il est du reste le premier polytechnicien à avoir dirigé l'école – il s'engage dans l'Armée de terre. Après avoir participé à la campagne d'Italie (1859), où il gagne le grade de lieutenant, il abandonne la carrière militaire et, en 1860, entre dans l'industrie. Pendant cinq années, de 1860 à 1865, il travaille en tant qu'ingénieur principal à la Compagnie des Forges de la Franche-Comté. En 1865, il est recruté par Guillaume Gervais pour travailler à l'École supérieure de commerce de Paris comme professeur de mécanique et de technologie. Suite au rachat de l'école par la Chambre de commerce de Paris, en 1869, il en est nommé directeur. C'est à cette époque que son portrait photographique est exécuté. Sur celui-ci, Paul Schwaeblé arbore la barbe à l'impériale, popularisée par l'empereur Napoléon III. Ingénieur dans l'âme, le nouveau directeur accroît le volume horaire accordé au cours de technologie – discipline qu'il continue d'enseigner aux élèves parallèlement à ses fonctions de directeur – et étend les visites industrielles qui jusqu'alors s'effectuaient dans Paris et dans les environs. Sous sa direction, les visites se font ainsi dans l'Aisne, dans le Pas-de-Calais et même en Belgique. Malade, Paul Schwaeblé décède prématurément à l'âge de 45 ans, le 28 juillet 1880 pendant un séjour à Vichy, cinq jours seulement après la cérémonie de remise des diplômes qu'il craignait de ne pouvoir assurer en raison de sa santé déclinante.

En raison de la déclaration de guerre du 19 juillet 1870, Paul Schwaeblé avance les épreuves de fin d'année ainsi que la cérémonie de remise de diplômes au 29 juillet. L'atmosphère est lourde d'inquiétude alors, comme se le remémore Alfred Renouard, alors élève en dernière année[134] :

> « Quelques camarades à tempérament chaud nous voyaient déjà à Berlin, mais la plupart d'entre nous ne riaient pas, réfléchissaient. Le lendemain [15 juillet 1870], on nous annonçait qu'en raison des événements politiques, les épreuves de fin d'année, fixées d'abord à fin juillet, auraient lieu le 16 du même mois.

---

[134] Renouard A. (1920), *Histoire de l'École supérieure de commerce de Paris (1820-1920)*, Paris, Au siège de l'Association des anciens élèves, pp. 121-122.

Nous commençâmes à comprendre que de graves événements s'annonçaient. Mais comme il fallait marcher à la conquête du diplôme, nous n'avions alors qu'une pensée : "potasser" fiévreusement nos cahiers de cours pour arriver au meilleur rang. Les examens commencèrent. Ils n'étaient pas encore terminés, et nous en étions encore, cheminant dans les cours de l'École, à narrer entre nous les épisodes de nos échecs ou succès journaliers devant les "colleurs" officiels, quand la direction avisa les familles que ceux de leurs enfants appartenant aux premier et deuxième comptoirs pouvaient être retirés. Les élèves du troisième comptoir restèrent pour terminer leurs dernières épreuves. D'ordinaire, la distribution des récompenses, sans être solennelle, était toujours accompagnée d'un certain apparat. [...] Cette année, il n'y eut rien de tout cela. Un jour, le 29 juillet 1870, la direction nous convoqua subitement dans le grand amphithéâtre de l'École. Schwaeblé occupait la chaire centrale, la tête entre les deux mains : ce fut dans le plus profond silence que nous allâmes nous installer à nos places. Nous avions l'intuition qu'il se passait quelque chose d'insolite. Le directeur nous rappela alors la déclaration de guerre, indiquant que les Français feraient certainement leur devoir, mais souhaitant qu'on n'eût pas à se repentir d'un emballement dont il déplorait l'irréflexion. Il nous invita tous, un à un, à venir recevoir nos diplômes et nos médailles, rappelant à ceux d'entre nous que leur âge devait prochainement appeler sous les drapeaux qu'ils devaient n'avoir pour guide que l'amour de la patrie. »

Dans ces conditions, les premiers élèves français quittent l'école dès le 29 juillet ; quelques élèves étrangers occupant encore les lieux avec l'administration. Au cours du mois d'août, l'école se vide progressivement. Les élèves étrangers s'égrènent graduellement sur l'appel de leurs correspondants au point que, le 31 août, seuls trois élèves étrangers – un Russe, un Équatorien et un Chilien – demeurent encore en ses murs. Face aux revers militaires rapidement essuyés par les troupes françaises, et face à l'imminence de l'encerclement de la capitale, Paul Schwaeblé est contraint de fermer l'école le 15 septembre 1870 et renvoie les derniers élèves chez eux. Quatre jours plus tard, la ville de Paris est encerclée par les forces ennemies et en état de siège. Conformément à la demande des élus consulaires, le directeur supervise la transformation de l'école en hôpital mis à la disposition de la Société de secours aux blessés militaires[135]. Le médecin de l'école, M. Gaide, et l'épouse du directeur contribuent aux soins des patients aux côtés d'infirmières recrutées pour la circonstance, aidés du concierge de l'immeuble, du valet de chambre du directeur et de quelques domestiques. Ce sont eux qui administrent l'école en l'absence de Paul Schwaeblé qui, en sa qualité de colonel d'artillerie, a rejoint les troupes françaises.

[135] La Société de secours aux blessés militaires (SDSBM) est l'une des organisations préexistantes à la Croix-Rouge française actuelle. Créée en 1864, dès la signature de la convention de Genève, cette association avait pour but d'améliorer le sort des militaires blessés. Elle fut reconnue d'utilité publique par le gouvernement français en 1866. Pendant la Guerre de 1870-1871, plusieurs écoles parisiennes furent transformées, à l'instar de ESCP, en hôpitaux ou « ambulances » suivant les termes de l'époque, comme l'École des mines ou l'École des beaux-arts. La SDSBM a disparu en août 1940 pour donner naissance à la Croix-Rouge française actuelle.

Pendant les quatre mois du siège de Paris, le quotidien est particulièrement difficile pour le personnel qui demeure à l'école. Le rationnement des denrées entraîne une flambée des prix du pain, de la viande et des conserves. Les Parisiens consomment de la viande de chat, de chien, de cheval, de rat ainsi que la chair des malheureux animaux du Jardin des plantes – de l'antilope, du chameau, de l'éléphant. En décembre 1870, les températures atteignent 12 degrés Celsius en dessous de zéro tandis que les Parisiens sont privés de bois, de charbon et de gaz. Dans ces conditions, près de 55 000 civils parisiens décèdent pendant le siège ; en grande partie à cause des épidémies de variole, de typhoïde, de rougeole, mais aussi à cause de la dénutrition et du froid. Enfin, les bombardements allemands, en janvier 1871, provoquent la mort d'une centaine de Parisiens, et près de 150 blessés, avant que n'intervienne le cessez-le-feu du 26 janvier 1871. En tout, pendant les quatre mois de fonctionnement de l'hôpital à l'école – du 31 octobre 1870 au 10 mars 1871 –, 155 blessés militaires s'y font soigner ; dont 5 décèdent[136].

Une fois le traité de paix préliminaire signé à Versailles le 26 février 1871, Paul Schwaeblé entreprend, à la demande de la Chambre, de réorganiser les cours de l'école : l'année scolaire 1870-1871 commence ainsi avec six mois de retard le 1er avril 1871. Seuls 15 élèves sont présents le jour de la rentrée. Cette situation est cependant très brève car la Commune de Paris – déclarée le 18 mars – décrète, le 5 avril, la mobilisation comme volontaires des jeunes gens de 17 à 19 ans. Pour éviter que les élèves de l'école ne soient enrôlés de force dans les troupes de la Commune, Paul Schwaeblé organise alors la fuite en dehors de la capitale des élèves dont les parents habitent la province. Certains élèves quittent ainsi l'établissement avec la complicité du charbonnier de l'école « couchés entre ses sacs et revêtus d'habits d'ouvriers »[137]. Toutefois, toutes les issues de l'école se retrouvant rapidement gardées, le directeur prend le parti de brûler les livres sur lesquels sont inscrits l'âge et le lieu de naissance des élèves afin de créer une nouvelle liste pour les rajeunir. Ce travail de faussaire se révèle salvateur car, quand les commissaires de la Commune investissent l'école quelques jours plus tard pour enrôler les jeunes gens en mesure de partir au combat, ils doivent se retirer, forcés de constater le très jeune âge des élèves.

Sur l'ordre des délégués de la Commune, l'école est de nouveau transformée en ambulance mais, cette fois, pour les Communards blessés : « Sur l'ordre du Comité central, un lot de blessés de la Commune fut dirigé rue Amelot. Quelques pétroleuses vinrent assurer le service. Deux dortoirs

[136] « Courrier de Paul Schwaeblé à monsieur Boucherot, membre de la Chambre de commerce de Paris », 21 juin 1871. Archives départementales de Paris, cote I-274.34.

[137] *Bulletin de l'Association amicale des anciens élèves de l'École supérieure de commerce de Paris*, juin-juillet 1907, Paris, 1907, p. 8. Archives de la Bibliothèque nationale de France, 8-JO-4030.

furent occupés dans ces conditions. »[138] L'entrée des troupes versaillaises dans Paris occasionne la « Semaine sanglante » au cours de laquelle les élèves et les personnels de l'école survivent cinq jours et cinq nuits dans les caves de l'établissement, pendant que les obus et les balles sifflent dans le quartier. Située entre le Cirque d'Hiver, où étaient hébergés les Communards blessés, et le cimetière du Père-Lachaise, que l'armée régulière occupait, l'école reçoit plusieurs obus dont l'un démolit la loge du concierge et l'autre traverse les dortoirs des blessés de la Commune. Alfred Renouard, qui fut contemporain de ces événements, détaille[139] :

> « Dès que les soldats de l'armée régulière se montrèrent, Schwaeblé, qui avait été colonel d'artillerie pendant le siège, s'empressa de leur ouvrir les grilles, agitant le drapeau tricolore que les insurgés l'avaient contraint d'enlever. On était au dernier jour de la guerre civile et les canons étaient encore en batterie à l'entrée de la rue, lorsque M. Denière, président de la Chambre de commerce, vint, au milieu de la tourmente, s'enquérir du sort de l'École. Sur sa demande, l'établissement fut aussitôt occupé militairement. Il offrit l'hospitalité au général de division Vergé et à son état-major, dont les troupes avaient pris une glorieuse part dans l'attaque des barricades qui sillonnaient le onzième arrondissement. Pendant un mois, l'École fut ainsi protégée. »

De fait, les cours reprennent en juin 1871 et les vacances d'été sont supprimées de façon à ce que l'année scolaire 1870-1871 s'achève le 23 décembre 1871 par la remise des prix.

3. Assainir les finances de l'ancienne École Blanqui : un travail de longue haleine

La période qui suit la guerre de 1870-1871 est difficile sur le plan économique en Europe et en France. La crise bancaire de mai 1873, suite au krach de Vienne, ouvre la longue dépression qui, de fait, va durer jusqu'en 1896 en Europe. Dans le contexte français, la mise en place des nouvelles institutions parlementaires de la Troisième République ainsi que le paiement des lourdes indemnités de guerre impactent le budget de l'État.

À ces conditions conjoncturelles, il faut mentionner des raisons structurelles qui impactent défavorablement la vie de l'École supérieure de commerce de Paris. En effet, quand la Chambre rachète l'école le 18 février 1869, elle décide de lui faire supporter le poids de son acquisition. De ce fait, pendant une trentaine d'années, l'École supérieure de commerce de Paris ne réalise quasiment aucun bénéfice. Elle réalise même une perte pour

---

[138] *Bulletin de l'Association amicale des anciens élèves de l'École supérieure de commerce de Paris*, juin-juillet 1907, Paris, 1907, p. 9. Archives de la Bibliothèque nationale de France, 8-JO-4030.

[139] Renouard A. (1898), *Histoire de l'École supérieure de commerce de Paris*, Paris, Association des anciens élèves, p. 51.

l'exercice 1892 pour un montant de plus de 6 600 francs[140]. L'objectif de la Chambre est, pendant la période, principalement d'équilibrer les comptes. Pour y parvenir, elle diminue les coûts de fonctionnement de l'établissement, selon trois procédés.

Le premier procédé repose sur la mise en place d'une procédure systématique de chasse aux impayés ; ce que Guillaume Gervais n'avait manifestement pas fait. Afin de limiter au maximum les impayés, le directeur de l'école est invité à ne plus accepter aucun élève tant que le premier trimestre de cours n'aura pas été réglé « le jour même de l'entrée »[141]. En outre, les notes impayées par les parents d'élèves sont, à compter de 1870, confiées aux soins d'un avocat désigné par le président de la Chambre et chargé de diligenter les procédures nécessaires au paiement des sommes dues[142]. De fait, plusieurs familles d'élèves sont poursuivies en justice les années suivantes pour non-paiement des frais de scolarité[143].

Après la chasse aux impayés, la Chambre mène une politique de restriction budgétaire sur les coûts humains. Cette politique d'austérité est régulièrement conduite au début des années 1870, puis de nouveau au début des années 1880 et 1890, avant d'être atténuée à la fin du dix-neuvième siècle. Les restrictions budgétaires prennent d'abord la forme de réductions de salaires pour les salariés de la Chambre travaillant à l'école. En 1869, la Chambre crée un cours de littérature et un cours de sciences élémentaires et allonge la durée des cours de comptabilité, de dessin, de technologie et de mécanique. Ces innovations ne se traduisent pourtant pas par une augmentation du budget de l'école – au contraire, le budget de l'école diminue même de 340 francs annuels –, car elles sont financées par une baisse des appointements du personnel de celle-ci. Si la rémunération du directeur demeure fixée à 8 000 francs annuels – ce qui équivaut alors pratiquement à l'indemnité parlementaire annuelle d'un député –, en revanche, celle du comptable est diminuée de 40 %, celle du sous-directeur est diminuée d'un quart, celle du professeur de mécanique de 20 %, et celle du professeur de chimie et d'histoire naturelle de 10 %[144]. Le budget consacré au personnel administratif (gardien, régisseur, blanchisseuse, cuisinier, etc.) est rogné progressivement sur la période : s'il représente 18 % du budget annuel de l'école en 1869 – soit autant que le budget consacré aux

[140] À cette époque, l'École supérieure de commerce de Paris est la seule des écoles de la Chambre parisienne à payer un loyer. Dans la mesure où c'est l'école, et non la Chambre, qui paie les 25 000 francs de loyer annuel, les comptes de l'école sont lourdement grevés par cette charge. Source : « Procès-verbal de la commission administrative de l'École supérieure de commerce de Paris ; séance du 11 février 1893 », p. 205. Archives de ESCP.

[141] « Procès-verbal de la commission administrative de l'École supérieure de commerce de Paris ; séance du 13 décembre 1869 », p. 45. Archives de ESCP.

[142] « Procès-verbal de la commission administrative de l'École supérieure de commerce de Paris ; séance du 24 janvier 1870 », p. 53. Archives de ESCP.

[143] « Procès-verbal de la commission administrative de l'École supérieure de commerce de Paris ; séance du 30 octobre 1876 ». Archives de ESCP.

[144] « Procès-verbal de la commission administrative de l'École supérieure de commerce de Paris ; séance du 15 novembre 1869 », pp. 38-42. Archives de ESCP.

enseignants –, il est très régulièrement diminué à partir des années 1890 pour tomber à 9 % en 1905.

Le troisième procédé utilisé par la Chambre pour réduire les coûts de fonctionnement de l'école s'appuie sur une diminution des coûts de logistique et de communication. La Chambre fait le choix en 1869 et en 1884 de ne pas acheter l'immeuble où est installée l'école : elle le conserve en location à dessein. L'immeuble étant un vieil hôtel particulier du dix-huitième siècle, peu entretenu pendant les années 1850 et 1860, la Chambre sait que les importants frais de rénovation incomberont au propriétaire. Aussi fait-elle le choix de verser un loyer plutôt que d'investir dans l'acquisition d'un immeuble qu'il lui serait très coûteux de rénover. Ce choix s'avère avantageux car c'est la Chambre, en qualité de locataire, qui sollicite à plusieurs reprises le propriétaire pour procéder à de coûteux travaux de remise en état du bâtiment, pendant toute la période. Face à l'augmentation rapide du nombre d'élèves dans la décennie 1870, la direction s'inquiète, en effet, de la solidité et de la salubrité des locaux. C'est pourquoi la commission administrative fait procéder à la consolidation de l'immeuble... aux frais du propriétaire, Hippolyte Maze, le gendre d'Adolphe Blanqui, qu'elle envisage même de poursuivre en justice en cas de refus de sa part[145]. En mars 1875, le directeur de l'école exige du propriétaire qu'il procède, de même, au ravalement des façades durant le printemps ; ce que le propriétaire refuse de faire, déclenchant alors un combat entre experts qui durera un an et demi[146]. En complément, les restrictions budgétaires sont atteintes par des économies classiques, sur des postes budgétaires jugés secondaires. Par exemple, alors que le budget publicitaire de l'école était de 4 000 francs annuels en 1869, il est réduit progressivement au point de se stabiliser à environ 1 500 francs en 1882[147].

La mention de l'existence d'un budget publicitaire révèle que la direction avait parfaitement conscience du rayonnement national et international de l'école[148]. Suite à la diminution du budget publicitaire dans les années 1870 et 1880, le directeur avoue avoir dû « réduire la publicité dans une grande proportion, ne conservant que l'indispensable, c'est-à-dire la publicité en Amérique et dans les colonies espagnoles ; celles du Levant, la Grèce,

---

[145] « Procès-verbal de la commission administrative de l'École supérieure de commerce de Paris ; séance du 20 octobre 1873 », p. 273. Archives de ESCP.

[146] De fait, les rapports semblent avoir été tendus entre la Chambre de commerce de Paris et la famille Blanqui dans la décennie 1870 ; le directeur de l'école demandant au propriétaire de faire au plus tôt les nombreux travaux de consolidation qui lui incombent. Sources : « Procès-verbal de la commission administrative de l'École supérieure de commerce de Paris ; séance du 22 mars 1875 », p. 224 ; « Procès-verbal de la commission administrative de l'École supérieure de commerce de Paris ; séance du 30 octobre 1876 », p. 230 ; « Procès-verbal de la commission administrative de l'École supérieure de commerce de Paris ; séance du 12 mai 1877 », p. 295. Archives de ESCP.

[147] « Procès-verbal de la commission administrative de l'École supérieure de commerce de Paris ; séance du 20 janvier 1883 », p. 432. Archives de ESCP.

[148] « Procès-verbal de la commission administrative de l'École supérieure de commerce de Paris ; séance du 14 janvier 1882 ». Archives de ESCP.

Constantinople et les principautés danubiennes, et celles de Nice et de Vichy »[149] ; ce qui laisse entendre qu'avant les coupes budgétaires, la publicité de l'école était nettement plus étendue géographiquement. Certains indices laissent penser que le rayonnement international entretenu par l'école était étendu. S'il est vraisemblable – quoiqu'incertain du fait du silence des archives – que Joseph Wharton, le fondateur de la Wharton Business School en 1881, l'ait visitée lors de sa venue à Paris en 1873[150], les autorités de plusieurs pays étrangers n'ont pas manqué de montrer leur intérêt pour l'école parisienne. Par exemple, en mai 1877, l'empereur du Brésil Pedro II a fait demander les programmes de l'école et, dans une audience accordée au directeur, il a manifesté le désir de la visiter[151]. De même, en juillet 1879, l'école a reçu la lettre adressée par le consul du Costa Rica au ministre du Commerce et au président de la Chambre de commerce de Paris pour obtenir le prospectus de l'école en langue espagnole[152].

4. Moderniser l'École tout en ménageant l'héritage Blanqui : une équation complexe (années 1870 – début des années 1880)

Le calme revenu à Paris, la Chambre poursuit son œuvre de réformes à l'école. Pour attirer à elle davantage de candidats bacheliers, l'administration les dispense de la première année d'études, comme mentionné plus haut. De ce fait, l'École supérieure de commerce de Paris accueille en moyenne, dans les décennies 1870, 1880 et 1890, environ une dizaine de bacheliers par an ; ce qui est nettement plus sélectif que les écoles supérieures de commerce de province qui n'en accueillent guère que la moitié, à cette époque[153].

Constatant que le nombre d'élèves reste cependant stationnaire, la Chambre décide finalement en juillet 1873 d'abolir l'internat obligatoire qui « permettra de placer l'École dans une nouvelle voie de prospérité, dont le résultat sera surtout de permettre à un bien plus grand nombre de profiter de

[149] « Procès-verbal de la commission administrative de l'École supérieure de commerce de Paris ; séance du 14 janvier 1882 ». Archives de ESCP.

[150] Cette hypothèse est formulée par l'historien américain Hudson. Source : Fridenson P. & Paquy L. (2008), « Du haut enseignement commercial à l'enseignement supérieur de gestion (XIXe-XXe siècles) », in P. Le Normand (s.d.), *La Chambre de commerce et d'industrie de Paris 1803-2003*. II. Études thématiques, Paris, Droz, p. 209.

[151] « Procès-verbal de la commission administrative de l'École supérieure de commerce de Paris ; séance du 12 mai 1877 », p. 297. Archives de ESCP. « Procès-verbal de la commission administrative de l'École supérieure de commerce de Paris ; séance du 20 décembre 1879 », p. 342. Archives de ESCP.

[152] « Procès-verbal de la commission administrative de l'École supérieure de commerce de Paris ; séance du 20 décembre 1879 », p. 342. Archives de ESCP.

[153] Maffre P. (1983), « Les origines de l'enseignement supérieur commercial en France au XIXe siècle », thèse de troisième cycle en histoire, Université Paris 1 Panthéon-Sorbonne, p. 819.

l'enseignement spécial de l'École »[154]. L'abolition du pensionnat obligatoire marque une rupture importante avec la tradition qu'avait instaurée le successeur d'Adolphe Blanqui en 1856.

Le nombre total d'élèves est ainsi multiplié par deux entre 1869 – 65 élèves – et 1879 – 141 élèves. La croissance des effectifs est telle qu'en 1873, la Chambre se voit contrainte d'agrandir les locaux, puis en 1878, d'arrêter le recrutement pour ouvrir un registre d'inscriptions sur lequel le directeur choisit, par ordre d'ancienneté, parmi les élèves qui sollicitent la faveur de suivre les cours. Si le nombre d'élèves s'accroît alors rapidement, comme le montre le tableau ci-dessous, la proportion d'élèves internes demeure majoritaire sur la période. Les caractéristiques de la cible visée par l'école restent donc les mêmes – âge, profil scolaire, milieu familial –, ce qui confirme bien que la stratégie poursuivie s'inscrit dans la continuité par rapport aux périodes antérieures.

Année scolaire	Nombre total d'élèves	Nombre d'internes	% d'internes	Nombre d'externes	% d'externes
1868-1869	65	65	100 %	0	0 %
1873-1874	109	89	81,7 %	20	18,3 %
1874-1875	114	87	76,3 %	27	23,7 %
1875-1876	125	88	70,4 %	37	29,6 %
1876-1877	133	90	67,7 %	43	32,3 %
1877-1878	151	96	63,6 %	55	36,4 %
1878-1879	141	89	63,1 %	52	36,9 %
1879-1880	135	89	65,9 %	46	34,1 %
1880-1881	141	99	70,2 %	42	29,8 %

Évolution du nombre et de la proportion d'élèves internes à l'école entre 1868 et 1880.

Très vite, la direction de la Chambre se trouve confrontée à une difficulté que les élus consulaires avaient sous-estimée : la persistance de l'influence de la famille Blanqui dans la direction de l'école.

En effet, même si juridiquement l'École supérieure de commerce de Paris n'appartient plus à Jane Blanqui depuis février 1869, l'école demeure cependant, jusqu'à la fin des années 1880, matériellement et moralement entre les mains des Blanqui. Matériellement d'abord, car elle occupe un immeuble que la Chambre loue à la famille Blanqui et dans lequel celle-ci réside encore. Moralement, ensuite, car l'appellation « ancienne École

[154] « Procès-verbal de la commission administrative de l'École supérieure de commerce de Paris ; séance du 26 mai 1873 », p. 157. Archives de ESCP. C'est donc pour lutter contre la stagnation des effectifs scolaires que la Chambre supprime l'internat obligatoire en 1873 et non, comme elle l'affirme en 1900, pour répondre à l'impossibilité de pouvoir loger tous ses élèves à l'école : « L'École n'avait admis jusqu'alors que des élèves internes ; sa prospérité devint bientôt telle qu'il fut impossible d'y loger tous les élèves. Il fallut se résoudre à admettre des élèves demi-pensionnaires. » Source : Chambre de commerce de Paris (1900), *La Chambre de commerce de Paris à l'Exposition universelle de 1900*, Paris, Chambre de commerce de Paris, p. 42. Bibliothèque historique de la ville de Paris, 400042.

Blanqui » est utilisée par la Chambre dans ses prospectus commerciaux tandis que la mention « école dirigée pendant 25 ans par A. Blanqui » est imprimée sur les diplômes et les certificats de fin d'études qu'elle délivre aux élèves (voir photographie ci-dessous).

CHAMBRE DE COMMERCE DE PARIS

ÉCOLE SUPÉRIEURE DE COMMERCE

A Paris, Rue Amelot, 102, Boulevard des Filles-du-Calvaire.

CONSEIL DE PERFECTIONNEMENT

Le MINISTRE du COMMERCE et de L'INDUSTRIE, Président · ANDRÉ · Alfred BLANCHE · CLAUDE-LAFONTAINE · DAGUIN · DENIÈRE

DIETZ-MONNIN · Aimé GIRARD · GUIRAL · HAAN · HOUETTE · JACQUEMART · JARLAULD

LEMOINE · LEVASSEUR · MIGNON · PÉLIGOT · PIAULT

POIRRIER · FONTE DE LA HOZ · ROY · G. SALMON · Léon SAY · Jules GRELLET

CERTIFICAT D'ÉTUDES.

La Chambre de Commerce de Paris a délivré à M. Daguerre Gaston

né à Madrid (Espagne) le 13 juin 1870, Élève du troisième Comptoir,

le présent Certificat d'Études faites à l'École Supérieure de Commerce de Paris.

LE PRÉSIDENT

LE DIRECTEUR DE L'ÉCOLE,

Délivré à Paris le 13 juillet 1889

Certificat de fin d'études remis à un élève de dernière année en juillet 1889.

Commentaire : à la fin du dix-neuvième siècle, le « certificat d'études » est remis aux élèves de dernière année (le troisième comptoir) qui, à l'issue des examens de fin d'année, n'ont pas obtenu la moyenne suffisante pour obtenir le « diplôme » de fin d'études. Afin d'attester de leur passage sur les rangs de l'école, la Chambre de commerce de Paris leur octroie un « certificat d'études ». Il est significatif de relever ici que ce document élaboré par la Chambre prête à l'école des créateurs qui ne sont pas les siens : « Casimir Périer [sic], Ternaux, Chaptal et Jacques Laffitte » sont présentés à tort comme les fondateurs de l'école en lieu et place de Germain Legret et d'Amédée Brodart. En outre, il convient de noter que le directorat d'Adolphe Blanqui – qui fut directeur de l'école pendant vingt-quatre ans et non vingt-cinq comme le prétend le document – est encore mentionné comme un titre de gloire pour l'établissement plus de trente-cinq ans après la mort de l'économiste. Cette situation durera jusqu'en juillet 1890 inclusivement ; date de la reconnaissance de l'école par l'État.

En outre, le personnel enseignant et administratif qui, majoritairement, a connu Adolphe Blanqui, est conservé dans les années 1870 pour faciliter la transition de l'ancienne entreprise familiale vers le service consulaire. Enfin, les anciens élèves ont constitué en 1872 une association pour cultiver le souvenir de leur scolarité et entretenir les liens qu'ils avaient tissés pendant la période Blanqui[155]. De ce fait, la Chambre de commerce de Paris n'est pas

[155] Comme le rappelle Renouard (1920, p. 385), à Pâques 1872, les élèves du troisième comptoir vinrent visiter la filature de lin et de tissage de toiles de son père aux abords de Lille. Comme Alfred Renouard était diplômé de l'école depuis deux ans, son père offrit l'hospitalité pendant trois jours à la vingtaine d'élèves qui étaient accompagnés du directeur de l'école,

complètement maîtresse de l'école avant la fin des années 1880 et elle doit ménager les membres de la famille Blanqui qui l'ont précédée à la tête de l'école[156].

Pour affirmer leur mainmise sur l'école, les dirigeants consulaires évincent progressivement les partisans de la famille Blanqui de la gestion de l'école. Lorsque Paul Schwaeblé décède en 1880, la Chambre nomme, après deux mois d'intérim, Jules Grelley, un autre ancien élève de l'École polytechnique, qui est le premier directeur à ne pas avoir travaillé à l'école à l'époque où celle-ci était une entreprise familiale. Arrivé à l'école en 1878 en qualité de professeur de physique, il ne pouvait pas être suspecté de nourrir de liens affectifs particuliers avec la famille Blanqui. De même, la Chambre remplace au fil des ans les membres de la famille Blanqui siégeant au conseil de perfectionnement de l'école par des représentants du monde de l'entreprise sans lien aucun avec la famille d'Adolphe Blanqui.

Cependant, la Chambre reste vigilante de ne pas trop mécontenter les anciens élèves qui restent très attachés à la famille Blanqui. C'est pourquoi, si elle refuse en 1880 la proposition des anciens élèves d'installer un buste de Joseph Garnier – beau-frère d'Adolphe Blanqui et ancien directeur des études – dans le parloir de l'école, elle accueille en revanche favorablement la requête de l'Association des anciens élèves d'organiser à l'école, à partir de 1883, la « Conférence Adolphe Blanqui » qui, plusieurs fois par an, propose des communications publiques sur des sujets économiques et industriels. Le nom de la conférence, de même que la nomination au poste de président d'honneur de Hippolyte Maze – gendre d'Adolphe Blanqui –, démontrent l'attachement des anciens élèves à la famille de leur ancien directeur. Si la Chambre de commerce a autorisé la tenue de cette conférence à l'école, le président de la Chambre a cependant fait part de ses réticences à ce que le nom d'Adolphe Blanqui soit attaché à cette conférence[157].

De ce fait, il apparaît que la Chambre n'a donc pas brutalement rompu, dans la décennie 1870, les liens unissant l'École supérieure de commerce de Paris à la famille de son prestigieux directeur. Au début des années 1880 cependant, la présence de la famille Blanqui dans l'environnement immédiat

---

Paul Schwaeblé. Comme il le rapporte : « Le soir de leur départ, tous se retrouvèrent réunis dans notre maison de campagne de Fives-Lille, dans la salle à manger de famille, au nombre d'une vingtaine, et le directeur Schwaeblé, levant son verre au dessert, indiqua dans un toast d'adieux combien il serait utile que la réunion de ce jour ne fût pas passagère et exprima chaleureusement le désir qu'elle constituât une "association" durable. Ses paroles trouvèrent de l'écho chez les assistants. Tous nos camarades présents en devisèrent au retour, et, quelques jours après, rentrant à Paris, Édouard Kreitman de Strasbourg qui faisait aussi partie de l'excursion, écrivit à Paul Laffitte et à Joseph Dugoujon, deux anciens dévoués à l'École, pour les prier de se joindre à lui en vue de jeter les bases de notre union amicale. » De fait, quelques mois plus tard, en novembre 1872, les statuts de l'association furent rédigés et 127 anciens élèves y adhérèrent.

[156] Passant A. J.-G. (2018), "Between filial piety and managerial opportunism: The strategic use of the history of a family business after the buyout by non-family purchasers", *Entreprises et Histoire,* 91, 2, 62-81.

[157] Voir « Procès-verbal de la commission administrative de l'École supérieure de commerce de Paris ; séance du 24 février 1883 », p. 435. Archives de ESCP.

de l'école s'évanouit en quelques années : en 1881, le président honoraire de l'Association des anciens élèves, Joseph Garnier – beau-frère d'Adolphe Blanqui –, décède. En 1883, Julie Blanqui – la veuve d'Adolphe –, disparaît à son tour. Dans les mois qui suivent ce décès, Jane Blanqui vend l'immeuble occupé par l'École supérieure de commerce de Paris et transfère le bail au nouveau propriétaire qui devient ainsi le bailleur de la Chambre. De ce fait, la famille Blanqui n'a plus aucun lien juridique avec l'École supérieure de commerce de Paris ou avec la Chambre[158].

5. Un revirement stratégique après la création de HEC en 1881 : la remise en cause du positionnement historique de l'école

L'ouverture de l'École des hautes études commerciales (HEC) en décembre 1881 amène un repositionnement de l'École supérieure de commerce de Paris ; repositionnement d'autant plus inattendu pour la direction de l'établissement que l'apparition d'écoles supérieures de commerce en province dans les années 1870[159] n'avait porté aucun ombrage à l'école parisienne. Au début des années 1880, la Chambre de commerce redéfinit les contours de son portefeuille de formations commerciales et l'ancienne « École Blanqui » doit désormais trouver sa place dans le nouvel ensemble. Alors que cette dernière avait été pensée et organisée comme une école de commerce de niveau supérieur – c'est en 1852 que Blanqui a rebaptisé l'« École spéciale de commerce » en « École supérieure de commerce » –, la création de l'école HEC déclasse l'établissement. Ce déclassement intervient à deux niveaux.

D'abord, le périmètre de la clientèle cible de l'école est officiellement réduit : si jusqu'alors l'École supérieure de commerce de Paris s'adressait à tous les jeunes gens de plus de 15 ou 16 ans désireux de s'initier aux hautes opérations du commerce, elle vise, à partir de 1881, la frange la moins aisée des fils de familles. Seule l'école HEC s'adresse aux « fils de la bourgeoisie »[160], et prioritairement aux élèves bacheliers[161]. Si ces derniers

---

[158] Passant A. J.-G. (2018), "Between filial piety and managerial opportunism: The strategic use of the history of a family business after the buyout by non-family purchasers", *Entreprises et Histoire,* 91, 2, 62-81.

[159] Les écoles de commerce qui s'ouvrent au Havre (1871), à Lyon (1872), à Marseille (1872) et à Bordeaux (1874) sont conçues pour répondre aux besoins de l'économie locale. De ce fait, leur recrutement est majoritairement régional ; à l'inverse de l'école parisienne dont le recrutement est majoritairement national et international.

[160] En 1900, dans le guide présentant ses activités, la Chambre de commerce de Paris expose que l'école HEC est destinée aux « fils de la bourgeoisie » dont elle veut faire « une pépinière de jeunes hommes préparés par une haute culture à la direction des grandes affaires », alors que l'École supérieure de commerce de Paris est destinée à former « des industriels et des négociants distingués, de bons consuls ». Source : Chambre de commerce de Paris (1900), *La Chambre de commerce de Paris à l'Exposition universelle de 1900*, Paris, Chambre de commerce de Paris, p. 31. Bibliothèque historique de la ville de Paris, 400042.

ne sont pas légion dans les premières années, ils représentent toutefois entre 35 % et 72 % des élèves de HEC dans les années 1890[162].

Ensuite, officieusement, le niveau de formation de l'école est requalifié à la baisse : en présentant HEC comme la seule école de commerce de niveau réellement universitaire, la Chambre positionne, de fait, l'École supérieure de commerce de Paris comme une école de commerce de niveau moindre. HEC seule étant censée produire l'élite du commerce et de l'industrie, alors que l'École supérieure de commerce de Paris devrait se contenter de former des employés supérieurs et des chefs des petites et moyennes industries. En un mot : « À HEC un "enseignement plus poussé et plus généraliste", à l'ESCP un enseignement qui [tend] vers la spécialisation. »[163]

Si ce déclassement rompt ouvertement avec le positionnement d'excellence voulu par Adolphe Blanqui, il entérine également l'intégration de l'École supérieure de commerce de Paris dans le giron des écoles consulaires. En effet, la nouvelle orientation stratégique renforce la complémentarité des offres de formations commerciales de la Chambre : l'École commerciale, créée par la Chambre en 1863, est de niveau élémentaire, tandis que l'École supérieure de commerce de Paris serait de niveau (post-)secondaire et l'école HEC représenterait le niveau supérieur de l'enseignement commercial.

Cette rupture stratégique par rapport au positionnement historique de l'école suscite cependant de nombreux mécontentements. Ainsi, à partir des années 1880, la direction de la Chambre de commerce voit grandir une certaine opposition au sein de l'école sur la stratégie qui lui est imposée. L'ouverture de HEC est ressentie par le personnel de l'École supérieure de commerce de Paris comme un déclassement. En effet, jusque-là, l'ancienne école Blanqui faisait office d'école de commerce de plus haut niveau en France. Le niveau de recrutement pour la nouvelle école est des plus sélectifs car le baccalauréat est initialement exigé de tous les candidats, alors qu'il est seulement facultatif à l'École supérieure de commerce de Paris.

Le comportement de la direction de l'école HEC qui, à plusieurs reprises, se targue d'être la seule école de commerce de niveau réellement supérieur en France, de même que son refus d'adhérer à l'Union des associations d'anciens élèves des écoles supérieures de commerce, entraînent des tensions avec l'École supérieure de commerce de Paris. Le directeur de cette dernière s'étonne, avec les anciens élèves, à plusieurs reprises, de l'absence de réaction de la Chambre de commerce et doit lui-même solliciter des éclaircissements publics pour rassurer les élèves et leurs parents sur le statut

---

[161] Meuleau M. (1981), *HEC 100 : 1881-1981. Histoire d'une Grande école*, Jouy-en-Josas, groupe HEC, p. 17.

[162] Maffre P. (1983), « Les origines de l'enseignement supérieur commercial en France au XIXe siècle », thèse de troisième cycle en histoire, Université Paris 1 Panthéon-Sorbonne, pp. 819-820.

[163] Fridenson P. & Paquy L. (2008), « Du haut enseignement commercial à l'enseignement supérieur de gestion (XIXe-XXe siècles) », in P. Le Normand (s.d.), *La Chambre de commerce et d'industrie de Paris 1803-2003. II. Études thématiques*, Paris, Droz, p. 208.

de leur école face à sa nouvelle concurrente. Le conflit est tel qu'il est même porté à la connaissance du grand public par *Le Petit Journal* en juin 1886.

Dans ce contexte, le directeur, Jules Grelley, sollicite plusieurs fois le président de la Chambre dans les années 1880 pour qu'un concours annuel soit organisé en fin d'année scolaire entre les élèves de l'École supérieure de commerce de Paris et les élèves de HEC, pour déterminer si cette dernière peut valablement se targuer d'être d'un niveau plus élevé que l'ancienne « École Blanqui »[164]. Jules Grelley, confronté aux refus successifs des dirigeants consulaires d'organiser ce concours, encourage alors plusieurs initiatives auprès des élèves et des professeurs pour démontrer publiquement que la création, puis le développement, de HEC ne constituent nullement une cause de déchéance pour l'École supérieure de commerce de Paris, qui conserve son rang d'école de haut niveau.

Face à la diminution graduelle du nombre total d'élèves inscrits à l'école – en 1880, l'école accueille 141 élèves contre seulement 108 en 1887 –, le directeur se permet d'accuser l'école HEC de faire concurrence à son établissement ; accusations que la Chambre ne prend pas la peine de réfuter. Enfin, en 1891, apprenant par hasard[165] les avantages dont bénéficient les élèves diplômés de HEC pour intégrer plusieurs administrations publiques – avantages refusés aux élèves de l'École supérieure de commerce de Paris –, Jules Grelley s'interroge publiquement sur le rôle que l'administration consulaire a joué dans l'octroi de ces avantages et s'émeut de ne pas en avoir été informé préalablement[166].

Face à cette situation, la direction de la Chambre de commerce de Paris, consciente de la grande popularité du directeur au sein de l'école, ne

---

[164] Renouard A. (1920), *Histoire de l'École supérieure de commerce de Paris (1820-1920)*, Paris, Au siège de l'Association des anciens élèves, pp. 173-179.

[165] Les archives précisent : « En parcourant le programme des conditions d'admission à l'École des hautes études commerciales, le directeur s'est aperçu que les élèves diplômés de cette école jouissaient de privilèges importants pour l'entrée dans diverses administrations. Ces privilèges, qui leur ont été accordés, par arrêtés ministériels, sans l'être en même temps à l'École supérieure de commerce de Paris, sont les suivants [...]. » Source : « Procès-verbal de la commission administrative de l'École supérieure de commerce de Paris », 14 mars 1891, pp. 165-166. Archives de ESCP.

[166] Dès les années 1880, cette rivalité entre les deux écoles « filles » de la Chambre de commerce de Paris a donné naissance, au sein de l'École supérieure de commerce de Paris, à ce qui pourrait être qualifié de « complexe de Cendrillon ». L'école ouverte en 1819 existait bien avant HEC ; et en cela elle estimait détenir un privilège d'antériorité. Toutefois, les deux écoles « sœurs » n'ont pas la même histoire. En effet, si HEC est la fille « naturelle » de la Chambre qui l'a créée en 1881, l'École supérieure de commerce de Paris, telle Cendrillon, n'en serait que la fille « adoptive ». Cette dernière, « orpheline » de la famille Blanqui depuis 1869, a été rachetée par l'organisation consulaire. Par cette nouvelle tutelle, cette dernière est devenue la « belle-mère » de l'école. Des liens de favoritisme envers HEC ont donc très tôt été attribués à la Chambre par certains acteurs de l'École supérieure de commerce de Paris. Avec le poids des années, ce complexe – qui a ressurgi par la suite, notamment lorsque HEC a disposé de ses propres classes préparatoires dans les années 1920 ou lorsque ses diplômés ont été autorisés à présenter le concours d'entrée à l'ÉNA dans les années 1950 – semble s'être atténué.

désapprouve pas frontalement ce dernier. Elle se contente, dans un premier temps, de démentir les intentions de « déchéance » de l'École supérieure de commerce de Paris vis-à-vis de HEC qui lui sont prêtées. Quelques jours avant le départ à la retraite de Jules Grelley, les élus consulaires lui rappellent, devant son successeur, que le directeur de l'école n'est qu'un exécutant vis-à-vis de la Chambre et qu'il n'est doté d'aucun pouvoir décisionnaire[167].

Ensuite, pour éviter à l'avenir tout risque de contestation sur sa stratégie pour l'école, la direction de la Chambre charge la commission administrative de mener, parallèlement à sa fonction première de relai d'informations entre la direction de l'école et les dirigeants consulaires[168], un rôle de lanceur d'alerte : en cas de manquement du directeur de l'école à ses obligations de loyauté, la commission administrative est chargée d'en informer immédiatement la Chambre pour que celle-ci prenne les mesures qui s'imposent[169]. Dans les faits, cette mission est d'autant plus délicate à mener que le directeur de l'école est, par principe, membre de droit de la commission administrative ; ce qui suppose que les membres de la commission « contournent » son autorité pour rapporter directement leurs observations au président de la Chambre.

[167] Lors de la commission administrative du 31 mars 1898, le directeur de l'école, Jules Grelley, se prononce contre le souhait émis par d'anciens élèves de créer une section commerciale de tannerie à l'école. Argumentant devant les élus consulaires sa position, il se voit rabroué en public par un élu consulaire qui lui « fait remarquer que cette dernière question n'est pas de la compétence du directeur et qu'elle regarde uniquement la Chambre de commerce. On aurait désiré simplement avoir l'opinion du directeur sur la question des programmes. » Prononcé devant Victor Cantagrel, le successeur de Jules Grelley, cet avertissement avait vraisemblablement valeur de rappel sur la subordination que les élus consulaires attendaient du directeur de l'école. Source : « Procès-verbal de la commission administrative de l'École supérieure de commerce de Paris », 31 mars 1898, p. 292. Archives de ESCP.

[168] Créée en février 1869, la commission administrative de l'école avait pour mission originelle de mettre en œuvre à l'École supérieure de commerce de Paris les réformes qu'entraînait son acquisition par la Chambre, notamment en matière de programmes de cours, de comptabilité et d'installation matérielle. Par la suite, à partir des années 1870, cette commission a été chargée de veiller à l'application des décisions de la Chambre, comme par exemple la suppression de l'utilisation de la langue française pendant les cours de langues étrangères (Renouard, 1920, p. 140). Elle a été remplacée en 1995-1996 par le conseil d'établissement de l'école.

[169] « Note du président de la Chambre de commerce de Paris, 9 avril 1898 ». Archives départementales de Paris, cote I-274.34.

6. La reconnaissance de l'École par l'État en 1890 et ses conséquences : la fin des dernières réminiscences de la période Blanqui

La reconnaissance de l'école par l'État le 22 juillet 1890 – reconnaissance sollicitée par la Chambre de commerce de Paris – marque une étape clef dans l'histoire de l'école[170].

En effet, du fait de la reconnaissance étatique, les meilleurs élèves parmi les diplômés sont autorisés à n'effectuer qu'une seule année de service militaire au lieu de trois conformément aux dispositions de la loi Freycinet du 15 juillet 1889[171]. De fait, cette mesure attractive permet à l'école, comme aux autres écoles de commerce reconnues par l'État[172], d'attirer à elle de nombreux candidats. En contrepartie de cet avantage, l'État intervient désormais dans la gouvernance de l'école. De ce fait, la direction de celle-ci perd les dernières facultés d'autogestion que les dirigeants consulaires lui avaient laissées jusque-là. Le gouvernement intervient désormais dans le recrutement des élèves – obligatoirement recrutés par concours[173] –, mais aussi par la désignation des membres du jury d'entrée, par l'instauration du programme d'épreuves d'admission, et par la fixation d'un âge minimum pour les candidats souhaitant intégrer l'école. L'État intervient aussi dans la gestion de l'école par l'instauration de contrôles effectués par les inspecteurs de l'enseignement technique, par l'approbation donnée aux programmes d'enseignement, mais aussi par l'approbation des nominations du personnel dirigeant et enseignant de l'école. Après 1897, le pouvoir de l'État dans la gestion de l'école s'accroît encore puisqu'il fixe les coefficients pour les

---

[170] La loi Freycinet du 15 juillet 1889, et les dispenses militaires qui en découlent, permettent à l'État d'intervenir dans la gouvernance de l'école. Jusque-là, l'État n'était intervenu que très ponctuellement dans la gestion de l'école, se bornant à intervenir financièrement – en versant depuis 1838 des demi-bourses puis des bourses complètes à certains élèves – puis symboliquement, à partir de 1852, en signant les diplômes de sortie des élèves. Ces deux types d'interventions – financière et symbolique – ne lui donnaient cependant aucun contrôle sur l'école, de sorte que son rôle dans la gouvernance de celle-ci était inexistant.

[171] Aux termes de l'article 2 du règlement d'administration publique du 23 novembre 1889 sont seuls dispensés de deux ans de service militaire les quatre premiers cinquièmes des élèves (français) qui ont obtenu le diplôme de fin d'études. Pour obtenir ce dernier, les élèves doivent obtenir au moins 65 % du total des points qu'on peut obtenir pendant le cours de la scolarité. Les élèves qui obtiennent moins de 65 %, mais au moins 55 %, obtiennent, quant à eux, un certificat d'études. Les autres élèves peuvent obtenir une simple attestation d'études. Source : « Procès-verbal de la commission administrative de l'École supérieure de commerce de Paris ; séance du 13 juin 1891 », pp. 175-176. Archives de ESCP.

[172] Les écoles supérieures de commerce du Havre, de Lyon, de Marseille, et de Bordeaux sont reconnues par l'État le 22 juillet 1890, c'est-à-dire le même jour que l'École supérieure de commerce de Paris et que HEC. D'autres écoles supérieures de commerce seront rapidement reconnues ensuite, notamment celles de Lille (1892), de Rouen (1895), de Nancy (1896), de Montpellier (1897), de Dijon (1900), de Nantes (1900), d'Alger (1901) et de Toulouse (1905).

[173] De fait, le premier concours sera organisé le 3 octobre 1890. Source : « Procès-verbal de la commission administrative de l'École supérieure de commerce de Paris ; séance du 13 juin 1891 », p. 173. Archives de ESCP. Le concours sera supprimé en 1905, puis de nouveau introduit en 1926.

épreuves d'examens, nomme tous les membres du jury pour les épreuves de fin d'année, et fixe annuellement le nombre de places ouvertes au concours d'admission de l'école.

La façade principale de l'école, avenue de la République, en 1898.

Commentaire : l'édifice qui accueillit les élèves de l'école en octobre 1898 fut qualifié de « palais » par les contemporains tant il apparaissait luxueux. Sa façade principale, longue de plus de 60 mètres sur l'avenue de la République, en pierre de taille, reprenait délibérément certains traits architecturaux de l'Hôtel de Sully, que l'école avait occupé dans les années 1820. Très symétrique, la façade principale offre un portail d'honneur reliant les deux pavillons latéraux, surmontés d'un toit à la mansart. Huit cartouches sculptés dans la pierre, et ornés chacun d'un mascaron, présentent aux spectateurs les principaux secteurs économiques auxquels l'école préparait alors : les colonies, l'exportation, les consulats, les armements, la banque, la législation, l'industrie, et, bien sûr, le commerce. En plus du confort moderne, les bâtiments scolaires offraient aussi des dortoirs compartimentés en boxes individuels, des douches modernes et un réfectoire lumineux. L'ensemble fut inauguré le 23 novembre 1898 par le président de la République, le ministre du Commerce et le préfet de la Seine. Trois mois plus tard, jour pour jour, le convoi funèbre du président de la République, Félix Faure, repassait devant l'école pour le mener à sa dernière demeure au cimetière du Père-Lachaise. Conçu initialement pour accueillir entre 250 et 300 élèves – dont 150 internes au maximum –, le bâtiment de 1898 devait conserver des proportions relativement stables pendant près de trois-quarts de siècle. Le quasi-triplement des effectifs scolaires après la Première Guerre mondiale et après la Seconde Guerre mondiale rendra cependant incontournable l'édification, en 1970-1971, d'une tour de sept étages pour accompagner la croissance de l'école.

La reconnaissance de l'École supérieure de commerce de Paris par l'État en 1890 marque également une rupture définitive à l'égard de son passé familial. En effet, les derniers marqueurs matériels et symboliques de rattachement à la personnalité d'Adolphe Blanqui disparaissent du fait de la reconnaissance étatique.

D'abord, les médailles de fin d'année réservées aux meilleurs élèves – qu'Adolphe Blanqui avait instituées en août 1838 de manière ponctuelle, puis annuelle à partir d'août 1852 – ne sont plus distribuées, car considérées comme les vestiges d'une époque révolue. Ensuite, la dénomination commerciale de l'école voit l'appellation « ancienne École Blanqui », jusque-là encore en usage officiellement et imprimée sur les diplômes et certificats de fin d'études, détrônée au profit d'une dénomination plus à l'ordre du jour : « École reconnue par l'État, dirigée par la Chambre de commerce de Paris. » Enfin, en raison de la reconnaissance de l'école par l'État, le conseil de perfectionnement de l'école, créé en 1825 avec le soutien actif d'Adolphe Blanqui, puis entretenu patiemment par lui et ses successeurs, est supprimé en 1889 ; le gouvernement estimant que les représentants du monde des affaires n'ont plus à s'impliquer dans la gestion de l'école[174].

La suite de la décennie 1890 marque également une rupture symbolique par rapport à l'ère Blanqui avec le changement du siège de l'école. En 1894, la Chambre s'avise que le bail de l'immeuble qu'elle loue pour l'école, rue Amelot, doit s'éteindre au 1er janvier 1899. Passé ce terme, la Chambre aura, conformément aux dispositions prévues en février 1869 au moment du rachat de l'École supérieure de commerce de Paris par elle, la possibilité de conclure un nouveau bail ou d'acheter l'immeuble. En décidant de ne pas signer un nouveau bail, ni d'acheter les locaux occupés par l'école depuis soixante ans, la Chambre rompt symboliquement avec l'héritage Blanqui. Après avoir, en vain, sollicité le conseil municipal de Paris pour installer l'école dans l'ancienne caserne des Célestins, boulevard Henri-IV dans le quatrième arrondissement, la Chambre décide de construire un nouveau bâtiment, avenue de la République, dans un quartier d'ateliers et de fabriques alors excentré du onzième arrondissement[175]. La rapide construction d'un nouvel édifice pour héberger l'école[176] – l'édifice est inauguré après seize mois de travaux en novembre 1898 – conduit l'École

[174] « Procès-verbal de la commission administrative de l'École supérieure de commerce de Paris ; séance du 11 juin 1898 », p. 445. Archives de ESCP. En 1898, la direction de l'école a tenté de rétablir, en vain, ce conseil de perfectionnement.

[175] Voir annexe 4 du présent ouvrage.

[176] Les architectes du bâtiment sont deux quadragénaires à la réputation autrefois bien établie en France et à l'étranger. Tous les deux ont construit plusieurs bâtiments privés (magasins, villas) et monuments publics (palais gouvernementaux, mairies, écoles, églises, salles des fêtes) en Europe et en Amérique. Le premier est Pierre-Joanny Bernard, ancien élève de l'École des beaux-arts de Paris, et architecte de plusieurs écoles en région parisienne et en province. Le second est Émile Robert. Si ce dernier n'est pas issu de la prestigieuse École des beaux-arts de Paris, ses projets architecturaux ont cependant plusieurs fois été primés en dehors de France, et notamment sa cathédrale de Patras en Grèce, son palais du gouvernement à Lima au Pérou, ainsi que sa faculté de médecine de Montevideo en Uruguay. La construction de l'école de l'avenue de la République en 1898 ne devait pas être la dernière collaboration de Pierre-Joanny Bernard et d'Émile Robert. Quelques mois après avoir achevé la construction de l'école, ils ont soumis un projet au concours international de 1899 pour la construction de l'Université de Berkeley en Californie ; projet longuement débattu par le comité organisateur et finalement récompensé d'un accessit. En dépit de leur réputation, Pierre-Joanny Bernard et Émile Robert ont dû concourir aux côtés de vingt-six autres architectes diplômés, ou élèves de première classe, pour que leur projet d'école de commerce, avenue de la République à Paris, soit finalement retenu.

supérieure de commerce de Paris à quitter l'hôtel particulier dans lequel l'avait installée Adolphe Blanqui en 1838 et où elle avait prospéré aux côtés mêmes de la famille Blanqui pendant pratiquement cinquante ans[177]. L'emménagement de l'école dans le nouvel édifice de l'avenue de la République conduit à l'abandon du « foyer Blanqui » et, de ce fait, à la disparition des repères symboliques qui s'y appliquaient au profit d'un nouveau référentiel spatial et symbolique : le bureau du directeur de l'école, dénommé pendant soixante ans « bureau Blanqui » dans les locaux de la rue Amelot, est sobrement baptisé « bureau du directeur » dans les nouveaux locaux de l'avenue de la République. Le confort de ces derniers, dotés de l'électricité, de l'eau courante et du chauffage, font rapidement oublier l'ancien hôtel particulier de la rue Amelot.

En 1898, avec la disparition des derniers symboles de l'époque Blanqui, l'École supérieure de commerce de Paris est devenue, de fait, une école de commerce pleinement consulaire dont le rayonnement international demeure encore vif. Ainsi, en 1891-1892, Edmund James, le directeur de la jeune Wharton Business School, ouverte en 1881, est chargé par l'Association des banquiers américains de parcourir l'Europe occidentale pour mener une enquête sur les établissements de formation au commerce[178]. Parmi les nombreux établissements européens qu'il a visités, l'École supérieure de commerce de Paris compte parmi les favorites. Il note que cette dernière fut l'une des premières écoles de commerce ouvertes en Europe et qu'elle a servi de modèle à plusieurs écoles de commerce en France et à l'étranger. En outre, Edmund James précise que l'école, contrairement à la plupart des autres écoles de commerce d'alors, accorde une place déterminante à l'apprentissage des langues vivantes, et ce avec d'autant plus de succès que ses élèves peuvent profiter des échanges avec leurs camarades étrangers dont le nombre est notablement plus élevé en ses murs[179]. De même, au début des années 1900, l'école est toujours identifiée comme l'une des meilleures écoles de commerce d'Europe : elle est expressément prise comme modèle

[177] La famille Blanqui s'installe dès 1830 dans l'hôtel particulier où est hébergée l'école. Elle agit de même à l'occasion du déménagement de 1832 et du déménagement de 1838 qui l'amène rue Amelot. La famille Blanqui, à l'origine locataire, devient propriétaire de l'immeuble en 1863 avant de le céder à la fin du dix-neuvième siècle. Source : « Procès-verbal de la commission administrative de l'École supérieure de commerce de Paris ; séance du 26 mai 1883 », p. 442. Archives de ESCP.

[178] De ce fait, il s'est rendu, en 1891-1892, en Angleterre, en France, en Italie, en Suisse, en Autriche, en Allemagne et en Belgique. À son grand regret, il ne fut pas en mesure de visiter les écoles de commerce de Russie ni de Hollande. Source : James E. J. (1893), *Education of businessmen in Europe, a report to the American Bankers' Association through its committee on schools of finance and economy*. New-York : American Bankers' Association.

[179] Dans son rapport, Edmund James rapporte aussi les difficultés que HEC, ouverte en 1881, éprouve pour se développer ainsi que la nécessité dans laquelle la direction de HEC s'est trouvée de mettre en place un enseignement commercial de niveau secondaire, comme le font alors toutes les autres écoles de commerce françaises. Source : James E. J. (1893), *Education of businessmen in Europe, a report to the American Bankers' Association through its committee on schools of finance and economy*. New-York : American Bankers' Association.

d'inspiration par les fondateurs de HEC Montréal qui ouvriront cette école au Canada en 1907[180].

À cette époque, l'avenir de l'école s'annonce dépourvu de nuages : forte de son statut consulaire, l'école est désormais placée sous la double tutelle du ministère du Commerce – au titre des compétences de ce dernier sur les services des Chambres de commerce – et sous la tutelle du ministère de l'Instruction publique – au titre de sa reconnaissance par l'État et de la délivrance de son diplôme. Grâce à la reconnaissance accordée par l'État, l'école voit grossir ses effectifs. Entre la rentrée de 1888, avant donc la reconnaissance de l'État, et celle de 1900, les effectifs scolaires doublent, passant de 127 élèves à 278. L'école est-elle alors durablement entrée dans la voie de la prospérité ? Si les mesures de la loi Freycinet sont indéniablement bénéfiques pour l'école, elles la positionnent aussi dans une forte situation de dépendance à l'égard du gouvernement ; dépendance que les circonstances vont rapidement mettre à jour.

La salle des bains-douches de l'école, avenue de la République, en 1898.

Commentaire : les douches installées en 1898 représentent pour l'époque un luxe inouï pour un établissement scolaire. Ce luxe est cependant, initialement, lourdement facturé aux élèves qui doivent débourser 1 franc par douche ; soit le prix de 3 kilos de pain. Ce niveau de prix excessif pour l'époque conduira tous les élèves de l'école à se priver de douche pendant six semaines d'affilée en 1899. Pour préserver des conditions d'hygiène acceptables, la Chambre de commerce instaurera dès le mois de février 1899 l'obligation d'une douche hebdomadaire. Ces installations, après avoir été utilisées pendant une quarantaine d'années, serviront de salles d'archives à partir des années 1970 avant d'être entièrement détruites dans les années 1990. L'ancienne salle des bains-douches accueille aujourd'hui le service Apprentissage de l'école.

[180] Avec l'Institut supérieur du commerce d'Anvers et HEC à Paris. Harvey P. (1994), *Histoire de l'École des hautes études commerciales de Montréal*, tome 1, Presses HEC.

Les élèves de l'école en 1900.

Commentaire : l'année 1900 marque l'apogée de l'école pour le dix-neuvième siècle. L'établissement a été présenté à l'Exposition universelle de Paris dans un pavillon sur le Champs-de-Mars. À la rentrée d'octobre 1900, l'école accueille 278 élèves, un seuil qu'elle n'avait encore jamais atteint par le passé. 36 professeurs – un chiffre également record pour l'époque – enseignent dans les locaux inaugurés deux ans auparavant. L'affluence est telle que la Chambre de commerce doit acquérir, en novembre, deux terrains contigus sur le prolongement de la rue des Bluets pour agrandir le « palais de 1898 », selon les termes de l'époque. Seule ombre au tableau : même si l'école est reconnue par l'État depuis 1890, elle n'est toujours pas reconnue comme un établissement d'enseignement supérieur, à l'instar d'ailleurs de toutes les écoles de commerce françaises – HEC compris. Cette situation n'empêche cependant pas les élèves de s'autoproclamer, avec la complicité de l'administration, « étudiants » et d'adopter certaines des traditions étudiantes, aujourd'hui tombées en désuétude, comme le monôme (la déambulation des élèves dans la rue pour célébrer en chanson la fin des examens), ou même interdites comme le bizutage. Détail savoureux : sur ce cliché, une douzaine d'élèves arborent la toute dernière tradition estudiantine à la mode : la « faluche ». Cette coiffe traditionnelle des étudiants est un béret de velours noir, orné de rubans de couleurs et d'insignes. La faluche a été rapportée de l'Université de Bologne en 1888 par les étudiants français qui avaient constaté que leurs homologues étrangers avaient construit tout un folklore spécifique au milieu étudiant. À ESCP, le port de la faluche se généralisera jusqu'à la Première Guerre mondiale avant de disparaître progressivement dans les années 1950.

Chapitre 4

Un positionnement inédit : deux cycles de formation pour l'École supérieure de commerce de Paris (1905-1947)

L'embellie qui accompagne l'essor de l'école – comme celui des autres écoles de commerce reconnues par l'État après 1890 – est cependant éphémère. La remise en cause de la loi Freycinet de 1889 provoque une crise de recrutement sévère pour l'école (1.). Pour éviter que celle-ci ne ferme définitivement ses portes, la Chambre nomme à sa tête un nouveau directeur chargé d'implémenter une stratégie inédite (2.). Cette dernière consiste à transformer l'école en établissement de formation doté de deux cycles de formation : l'un de niveau secondaire et l'autre dit « supérieur ». Cette stratégie permet à l'école d'élargir sa cible d'élèves et donc de lui assurer un niveau d'activité suffisant pour repousser le spectre d'une fermeture définitive (3.). Après une quinzaine d'années de succès indéniable, cette stratégie quantitative permet à la direction de l'école de se montrer plus sélective pour rehausser le niveau moyen de ses élèves (4.). Si cette politique est un succès sur le plan commercial, elle offre cependant l'inconvénient de brouiller dans l'esprit du grand public le niveau d'enseignement réel de l'établissement : pour beaucoup, ce dernier n'est plus du même niveau que les autres écoles supérieures de commerce reconnues par l'État (5.). Enfin, cette période voit l'école dans la tourmente à deux reprises lors des deux guerres mondiales (6.).

1. La crise de 1905 : la nouvelle loi militaire, une menace pour l'école

La remise en cause de la loi Freycinet de 1889, dont les députés discutent au début des années 1900, provoque un désengagement très net des candidats à l'entrée des écoles supérieures de commerce reconnues par l'État. Tous craignent de s'engager dans une école dont le diplôme pourrait ne plus leur accorder le bénéfice du service militaire abrégé. L'abolition de la loi mettrait, en effet, les élèves de ces écoles dans l'obligation d'effectuer leur service militaire pendant trois ans au lieu d'une seule année.

Cette situation révèle que l'engouement qui avait présidé à la création, puis au développement, des nouvelles écoles de commerce, était moins motivé par l'intérêt que les jeunes gens portaient aux formations au haut enseignement commercial et à ses débouchés que par leur volonté de réduire de deux ans leur obligation de service militaire[181]. L'incertitude est de courte durée. L'État, dans un contexte géopolitique tendu et annonciateur de la Première Guerre mondiale, supprime les dispositions de la loi Freycinet par la loi Berteaux du 21 mars 1905.

L'essor des écoles de commerce reconnues par l'État est brisé net. Les candidatures et le nombre d'élèves dans les établissements diminuent rapidement, au point que plusieurs écoles sont contraintes de diminuer leurs frais de scolarité[182]. L'école HEC n'échappe pas à cette situation. En conséquence, elle est contrainte de diminuer ses frais de scolarité et de supprimer aussi son cycle préparatoire, faute d'effectifs. Les écoles tentent de négocier quelques aménagements avec le ministre du Commerce pour endiguer les conséquences de la crise qu'elles traversent. Pour revaloriser leur attractivité, elles proposent de créer un diplôme délivrable dès la fin de la première année d'études : le « baccalauréat commercial » ainsi qu'un diplôme de « licence commerciale » à la fin de la deuxième année. Si le ministère du Commerce n'est pas hostile à ces mesures, l'opposition de la Chambre de commerce de Paris – qui veille à protéger la suprématie de HEC – fait échouer ce projet[183].

En contrepartie de la suppression des dispenses militaires partielles, l'État assouplit cependant les conditions d'admission dans les écoles – le concours d'entrée est rendu facultatif et l'âge minimum d'admission est rabaissé de 17 ans à 15 ans – et leur accorde une subvention annuelle de 50 000 francs. Toutefois, ces mesures ne suffisent pas à endiguer la crise de recrutement que traversent alors les écoles de commerce. L'une d'entre elles – l'École supérieure de commerce de Nancy – est même contrainte de fermer ses portes. Les autres écoles, elles, revoient à la baisse leurs conditions d'admission et accentuent le côté pratique de leur enseignement ; quitte à perdre en prestige académique.

Dans ce contexte, comment réagit l'École supérieure de commerce de Paris ? Le nombre d'élèves inscrits à l'école s'effondre. À l'image des autres écoles de commerce reconnues par l'État, le nombre d'élèves diminue progressivement au début des années 1900 jusqu'à atteindre un plancher critique lors de la rentrée d'octobre 1904 où le nombre d'élèves inscrits

---

[181] Blanchard M. (2015), *Les Écoles supérieures de commerce. Sociohistoire d'une entreprise éducative en France*, Paris, Classiques Garnier, p. 44.

[182] Fridenson P. & Paquy L. (2008), « Du haut enseignement commercial à l'enseignement supérieur de gestion (XIXe-XXe siècles) », in P. Le Normand (s.d.), *La Chambre de commerce et d'industrie de Paris 1803-2003. II. Études thématiques*, Paris, Droz, p. 208.

[183] Schieb P.-A. (1991), *L'École supérieure de commerce de Rouen, 1871-1991, essai historique*, Mont-Saint-Aignan, Sup de Co Rouen, p. 57.

s'élève à 90 seulement ; un niveau particulièrement bas que l'école n'avait pas connu depuis la rentrée de 1873, trente ans auparavant (voir tableau ci-dessous). Comme le remarque métaphoriquement, en 1904, l'un de ses anciens élèves, l'établissement « se trouve embarrassé pour offrir aujourd'hui le même repas dont on a supprimé le dessert »[184].

Année académique	Nombre d'élèves inscrits	% des pertes par rapport au budget global
1900-1901	278	4 %
1901-1902	261	2 %
1902-1903	182	15 %
1903-1904	157	32 %
1904-1905	90	41 %
1905-1906	217	80 %
1906-1907	360	21 %
1907-1908	455	18 %
1908-1909	490	11 %
1909-1910	503	12 %
1910-1911	530	12 %

Évolution du nombre d'élèves inscrits à l'école en début d'année scolaire entre 1900 et 1910.

L'effondrement des statistiques scolaires s'accompagne d'une augmentation croissante des pertes annuelles de l'établissement sur la période 1900-1905. En 1905, les pertes de l'école représentent 80 % de son budget, transformant l'établissement en « gouffre financier » pour la Chambre de commerce. Pour limiter les frais de fonctionnement de l'école, la Chambre obtient l'autorisation du ministre du Commerce pour que les élèves de première et de seconde année de l'école effectuent leur scolarité à HEC. Dans les locaux de l'avenue de la République, seuls demeurent alors les élèves de l'année préparatoire. En outre, sur l'insistance des directeurs d'écoles de commerce, une décision ministérielle de 1904 autorise les élèves de ces établissements entrant en première ou en deuxième année à effectuer immédiatement une année de service militaire pour profiter, pour la dernière fois, du privilège de la dispense que la nouvelle loi militaire fait disparaître.

En conséquence, un certain nombre d'élèves ont préféré reporter leur intégration à l'école pour la rentrée 1905, après avoir effectué leur service militaire d'une année. Le nombre nettement plus important d'élèves intégrant l'École supérieure de commerce de Paris en octobre 1905 (217) témoigne de cet effet d'aubaine.

[184] Dubois R. (1904), « L'enseignement commercial supérieur et la loi de deux ans. L'Université commerciale de Paris », in *Bulletin de l'Association amicale des anciens élèves de l'École supérieure de commerce de Paris*, janvier-février 1904, Paris. Archives de la Bibliothèque de ESCP, p. 25.

Dans tous les cas, la situation de l'école en 1904-1905 est désespérée. Le directeur de l'école depuis 1898, Victor Cantagrel, est accusé par son employeur de n'avoir pas assez travaillé pour assurer la promotion publicitaire de l'école. Selon Alfred Renouard, Victor Cantagrel était « devenu peu à peu indifférent aux affaires de notre École, absorbé dans l'exploitation d'un vignoble qui accaparait tous ses instants, et ne retrouvant pas le temps ni l'énergie nécessaires pour seconder les efforts de l'inspecteur des études en vue du maintien de la discipline »[185]. Trop préoccupé du sort de son vignoble de Frontignan attaqué par le phylloxéra, Victor Cantagrel est accusé de négligence par la Chambre. Cette dernière le met ainsi en retraite de manière anticipée le 31 décembre 1904.

L'avenir de l'école est sombre et nombreux sont les élèves et les anciens élèves qui pensent que l'établissement vit alors ses dernières heures. Comme l'avouera un an plus tard le président de l'Association des anciens élèves, M. Bossu, l'atmosphère de la dernière assemblée générale de l'association organisée à l'école en février 1905 était sinistre :

> « Cette Grande école [...] était une maison vide [...]. Dans cette immense ruche autrefois si active, le silence et le mystère régnaient et souvenez-vous combien [...] nous éprouvâmes de tristesse en ce logis glacé, à discuter la décision qui avait fermé cette école, à discuter les présages d'avenir. »[186]

Le secrétaire de l'association, M. Ponnelle, précise :

> « Notre chère école a failli disparaître ! Il y a un an [en janvier 1905] un souffle de mort avait passé sur elle et il me souvient que tous nous avions des visages consternés et des cœurs angoissés ; c'est à voix basse que nous nous entretenions du sort qui attendait la doyenne des écoles supérieures du commerce ; c'était l'inconnu. »[187]

2. Le redressement de l'école : Émile Paris, un « nouvel Adolphe Blanqui » ?

L'arrivée énergique d'un nouveau directeur, Émile Paris, permet de redresser l'établissement. Ce dernier est alors réputé pour être un fin connaisseur des écoles de commerce : il découvre ces établissements en 1888, à l'âge de 27 ans, en devenant censeur et professeur de physique à l'École supérieure de commerce de Lyon. C'est le poste qu'il occupe lorsqu'en 1893, la Chambre de commerce de Paris le recrute pour être le

[185] Renouard A. (1920), *Histoire de l'École supérieure de commerce de Paris (1820-1920)*, Paris, Au siège de l'Association des anciens élèves, p. 250.

[186] Association amicale des anciens élèves de l'École supérieure de commerce de Paris, *Bulletin de l'Association amicale des anciens élèves de l'École supérieure de commerce de Paris*, mars 1906, p. 276. Archives de la Bibliothèque nationale de France, 8-JO-4030.

[187] Association amicale des anciens élèves de l'École supérieure de commerce de Paris, *Bulletin de l'Association amicale des anciens élèves de l'École supérieure de commerce de Paris*, mars 1906, pp. 269-270. Archives de la Bibliothèque nationale de France, 8-JO4030.

sous-directeur de HEC ; poste qu'il occupe cinq années avant d'être nommé directeur d'une autre école consulaire, l'École commerciale de l'avenue Trudaine qu'il redynamise en peu d'années. Lors de son arrivée en 1898, cette dernière comptait 480 élèves et en 1905 – l'année de son départ –, elle en comptait 750. C'est le dynamisme de cet individu qui a amené la Chambre à le nommer à la tête de l'École supérieure de commerce de Paris dans les difficiles circonstances de 1904-1905.

Son mandat voit s'effectuer un repositionnement stratégique et une réorganisation de l'école. En concertation avec la Chambre de commerce de Paris, il propose une nouvelle stratégie de développement en deux temps. La première consiste à assurer à court terme la survie de l'établissement. Pour ce faire, la direction de l'école décide d'en élargir le périmètre d'activités, non plus vers les seules études commerciales dites « supérieures », mais aussi vers les études commerciales secondaires. Cette stratégie d'élargissement permet à l'école de recruter davantage d'élèves. Le second temps, qui n'est pas planifié en 1905 au moment des préconisations rédigées par Émile Paris, prévoit d'accroître la sélectivité du recrutement à l'école, une fois que sa survie ne sera plus menacée.

Le premier volet de la nouvelle stratégie se manifeste par la réorganisation en profondeur de l'école en établissement de formation de deux cycles. Un cycle secondaire est créé en 1905. Il comprend, à l'époque, trois années d'études (puis quatre à compter d'octobre 1943). Ce cycle est ouvert aux jeunes garçons de 12 ans après un examen d'entrée. Il délivre, à l'issue des trois années d'études, un brevet d'études commerciales élémentaires signé par le président de la Chambre de commerce de Paris. Ce diplôme est réservé aux seuls élèves qui ont réussi l'examen de sortie en obtenant une moyenne de 12/20. Un certificat d'études commerciales élémentaires, signé par le directeur de l'école uniquement, est délivré aux élèves qui n'ont pas obtenu 12/20 de moyenne à l'issue de l'examen de sortie, mais à condition qu'ils aient obtenu plus de 10/20. Les élèves qui n'obtiennent pas la moyenne de 10/20 à cet examen quittent l'établissement sans diplôme ni certificat.

Face à ce premier cycle, un autre cycle est inauguré. Il s'agit du cycle dit « supérieur » qui comprend deux années d'études. Il est ouvert aux élèves à partir de l'âge de 16 ans révolus au 30 septembre de l'année d'admission, et qui ont passé avec succès l'examen d'entrée, à moins qu'ils ne soient titulaires d'un diplôme les exonérant de passer cet examen[188]. Peuvent également intégrer le cycle supérieur les élèves diplômés du cycle secondaire de l'école. Les études y sont sanctionnées par le diplôme d'études

[188] Les diplômes exonérant d'examen d'entrée les candidats à l'admission au cycle supérieur de l'école sont les suivants : le baccalauréat complet de l'enseignement secondaire, le brevet d'études primaires supérieures, le certificat d'études pratiques commerciales, le brevet du premier cycle d'études commerciales délivré par l'école, ou le diplôme de sortie des écoles commerciales de Paris. Les diplômes étrangers peuvent conférer les mêmes avantages à condition que la Commission permanente du Conseil supérieur de l'enseignement technique reconnaisse leur équivalence avec les diplômes français sus-indiqués.

commerciales supérieures, signé par le ministre du Commerce puis, à partir de 1920, par le ministre de l'Instruction publique, pour les élèves qui obtiennent une moyenne de 13/20 à l'examen de sortie. Les élèves ayant obtenu moins de 13/20 à l'examen final, mais plus de 11/20, peuvent prétendre au certificat d'études commerciales supérieures.

Enfin, c'est également à la rentrée de 1905 qu'une section supérieure de navigation maritime est annexée à l'école avant d'être transformée en 1908 en « École supérieure de navigation maritime » pour assurer le recrutement des états-majors de la marine marchande. À ce titre, les élèves portent au collet l'ancre de marine[189]. Pour marquer cette importante réorganisation, l'appellation de l'école est modifiée : le titre d'« École supérieure de commerce » qu'elle portait depuis 1852 est remplacé par « École supérieure pratique de commerce et d'industrie de Paris »[190]. Elle est inaugurée le 21 décembre 1905 par le ministre du Commerce et par le ministre de la Marine.

Le succès commercial semble couronner cette nouvelle stratégie : alors que la rentrée scolaire de 1904 avait accueilli 90 élèves, la rentrée de 1905 en accueille 217, chiffre qui croît jusqu'à 530 pour la rentrée de 1910 ; année qui suit le départ d'Émile Paris pour d'autres fonctions[191].

La cour de l'école en 1911-1912.

[189] *Bulletin de l'Association amicale des anciens élèves de l'École supérieure de commerce de Paris*, novembre-décembre 1905 – janvier 1906, Paris, 1906, p. 2. Archives de la Bibliothèque nationale de France, 8-JO-4030.

[190] Voir annexe 3 du présent ouvrage.

[191] Il quitte ses fonctions de directeur de l'école le 31 décembre 1909, ayant été appelé par le ministre du Commerce aux fonctions d'Inspecteur général de l'enseignement technique. Parallèlement à ses nouvelles fonctions, Émile Paris est membre du comité de direction de la *Revue de l'Enseignement technique* entre 1910 et 1913. Il décède en 1929 à l'âge de 68 ans.

Commentaire : suite à la réorganisation de l'école en deux cycles de formation complémentaires, la cour de récréation a été séparée en deux cours distinctes : l'une pour les élèves du cycle secondaire, l'autre pour les élèves du cycle dit « supérieur ». L'édicule au centre est, suivant les termes poétiques de l'époque, un « chalet de nécessité ». Il sera démonté en 1947 suite à une pétition des élèves qui déploraient le faible niveau d'entretien et d'hygiène de cette vespasienne d'un autre âge. À l'arrière-plan se distingue la silhouette du modeste gymnase qui avait été délibérément construit sur deux niveaux seulement pour maximiser l'ensoleillement de la cour ainsi que son aération. Les contraintes foncières de l'école conduiront à sa démolition en 1970 et à son remplacement, en 1971, par une tour de sept étages en béton.

3. L'ACCROISSEMENT QUANTITATIF DE LA POPULATION D'ÉLÈVES (1905-1926)

La réorganisation de l'école en deux cycles poursuit un objectif de croissance des effectifs scolaires. De 1905 jusqu'à l'instauration du concours d'entrée en 1926, l'école poursuit cette stratégie en augmentant de manière considérable les effectifs de ses élèves.

Pour y parvenir, la direction de l'école diminue, d'abord, les frais de scolarité qui, depuis le début du dix-neuvième siècle, n'avaient cessé d'augmenter. Les diminutions sont drastiques : entre 30 % et 55 % de réductions tarifaires sont appliquées en 1905 sur les frais d'inscription de l'établissement. Ainsi, le prix de la pension passe de 2 000 francs annuels en 1901 à 1 400 francs en 1905, le prix de la demi-pension, sur la même période, passe de 1 200 francs à 700 francs et le prix de l'externat passe de 900 à 400 francs[192].

Avec la réorganisation de l'école et la diminution des frais de scolarité, la baisse des effectifs scolaires est rapidement endiguée puis renversée. C'est en particulier le nouveau cycle secondaire d'études commerciales qui remporte le plus de succès, comme l'indique l'évolution des effectifs. Entre 1905 et 1938 – dernière date pour laquelle nous soyons parvenus à reconstituer les statistiques pour le cycle secondaire –, les élèves du cycle secondaire représentent au minimum les deux tiers, voire plus des trois quarts des effectifs totaux de l'école (voir le tableau ci-dessous).

Année de rentrée scolaire	**Nombre total d'élèves**	**Élèves du cycle secondaire**		**Élèves du cycle supérieur**	
		Valeur absolue	%	Valeur absolue	%
1905	217	156	72 %	61	28 %
1914	357	239	67 %	118	33 %
1920	694	447	64 %	247	36 %
1925	785	493	63 %	292	37 %

192 « Procès-verbal de la commission administrative de l'École supérieure de commerce de Paris ; année 1905 ». Archives de ESCP.

1930	742	484	65 %	258	35 %
1935	523	417	80 %	106	20 %
1936	515	415	81 %	100	19 %
1937	524	377	72 %	147	28 %
1938	568	357	63 %	211	37 %

Évolution et répartition des effectifs scolaires de l'école entre 1905 et 1938.

L'augmentation croissante de la population scolaire contraint même la direction à ouvrir progressivement de nouvelles classes. Le nombre moyen d'élèves par classe augmente régulièrement pour atteindre et dépasser 40 élèves par classe. La direction décide donc de créer de nouvelles classes à chaque fois que les effectifs d'une classe dépassent 45 élèves. De ce fait, le nombre de classes a plus que doublé en l'espace de vingt ans, entre 1905 et 1925 (voir le tableau ci-dessous).

Année de rentrée/ nombre de classes	**1905**	**1906**	**1908**	**1913**	**1920**	**1921**	**1925**
En 1re année du cycle secondaire	2	3	4	4	4	4	4
En 2e année du cycle secondaire	1	2	3	3	4	4	4
En 3e année du cycle secondaire	2	3	3	3	3	4	4
En 1re année du cycle supérieur	1	1	2	3	3	3	4
En 2e année du cycle supérieur	1	1	1	1	1	1	1
Nombre total de classes	**7**	**10**	**13**	**14**	**15**	**16**	**17**

Évolution du nombre de classes ouvertes à l'école entre 1905 et 1925.

Il est symptomatique de noter que seule la dernière année du cursus – la deuxième année du cycle dit « supérieur » – a toujours été dispensée au travers d'une classe unique. Cette situation est révélatrice de la volonté de la direction d'augmenter, certes, les effectifs scolaires pour les quatre premières années d'études, mais de garantir l'accès à la dernière année – et donc au diplôme du cycle supérieur – aux seuls meilleurs élèves.

Comment attirer les élèves dans la nouvelle école ? La direction de l'école a, très tôt, mis en avant que l'objectif du cycle d'étude secondaire était de préparer les élèves au cycle supérieur proposé par l'établissement ou par les écoles supérieures de commerce en province. En cas d'échec de l'élève pour intégrer le cycle supérieur, des voies de sortie valorisées lui sont ménagées : il peut sortir de l'école avec un diplôme de niveau secondaire, disposant de la marque « École supérieure pratique de commerce et d'industrie de Paris » – le brevet d'études commerciales signé par le président de la Chambre de commerce de Paris – ou, en cas d'insuccès à l'examen, un certificat d'études commerciales. De même, la possibilité de profiter des services professionnels de l'Association des anciens élèves de l'école, quel que soit le cycle de formation de l'élève, a constitué l'un des éléments d'attrait de la nouvelle école.

Ensuite, pour attirer davantage d'élèves dans le cycle supérieur, l'école a créé progressivement une série de sections de spécialisation – maritime, coloniale, hôtelière, de représentation commerciale, d'exportation, du commerce colonial et international, de préparation au concours de l'École normale supérieure de l'enseignement technique – susceptibles d'attirer à elle des publics aux attentes plus ciblées que celles des élèves qui fréquentaient l'école jusqu'alors. Ces sections de spécialisation, d'une durée d'une à deux années, concernent exclusivement le cycle supérieur de l'école et sont d'autant plus importantes pour le recrutement de l'école qu'à l'époque, les cours de spécialisation n'existent pas dans toutes les écoles supérieures de commerce (voir le tableau ci-dessous)[193].

[193] L'histoire des sections de spécialisation ouvertes au sein des écoles de commerce avant la Première Guerre mondiale est encore peu connue. En France, il semble que la première école à s'être dotée de telles sections soit l'École supérieure de commerce de Lyon. Ouverte en 1872, cette dernière a créé dès 1876 une section de tissage. Ensuite, à Paris, HEC a disposé de sa première section de spécialisation dès 1894 avec la section normale dont la mission était de former les futurs professeurs de l'enseignement technique. Dans les années 1900, d'autres sections y seront créées à savoir une section bancaire, une section coloniale et une section consulaire. À l'École supérieure de commerce de Nantes, de même, une section coloniale a été créée en 1902. L'École supérieure de commerce de Bordeaux a créé quatre sections en 1907 : une pour les métiers bancaires, une pour les fonctions coloniales, une pour les métiers liés à la mécanique et une dernière pour les métiers dans les transports publics. L'ESSEC, enfin, a créé également une section coloniale en 1932 mais l'a fermée dès 1933. Ces sections de spécialisation n'étaient en rien une spécificité des écoles françaises : les écoles de commerce en Europe en avaient aussi ouvertes. En Italie, l'École supérieure de commerce de Venise avait ouvert une section normale dès 1868, puis une section consulaire en 1873. En Belgique, l'Institut supérieur du commerce d'Anvers avait une section consulaire créée en 1896, une section coloniale ouverte en 1901, et une section maritime ouverte en 1905.

Sections de spécialisation	Caractéristiques	Année d'ouverture	Année de fermeture
Section maritime	But : préparer les élèves au certificat d'aptitude (examen de théorie) pour le brevet supérieur de capitaine au long cours. Durée : deux années du cycle supérieur.	1905	1913
Section coloniale	But : former les élèves pour intégrer les grandes compagnies commerciales, les comptoirs et les agences maritimes des colonies ; préparer les candidats désirant être admis à l'École coloniale en vue des fonctions administratives et judiciaires. Durée : dernière année du cycle supérieur.	1913	1932
Section hôtelière	But : préparer une élite de directeurs d'hôtels pour « remplacer les étrangers encore trop nombreux en France ». Durée : deux années du cycle supérieur (première année théorique, et deuxième année de stage pratique dans les grands hôtels de Paris).	1916	1935
Section de représentation commerciale	But : former des voyageurs et représentants de commerce qualifiés et possédant les aptitudes spéciales « pour présenter, vendre et écouler les produits de notre industrie, de notre commerce et de notre sol dans l'intérieur du pays et surtout sur les marchés extérieurs ». Durée : dernière année du cycle supérieur.	1917	1919
Section d'exportation, du commerce colonial et international	But : orienter la culture commerciale générale acquise antérieurement par les élèves vers le commerce international et colonial. Durée : dernière année du cycle supérieur.	1942	Avant 1947 ?
Section préparatoire au concours d'admission de l'École normale supérieure de l'enseignement technique.	But : préparer les élèves au concours d'admission à l'École normale supérieure de l'enseignement technique qui forme les futurs enseignants des écoles pratiques de commerce et d'industrie et des écoles nationales professionnelles. Durée : une année après la dernière année du cycle supérieur.	1942	Après 1947

Liste des sections de spécialisation ouvertes à l'école entre 1905 et 1942.

Élèves de la troisième promotion de la section maritime à l'école en 1907-1908.

Commentaire : la section maritime est la première section de spécialisation ouverte à l'école. En 1905, il s'agissait d'un domaine de spécialisation inédit pour une école de commerce en France. L'école parisienne est d'ailleurs la seule, à l'époque, à l'avoir proposée. Il s'agissait de former pour les compagnies de navigation françaises une élite d'officiers de la marine marchande capables d'exercer, plus tard, le commandement des principaux paquebots pour lesquels les officiers de la marine de guerre étaient mobilisés jusqu'alors. Forte de son succès, cette section fut élevée en 1908 à la dignité d'« École supérieure de navigation », annexée à l'école de commerce. Toutefois, cette situation devait faire des envieux, notamment au sein des écoles d'hydrographie des villes du littoral, à qui l'école parisienne avait enlevé leurs meilleurs élèves. Autre grief reproché à cette section : son coût trop élevé pour le gouvernement qui versait une bourse à la quasi-totalité des élèves. Après avoir fonctionné pendant huit années et formé environ 150 élèves, la section maritime fut donc fermée en juin 1913, par décision du ministre de la Marine, mais une institution analogue fut ouverte dès 1913 dans la ville du Havre.

Il est à noter que, à l'exception de la section de représentation commerciale dont l'existence fut brève – deux années, en raison du faible nombre d'élèves inscrits à cette option (10 élèves formés cumulés entre 1917 et 1919) –, toutes les sections de spécialisation ont connu une durée de vie plutôt longue. Les sections coloniale et hôtelière, en particulier, ont formé dix-neuf promotions d'élèves avant de fermer leurs portes dans les années 1930.

Pour attirer davantage d'élèves, la direction de l'école a cherché à mieux garantir et à mieux diversifier les débouchés professionnels offerts aux diplômés de l'école. De 1905 à 1947, la direction de l'école, avec le concours de l'Association des anciens élèves, se fait fort d'assurer à ses diplômés du cycle secondaire et du cycle supérieur une place à l'issue de leur cursus. Cette politique de placement est ouvertement mise en avant dans les supports de présentation comme une garantie que l'école offre à tous ses élèves et à leurs familles. Comme le souligne le directeur d'alors : « Tous les élèves qui ont obtenu soit le brevet d'études commerciales secondaires, soit le diplôme d'études supérieures et qui ont donné toute satisfaction par leur conduite et leur travail sont placés à leur sortie de l'école. La direction considère comme un devoir de leur faciliter les débuts dans la vie pratique et de les suivre constamment au cours de leurs carrières. »[194]

Quelle est la réalité de ces garanties d'emplois à l'issue de la formation ? S'agit-il uniquement d'un argument promotionnel mis en avant par la direction de l'école pour attirer à elle les candidatures ? La persistance de ces affirmations à travers les décennies, de même que le nombre croissant d'élèves jusqu'à la fin des années 1920, nous laissent supposer que ces allégations n'étaient pas infondées au moment de leur énonciation. Les comptes rendus annuels de l'administration de l'école nous permettent de savoir que la promesse d'un placement intégral des diplômés était tenue sur la période. En 1932, le directeur de l'école se réjouit ainsi de voir que tous les diplômés des promotions sortantes ont trouvé un poste, en dépit de la crise économique :

> « La crise économique a suscité au placement des difficultés particulières, mais grâce au zèle du président de l'Association des anciens élèves, à l'activité de son secrétaire-administratif et à la collaboration de la direction de l'école, tous les élèves de la promotion 1932 ont trouvé une situation, et beaucoup des anciens élèves qui avaient perdu la leur, pour des raisons indépendantes d'eux, ont pu en retrouver une autre, grâce à la solidarité de leurs camarades plus favorisés. »[195]

La politique de placement poursuivie par l'école est telle qu'en 1935-1936, le directeur peut même affirmer que « cette année, […] avant même la fin des études, le placement de tous les élèves de la promotion sortante (5e et 3e années) était assuré »[196]. Ainsi en 1939, sur les 118 offres d'emplois reçues par la direction de l'école et par l'Association des anciens, tous les élèves des promotions sortantes en ont accepté 82, laissant ainsi insatisfaits des besoins de recrutement des entreprises[197].

À côté de l'accompagnement effectif que la direction de l'école a mis en place pour permettre à ses diplômés de trouver un emploi à l'issue de leur formation, la direction a également obtenu du gouvernement en l'espace de quelques années – de 1905 à 1912 – plusieurs accords permettant d'élargir

---

[194] École supérieure pratique de commerce et d'industrie, *Conditions d'admission et plan d'études*, Paris, 1919, 1920, p. 20 ; 1921, p. 19 ; 1922, p. 19 ; 1923, p. 19 ; 1924, p. 19. Archives de ESCP.

[195] École supérieure de commerce de Paris, *Rapport annuel sur la vie de l'École au cours de l'année scolaire 1932-1933*, p. 20. Archives de ESCP.

[196] École supérieure de commerce de Paris, *Rapport annuel sur la vie de l'École au cours de l'année scolaire 1935-1936*, p. 20. Archives de ESCP.

[197] École supérieure de commerce de Paris, « Rapport annuel de l'École supérieure de commerce de Paris – Année 1936 ». École supérieure de commerce de Paris, « Rapport annuel de l'École supérieure de commerce de Paris – Année 1937 ». École supérieure de commerce de Paris, « Rapport annuel de l'École supérieure de commerce de Paris – Année 1938 ». École supérieure de commerce de Paris, « Rapport annuel de l'École supérieure de commerce de Paris – Année 1939 ». Archives de ESCP.

les principales carrières publiques ouvertes aux élèves à leur sortie de l'école (voir le tableau ci-dessous).

Types de carrières ouvertes aux diplômés de l'école	Détail des postes ouverts suite à un accord gouvernemental	Date et source de l'accord
Carrières administratives	Rédacteurs de l'administration centrale du ministère du Commerce et de l'Industrie	Arrêté du 17 janvier 1907
	Rédacteurs de l'administration centrale du ministère du Travail	Arrêté du 11 avril 1908
	Administrateurs coloniaux auprès du ministère des Colonies	Décret du 10 décembre 1905
	Rédacteurs de l'administration centrale du ministère de l'Instruction publique	Décret du 31 août 1908
	Rédacteurs de l'administration centrale du ministère de la Guerre	Décret du 1er février 1909
	Rédacteurs de l'administration centrale du ministère de l'Intérieur	Décret du 23 février 1907 et arrêté du 2 février 1910
	Rédacteurs-rapporteurs des chemins de fer de l'État	Ordre général n° 556 du 4 septembre 1912
	Autorisation à concourir pour l'emploi d'élève-commissaire du ministère de la Marine	Arrêté ministériel du 25 mai 1910
Carrières consulaires	Autorisation à concourir pour l'emploi d'élève-consul	Décret du 17 janvier 1907
	Autorisation à concourir pour l'emploi d'attaché d'ambassade	Décret du 17 janvier 1907
	Autorisation à concourir pour l'emploi d'élève-vice-consul	Décret du 24 mai 1908
Carrières professorales	Autorisation à se présenter pour l'examen du Certificat d'aptitude à l'enseignement de la comptabilité	Décret du 29 juillet 1905

Liste des carrières publiques ouvertes aux diplômés de l'école entre 1905 et 1912.

Parallèlement à ces mesures destinées à renforcer l'employabilité des diplômés de l'école, l'administration met en place, à compter de la rentrée d'octobre 1925, un dispositif de formation particulier à destination des élèves bacheliers pour leur permettre de préparer à l'école leurs examens de licence en droit. Dans la mesure où ils ne peuvent suivre les cours de la faculté de droit, des préparateurs spéciaux sont donc mis à leur disposition par la direction de l'école[198].

Enfin, pour attirer à l'école davantage de candidats, la direction déploie au début des années 1920 deux initiatives pédagogiques qui la distinguent

[198] École supérieure pratique de commerce et d'industrie, *Conditions d'admission et plan d'études*, Paris, 1925, p. 21. Archives de ESCP.

favorablement des autres écoles. Elle réinstaure au printemps 1920 les voyages internationaux d'études qui avaient été interrompus par la guerre. Conséquence du développement des transports, ces voyages à l'étranger se déroulent plus loin qu'auparavant. Avant 1920, seule la Belgique était visitée par les élèves en dehors de France. Après cette date, les pays de l'Afrique du Nord sont régulièrement visités, et notamment les pays de l'Empire colonial, comme la Tunisie en 1931 et en 1932, puis le Maroc en 1932 et l'Algérie chaque année de 1932 à 1939 inclusivement[199]. L'existence, à cette époque, d'une section coloniale à l'école (1913-1932) renforce la pertinence de tels voyages pour les élèves qui se destinent à entrer dans les grandes compagnies commerciales, dans les comptoirs et les agences maritimes des colonies.

Ensuite, la direction de l'école lance au début des années 1920 une innovation pédagogique alors pratiquement inédite dans le domaine de l'enseignement commercial. En octobre 1922, elle crée en ses murs une cinémathèque chargée de concevoir et d'entreposer des films pédagogiques destinés à être projetés aux élèves pendant les cours, en particulier pour les cours de géographie, de technologie et pendant les conférences coloniales[200]. Cette cinémathèque est installée dans la bibliothèque de l'école avec le concours financier de l'État, des élèves, mais aussi celui des autres écoles supérieures de commerce françaises[201]. Entre 1926 et 1930, pas moins de quatorze films sont ainsi créés, sur l'industrie du lait ou les conserves alimentaires, par exemple[202]. Cette cinémathèque, qui fonctionnera en continu jusqu'en 1955, fait de l'école la première école de commerce en Europe à avoir mis en place la production, l'utilisation et la diffusion de films à des fins pédagogiques[203].

4. Le réhaussement qualitatif du niveau de formation des élèves recrutés (1926-1947)

À compter de 1926, les effectifs scolaires semblent suffisamment stables et importants pour éloigner le spectre d'une fermeture de l'établissement faute d'effectifs à former ; spectre qui avait lourdement pesé en 1905.

De ce fait, la direction de l'école lance le deuxième volet de la stratégie envisagée par Émile Paris au début des années 1900 : après une

[199] École supérieure pratique de commerce et d'industrie, *Conditions d'admission et plan d'études*, Paris ; années 1905 à 1938. Archives de ESCP.

[200] École supérieure pratique de commerce et d'industrie de Paris, *Rapport annuel sur la vie de l'École au cours de l'année scolaire 1924-1925*, p. 16. Archives de ESCP.

[201] École supérieure de commerce de Paris, *Rapport annuel sur la vie de l'École au cours de l'année scolaire 1928-1929*, p. 15. Archives de ESCP.

[202] École supérieure de commerce de Paris, *Rapport annuel sur la vie de l'École au cours de l'année scolaire 1930-1931*, p. 17. Archives de ESCP.

[203] En Amérique du Nord, il semble que la première école de commerce à utiliser les films à des fins pédagogiques soit HEC Montréal, qui aurait mis cette pratique en œuvre dès 1910.

augmentation des effectifs scolaires, elle procède à une amélioration du recrutement des élèves. En 1923, le directeur de l'époque, Paul Wiriath, constate, face à la croissance des effectifs scolaires :

> « La quantité étant acquise, sinon dépassée, c'est la qualité qui doit être de plus en plus recherchée. La meilleure école n'est pas celle qui est la plus remplie ni celle où l'on apprend le plus de choses, mais celle où les connaissances se transforment en actes et créent par là des valeurs. Deux moyens sont employés pour assurer cette sélection désirable ; d'une part, les examens d'admission, de passage et de sortie sont rendus plus difficiles et leurs sanctions appliquées fermement ; d'autre part, en cours d'année, nous exigeons plus de discipline consciente et de labeur persévérant. »[204]

De ce fait, les conditions d'accès au cycle supérieur sont durcies. Depuis 1905, les candidats au cycle supérieur de l'école doivent être âgés de 16 ans au moins au 1er octobre de l'année du concours. À compter de 1936, cet âge minimal est repoussé à 17 ans au 1er octobre de l'année d'admission. Ce faisant, l'école est pionnière en devançant d'une année le décret du 19 mai 1937 qui contraint toutes les écoles supérieures de commerce à ne recruter que des jeunes gens âgés de 17 ans au 31 décembre de l'année du concours. À ces conditions d'état civil, s'ajoutent des conditions scolaires. En octobre 1923, le nombre des épreuves de l'examen d'entrée en première année du cycle supérieur est augmenté. Comme l'espère alors le directeur, « le coefficient immoral du hasard s'en trouvera diminué et le niveau des connaissances exigées s'élèvera sensiblement »[205]. Dans la même logique, en juillet 1924, l'école durcit ses conditions de passage en dernière année : la moyenne de 12/20, au lieu de 11/20, est désormais exigée pour passer en dernière année. Des épreuves écrites, au lieu d'épreuves orales, sont introduites dans l'examen de passage en dernière année. De même, la moyenne de 12/20, au lieu de 11/20, est désormais nécessaire pour obtenir le Certificat supérieur d'études commerciales.

De ce fait, le nombre d'élèves dans le cycle supérieur diminue de manière délibérée : en 1925, 292 élèves suivent les cours du cycle supérieur contre 100 en 1936. Comme le justifie alors le directeur de l'école, cette diminution des effectifs dans le cycle supérieur « s'explique par le légitime souci des jurys de n'admettre en 5e, 4e années [...] que des élèves susceptibles de profiter réellement de l'enseignement supérieur et de maintenir aux diplômes de l'école leur valeur traditionnelle »[206].

Ensuite, c'est en mars 1926, quatre ans après HEC[207], que la direction de l'école prend la décision de recruter les élèves du cycle supérieur

---

[204] École supérieure pratique de commerce et d'industrie, *Conditions d'admission et plan d'études*, Paris, 1925, p. 13-14. Archives de ESCP.

[205] École supérieure pratique de commerce et d'industrie, *Rapport annuel – Année 1923-1924*, Paris, 1923, p. 13. Archives de ESCP.

[206] École supérieure de commerce de Paris, *Rapport annuel – Année 1932-1933*, Paris, 1933, p. 14. Archives de ESCP.

[207] La première instauration du concours d'entrée à HEC date de l'automne 1890, comme pour l'École supérieure de commerce de Paris. Cette instauration fait suite à la reconnaissance

uniquement par concours. L'instauration du concours d'entrée est effective en octobre 1926 pour la section normale et la section coloniale du cycle supérieur, puis en octobre 1928 pour la section hôtelière. En 1929, l'école crée une classe préparatoire pour préparer, en une année académique, au concours d'admission dans le cycle supérieur.

La création de ce concours marque une rupture claire dans l'histoire de l'école qui, depuis sa fondation – en dehors de la période 1890-1905 –, avait toujours admis ses élèves par examens, sur épreuves orales et/ou écrites, à moins de les exonérer quand ils possédaient certains diplômes français, comme le baccalauréat, ou certains diplômes étrangers, tels que, dans les pays germaniques, les certificats délivrés par les « *Realschulen* » ou par les « *Gymnasium* ». Pourquoi cette évolution stratégique ? Comme le souligne le directeur de l'école de l'époque, Paul Wiriath, l'instauration du concours d'entrée « était désirable pour deux raisons : l'une, d'ordre matériel, à savoir l'insuffisance de place ; l'autre, très importante, était d'assurer un recrutement de qualité toujours supérieure »[208].

À compter de 1926, l'examen d'entrée est donc remplacé par un concours et les exonérations accordées jusque-là aux titulaires de certains diplômes sont abolies. La finalité poursuivie par l'instauration du concours d'entrée est clairement d'accroître la sélectivité de l'établissement. Cette décision intervient au moment où, face à l'afflux des candidatures pour l'admission au cycle supérieur de l'école, la direction est certaine de pouvoir opérer une sélection qui lui permettra d'accroître le niveau de ses diplômés. Comme le souligne ainsi la direction de l'école en 1926 : « La Chambre de commerce de Paris, désireuse d'élever sans cesse le niveau des études de l'École supérieure de commerce [a décidé que] vu l'afflux de candidats munis de diplômes de valeur inégale, l'admission à l'École a[urait] lieu uniquement par voie de concours. »[209]

Toutefois, afin de ne pas détourner les candidats de valeur pouvant être rebutés à l'idée de se soumettre à un concours d'entrée, l'école accorde dans un premier temps une majoration de points aux bacheliers complets et aux licenciés en droit. De 1926 à 1936, les épreuves écrites du concours ne sont pas éliminatoires : un candidat peut ne pas obtenir la moyenne aux épreuves écrites mais, s'il réussit les épreuves orales, intégrer l'école. Cette tolérance est abolie au concours d'octobre 1937 où, pour la première fois, les épreuves écrites deviennent éliminatoires. De fait, le niveau de recrutement des élèves à l'entrée du cycle supérieur s'élève considérablement sur la période, comme le montre le tableau ci-dessous. Entre 1917 et 1938, la proportion de

---

de ces écoles de commerce par l'État en juillet 1890. Toutefois, en raison de la révision de la loi Freycinet en mars 1905, le concours d'entrée dans ces deux écoles est supprimé. Il est réinstauré pour HEC en 1913, mais est aboli dès 1914 du fait de la guerre. Il est définitivement instauré à HEC en 1922.

[208] École supérieure pratique de commerce et d'industrie, *Rapport annuel – Année 1926-1927*, Paris, 1927, p. 12. Archives de ESCP.

[209] École supérieure pratique de commerce et d'industrie, *Conditions d'admission et plan d'études*, Paris, 1926, p. 11. Archives de ESCP.

bacheliers intégrant le cycle supérieur de l'école a pratiquement triplé en valeur et en pourcentage, en passant d'environ 8 % de la promotion entrante (soit 7 élèves) à près de 26 % (soit 21 élèves). Si un tel taux est absolument inédit à l'époque dans l'histoire de l'école et dans les écoles de commerce de province, il reste cependant très inférieur à celui de l'école HEC où, dans les années 1930, le taux de bacheliers avoisine déjà les 90 %.

Année de rentrée scolaire	Nombre de bacheliers/nombre total d'élèves intégrant le cycle supérieur (en valeur absolue)	Proportion de bacheliers par rapport au total des élèves intégrant le cycle supérieur
1917	7 bacheliers sur 86 nouveaux élèves	8,1 %
1923	19 bacheliers sur 115 nouveaux élèves	16,5 %
1924	23 bacheliers sur 132 nouveaux élèves	17,4 %
1928	24 bacheliers sur 122 nouveaux élèves	19,7 %
1932	21 bacheliers sur 117 nouveaux élèves	17,9 %
1933	18 bacheliers sur 92 nouveaux élèves	19,5 %
1934	12 bacheliers sur 72 nouveaux élèves	16,6 %
1937	14 bacheliers sur 60 nouveaux élèves	23,3 %
1938	21 bacheliers sur 81 nouveaux élèves	25,9 %

Évolution du nombre et du pourcentage d'élèves bacheliers intégrant le cycle supérieur de l'école entre 1917 et 1938.

L'instauration du concours s'accompagne également d'une restriction délibérée des effectifs scolaires dans le cycle supérieur dès la fin des années 1920. Comme le souligne le directeur, cette diminution « est due à la sévérité croissante apportée dans le concours d'admission et dans les examens de passage. Le diplôme supérieur de l'école ne doit être la récompense que d'un travail personnel persévérant et d'un bagage solide. »[210]

5. Une stratégie contrastée dans ses résultats : une école consolidée mais au positionnement confus pour les parties prenantes

Entre 1905 et 1947, l'école passe d'une stratégie de survie – assurer un nombre minimal d'inscriptions d'élèves pour garantir son ouverture – à une stratégie de développement centrée sur la qualité par le renforcement de la sélection des élèves à toutes les étapes du cursus scolaire – admission, passage en année supérieure et remise du diplôme de fin d'études. L'objectif de l'administration est d'attirer les meilleurs élèves pour avoir de meilleurs diplômés aptes à jouer les ambassadeurs de l'école auprès des recruteurs.

[210] École supérieure pratique de commerce et d'industrie, *Rapport annuel – Année 1927-1928*, Paris, 1928, p. 12. Archives de ESCP.

L'inconvénient de cette stratégie est que la modification de l'organisation scolaire, couplée au changement de dénomination sociale, ne permet pas à l'école régénérée de capitaliser sur l'image de marque que l'École supérieure de commerce de Paris avait construite au cours du siècle précédent. En outre, l'association des deux cycles de formation – secondaire et supérieur – est unique pour l'époque, au point qu'elle désoriente les élèves et leurs parents, mais également certains recruteurs[211]. Ces derniers, ne lui reconnaissant pas les caractéristiques habituelles des écoles supérieures de commerce, la considèrent ainsi à tort comme une école de commerce secondaire[212] ; ce qu'elle est pour partie, certes, mais pas dans sa totalité.

Pour capitaliser sur la marque « École supérieure de commerce de Paris », la direction de l'école obtient le droit, le 17 juillet 1928, par arrêté ministériel, de reprendre cette dénomination[213]. Dans la même lignée, pour bien démarquer, dans l'esprit de ses parties prenantes, les deux niveaux de formation qu'elle dispense, l'école rebaptise, le 16 juillet 1941, son cycle secondaire en « École secondaire de commerce de Paris » pour mieux le distinguer du cycle supérieur qui, seul, mérite d'être intitulé « École supérieure de commerce de Paris ».

Cette bipartition de l'école en deux cycles est très marquée dans les faits : les élèves du cycle secondaire ne sont pas autorisés à se mêler aux élèves du cycle supérieur. Dans ces conditions, chaque cycle dispose de sa propre cour de récréation, séparée de l'autre par une clôture. À cette première bipartition s'en ajoute une autre qui distingue fortement, d'une part, les pensionnaires, obligés de porter une blouse dans l'enceinte de l'école et, d'autre part, les externes et les demi-pensionnaires qui arborent sur leur torse un insigne en

---

[211] Le qualificatif de « pratique » inscrit dans la dénomination de l'« École supérieure pratique de commerce et d'industrie de Paris », de 1905 à 1928, lui est préjudiciable car il contribue à l'apparenter aux « écoles pratiques de commerce et d'industrie » qui sont des écoles publiques techniques de niveau élémentaire, voire secondaire. Ces écoles ne sont donc pas consulaires et offrent un niveau de formation inférieur à celui de l'école parisienne. Ainsi, l'appellation quasiment similaire induit en erreur plusieurs recruteurs. Par exemple, quand les compagnies de chemin de fer ont publié, le 19 juin 1920, les conditions d'admission des candidats diplômés des écoles de commerce, elles ont classé les diplômés de l'école parisienne dans le dernier groupe (n° 6), alors que les diplômés des écoles supérieures de commerce de province ont été mieux classés (groupe n° 5). De même, lors du Congrès international des associations d'anciens élèves des écoles supérieures de commerce, en juin 1928 à Genève, la délégation de l'Association des anciens élèves de l'école parisienne a failli se voir interdire l'accès au congrès « sous prétexte que l'École supérieure pratique de commerce de Paris ne pouvait être assimilée aux autres écoles supérieures de commerce de province et de l'étranger en raison même de ce mot "pratique" qu'on considérait comme exclusif du titre supérieur ». Source : « Rapports présenté, au nom de la Commission de l'enseignement commercial, par M. Paul Templier, et dont les conclusions ont été adoptées par la Chambre de commerce de Paris dans sa séance du 4 juillet 1928 », in *Bulletin de la Chambre de commerce de Paris*, n° 26-27, 7 juillet, 1928, p. 733.

[212] Le *Journal des Débats*, dans son numéro du 24 juin 1905, souligne ainsi « l'inconvénient, que la plupart des journalistes effacent poliment, consistera à transformer l'école en un grand lycée commercial, lui faisant perdre cette aura appliquée aux hautes études théoriques que conserve alors HEC boulevard Malesherbes ».

[213] Voir annexe 3 du présent ouvrage.

tissu représentant le caducée d'Hermès. Enfin, les origines sociales des élèves contribuent également à compartimenter les effectifs, quoique des événements fédérateurs existent ponctuellement, en plus des liens d'amitié habituels, comme se le remémore Edmond Fabry, diplômé en 1934[214] :

> « Il y avait en ce temps, des clans. Parisiens issus de la grande bourgeoisie et du monde des affaires généralement très snobs – certains se faisaient conduire à l'école en voiture avec chauffeur – ; provinciaux, presque toujours pensionnaires, mal habillés, quelquefois négligés puisqu'ils ne quittaient pas les lieux, copains très solidaires ; coloniaux, fils de Français expatriés à l'époque où la France possédait un empire. Ils étaient pleins aux as et logeaient à l'extérieur. Enfin les étrangers d'un peu partout, des pays nordiques surtout. À l'intérieur de ces clans, des petits groupes de quatre ou cinq élèves inséparables. On pratiquait quelques exercices normaux dans une salle de gym vétuste et non appareillée. La cantine était tout à fait convenable. On y chahutait beaucoup, comme à l'étude et dans les chambres. Les surveillants étaient des étudiants en médecine préparant l'internat dont on appréciait les consultations car le médecin attaché à l'école, R. Lumière, n'avait de lumineux que son nom. / L'esprit de groupe se reformait à l'occasion de la préparation des fêtes organisées à l'extérieur. Il y avait eu une soirée dansante avec Damia et Michel Simon s'interpellant dans le vocabulaire qu'on leur connaît. Formé dans l'école, un orchestre vocal d'élèves, imitant le son d'un instrument, faisait un tabac à l'ouverture du rideau de scène devant le public qui s'attendait à voir des saxophones, des clarinettes et des trompettes. / Les pensionnaires quittaient l'école, le dimanche après-midi, après le petit-déjeuner, et se rendaient à pied au boulevard Saint-Michel, haut lieu de la population estudiantine. On y descendait et remontait le trottoir en flânant [...]. Le soir, nous reprenions, sans dîner, le métro pour Parmentier. Le patron du petit bar qui se situe en face de l'école nous attendait vers minuit et nous y engloutissions sa spécialité : le "sandwich Île-de-France" qui mesurait 40 centimètres et où l'on découvrait l'un après l'autre, le saucisson, les rillettes, le pâté et le jambon. Avec mon ami iranien Mahmoud Azimi, nous allions certains dimanches rendre visite à son cousin Ray Ventura qui logeait aux "Ambassadeurs" lorsqu'il était à Paris et nous régalait au piano de son hôtel des chansons de son groupe des "Collégiens" ("Tout va très bien, Madame la Marquise !"). »

Après l'année scolaire 1927-1928, le nombre d'élèves inscrits à l'école décroît régulièrement pendant une dizaine d'années avant de se stabiliser autour de 500 élèves à la veille du second conflit mondial, dont les deux-tiers sont des élèves du cycle secondaire.

Comme nous l'avons mentionné plus haut, cette situation résulte, pour partie, de la stratégie délibérée de la direction de limiter le nombre d'élèves dans la section supérieure pour en garantir la sélectivité. Toutefois, la baisse des effectifs est également ressentie dans la section secondaire dont les effectifs diminuent de 28% entre la fin des années 1920 et la fin des années 1930. S'agit-il là d'un signe de fléchissement de l'attractivité de l'école ?

---

[214] « Lettre manuscrite d'Edmond Fabry », dossier du 175e anniversaire de ESCP, conservé aux archives de la bibliothèque de ESCP.

En l'absence de sources précises sur le sujet, nous sommes contraints de nous livrer à des conjectures. La diminution de la natalité due à la Première Guerre mondiale a, en effet, été ressentie dans la plupart des écoles supérieures de commerce en France[215]. Ensuite, les effets de la crise économique qui affecte la France à partir des années 1930 semblent avoir été très bien perçus par les contemporains. Comme le souligne le directeur de l'école, l'instauration de la gratuité dans les classes de 6e et de 5e des collèges et des lycées concurrence le cycle secondaire de l'école d'autant plus sévèrement que les effets de la crise économique de 1929 tendent à inciter les parents à diriger leurs fils vers les carrières libérales, ou le fonctionnariat, moins sujets aux fluctuations économiques[216].

En outre, la Chambre de commerce de Paris est de moins en moins maîtresse de sa stratégie. Si les pouvoirs publics ne s'opposent pas à l'instauration d'un concours obligatoire pour tous les candidats en 1926, ils atténuent en revanche la sévérité des conditions d'admission dès la fin des années 1930. En effet, par décision du sous-secrétaire d'État de l'enseignement technique en date du 15 avril 1937, les conditions d'admission de l'école sont modifiées et les bacheliers redeviennent, comme avant 1926, admis à l'école sans concours. De ce fait, il est difficile pour l'école de se démarquer positivement vis-à-vis des autres écoles de commerce reconnues par l'État. Pourquoi les candidats auraient-ils afflué davantage en ses murs si l'école, à l'inverse de HEC, était considérée par les pouvoirs publics sur le même pied que les écoles de commerce de province ? La proportion plus forte d'élèves bacheliers sur ses bancs, les dispositifs pédagogiques innovants, les multiples sections de spécialisation, de même que la garantie offerte aux diplômés de trouver une situation à l'issue de leur scolarité, ne semblent donc pas avoir suffisamment pesé pour éviter la diminution des effectifs scolaires pendant les années 1930.

Enfin – et cet aspect mérite d'être souligné – la concurrence à laquelle se confronte l'école est, pendant cette période, principalement nationale. Alors qu'au dix-neuvième siècle, les principaux concurrents de l'école étaient les écoles de commerce étrangères, rejointes à partir des années 1870 par les nouvelles écoles de commerce françaises, la première moitié du vingtième siècle voit s'opérer un repli de l'école sur un périmètre de recrutement principalement hexagonal. Le nombre d'élèves étrangers à l'école pendant la période 1905-1947 oscille entre 0 % et 10 % au maximum.

Cette situation s'explique pour des raisons conjoncturelles d'abord : les élèves étrangers ont été peu nombreux du fait des deux guerres mondiales. Ensuite, le renforcement des contrôles de l'État à partir de 1890 s'est accompagné d'une politique favorisant les élèves français aux dépens des

[215] En 1935, la classe d'âge des 15-24 ans parmi laquelle ces écoles recrutent représente seulement 5,2 millions d'individus contre 6,2 millions en 1890. Blanchard M. (2015), *Les Écoles supérieures de commerce. Sociohistoire d'une entreprise éducative en France*, Paris, Classiques Garnier.

[216] École supérieure de commerce de Paris, *Rapport annuel – Année 1931-1932*, Paris, 1932, p. 15. Archives de ESCP.

élèves étrangers[217]. En outre, l'instauration en 1926 du concours d'entrée obligatoire pour le cycle supérieur a été dissuasive pour les élèves étrangers. Ils devaient désormais se soumettre aux épreuves écrites et orales du concours d'entrée, alors qu'auparavant ils pouvaient profiter de dispenses en raison de leurs diplômes antérieurs. S'ils étaient titulaires d'un diplôme équivalent à celui du baccalauréat français, ils pouvaient espérer, certes, une majoration de points identique à celle dont bénéficiaient les bacheliers français, soit 55 points sur 440[218]. Toutefois, subir le concours supposait de leur part une très bonne maîtrise de la langue française. En outre, les élèves étrangers n'étaient pas admis à intégrer la section hôtelière de l'école qui, par vocation, ne formait que des élèves de nationalité française.

Enfin, deux dernières raisons, d'ordre plus structurel, expliquent l'affaiblissement du rayonnement international de l'école à cette époque. D'abord, la Chambre de commerce de Paris a ouvert, en 1920, une nouvelle école de commerce, intitulée « Académie commerciale internationale », destinée principalement aux élèves étrangers. De ce fait, une partie de la population cible historique de l'école a été détournée de ses bancs au profit de ce nouvel établissement. Ensuite, si cette l'école avait été un modèle pour les autres écoles de commerce au niveau international, au dix-neuvième siècle voire dans les premières années du vingtième siècle, son statut d'école de niveau secondaire et post-secondaire constituait un lourd handicap à une époque où d'autres écoles de commerce accédaient au rang d'établissements d'enseignement supérieur en Europe. C'est, en effet, pendant l'entre-deux-guerres que les principales écoles de commerce en Italie, en Belgique et en Allemagne ont été élevées au rang universitaire[219]. Dans ces conditions, l'école parisienne a souffert d'un déficit d'attractivité qui s'est ressenti, notamment, au niveau de sa proportion d'élèves étrangers.

6. L'ÉCOLE À L'ÉPREUVE DES DEUX GUERRES MONDIALES (1914-1918 ET 1939-1945)

Sur le plan historique, la période 1905-1947 est marquée par l'éclatement des deux guerres mondiales. Toutes les deux ont affecté, à des degrés divers, la vie de l'établissement.

Dès qu'éclate la Première Guerre mondiale, la Chambre de commerce de Paris, soucieuse de prendre sa part des charges que les circonstances imposaient alors au pays, met les locaux de l'école à la disposition de la Croix-Rouge française. Plus précisément, en vertu du contrat signé par la

---

[217] Maffre P. (1983), « Les origines de l'enseignement supérieur commercial en France au XIXe siècle », thèse de troisième cycle en histoire, Université Paris 1 Panthéon-Sorbonne, p. 793.

[218] École supérieure pratique de commerce et d'industrie, *Conditions d'admission et plan d'études*, Paris, 1927, p. 15. Archives de ESCP.

[219] Engwall L., & Zamagni V. (1998), *Management Education in Historical Perspective*. Manchester: Manchester University Press.

Chambre de commerce de Paris et l'Union des femmes de France, toute l'école se mue en hôpital auxiliaire dès le 3 août 1914[220]. Six jours plus tard arrivent les premiers blessés de la bataille de la Marne. Dans ces conditions, en octobre 1914, les élèves du cycle secondaire de l'école accomplissent leur rentrée dans les locaux de l'École commerciale de l'avenue Trudaine, tandis qu'en novembre, les élèves du cycle supérieur font leur rentrée à HEC, alors située boulevard Malesherbes dans le dix-septième arrondissement. Quelques jours plus tard, ces derniers seront rejoints par leurs camarades du cycle secondaire. Si les cours ont lieu dans les locaux de HEC, il en va de même des cérémonies de remise de diplômes qui sont maintenues, mais sans apparat aucun : ni prix, ni médailles, ni livres ne sont remis aux élèves en raison de la guerre. Cette situation va durer de nombreuses années. En octobre 1917, l'hôpital auxiliaire, qui à son plus haut degré d'activité a compté 400 lits, évacue l'aile droite de l'immeuble du 79 avenue de la République, permettant ainsi aux élèves du cycle secondaire de regagner l'établissement. Il faudra attendre pratiquement deux années supplémentaires pour que l'hôpital quitte définitivement l'aile gauche en avril 1919, permettant ainsi aux élèves du cycle supérieur de quitter HEC pour revenir au 79 avenue de la République. Dans ces conditions, la rentrée scolaire de 1919 s'effectue avec un effectif inédit de 700 élèves.

Pendant cette période, les combats touchent matériellement l'école. Ainsi, le 31 mars 1916, suite à un raid aérien nocturne par les Allemands, une bombe détruit la toiture de l'aile gauche de l'école. L'enseignement aussi porte la marque du conflit. Au printemps 1915 par exemple, les visites industrielles sont maintenues comme avant-guerre, mais elles sont orientées vers des industries davantage à l'ordre du jour : les élèves visitent ainsi une usine de fabrication de fusils-mitrailleuses. À la rentrée d'octobre 1915, un cours de russe – la langue de l'allié militaire – est instauré. L'année suivante, en 1916, un cours physique de préparation militaire obligatoire est introduit dans le cursus de tous les élèves. Il est organisé par les moniteurs de Joinville pendant les récréations, à raison de cinq heures par semaine ainsi que les matinées des jeudis et des dimanches. De même, une section hôtelière est inaugurée en octobre 1916 avec une mission patriotique. Il s'agit d'y préparer une « élite de directeurs d'hôtels qui devront remplacer les étrangers encore trop nombreux en France dans ce secteur »[221]. Enfin, entre mars et juin 1918, sur la demande du gouvernement français, des cours commerciaux

[220] L'Union des femmes de France (UFF) est l'une des organisations préexistantes à la Croix-Rouge française actuelle. Elle a été fondée à Paris en 1881 afin d'assurer « la préparation et l'organisation des moyens de secours qui, dans toute localité, peuvent être mis à la disposition des blessés ou malades de l'armée française ». Les membres titulaires de l'UFF étaient uniquement des femmes, les hommes ayant le statut d'associés. Pendant la Première Guerre mondiale, l'UFF a investi plusieurs établissements scolaires pour établir ses hôpitaux auxiliaires, comme ESCP, l'École normale supérieure, ou le lycée Janson-de-Sailly à Paris. Cette organisation a disparu en août 1940 pour donner naissance à la Croix-Rouge française actuelle.

[221] École supérieure pratique de commerce et d'industrie de Paris, *Rapport annuel sur la vie de l'École au cours de l'année scolaire 1915-1916*, p. 16. Archives de ESCP.

sont créés à l'école pour les officiers et sous-officiers américains. Ils sont suivis par une centaine d'auditeurs.

La signature de l'armistice le 11 novembre 1918 ne marque cependant pas un retour à la normale pour l'établissement. Une scolarité aménagée est mise en place, dès octobre 1919, à destination des élèves qui, mobilisés, prisonniers ou victimes des faits de guerre pendant le conflit, avaient dû interrompre leurs études. La scolarité de rattrapage est réduite à une année. Cette disposition particulière durera trois années scolaires, d'octobre 1919 à juin 1922 et, en tout, formera 126 élèves. Du fait de cette situation, mais aussi du climat endeuillé qui prévaut à l'époque, la célébration du premier centenaire de l'école – qui aurait dû se tenir en octobre 1919 – est reportée de dix-huit mois. Le 12 mai 1920, la cérémonie pour le centenaire de l'école est ainsi célébrée en Sorbonne en présence du président de la République, du ministre de l'Instruction publique et du ministre du Commerce. Elle est suivie par un banquet au Lutetia où les hommages funèbres rendus aux disparus ainsi que les perspectives du relèvement économique et social à assurer après-guerre assombrissent les réjouissances. La guerre, à ce moment-là, est dans tous les esprits. Quel est donc son bilan pour l'école ?

La Grande Guerre est particulièrement meurtrière pour l'établissement. Le conflit se solde par les décès de 238 professeurs, maîtres-surveillants, agents de service, anciens élèves et élèves (promotions 1896 à 1917). En deux siècles d'histoire, il s'agit, de loin, du conflit le plus meurtrier pour la communauté scolaire[222]. Parmi ceux qui échappèrent à la mort, plusieurs centaines reçurent des décorations : 82 croix de la Légion d'honneur, 43 médailles militaires et 706 citations furent ainsi distribuées. La Grande Guerre a également touché le directeur, Paul Wiriath, à titre personnel. En effet, son fils Paul-Laurent, diplômé de l'école en 1913 à l'âge de 21 ans, n'a pas eu le loisir de tirer profit de son instruction : un an après sa sortie, il a été appelé parmi les premiers sous les drapeaux pour défendre la France, en

[222] La Seconde Guerre mondiale, quant à elle, se soldera par le décès de 98 élèves et anciens élèves (promotions 1913 à 1944) ou membres du personnel de l'école, tandis que la Guerre d'Algérie sera l'occasion de déplorer le décès de 20 d'entre eux. Plusieurs plaques de marbre ont été élevées à la mémoire des anciens élèves et élèves morts pour la France. Les quatre premières ont été inaugurées le 9 décembre 1920 pour commémorer le souvenir des 238 victimes de la Première Guerre mondiale. Les deux suivantes ont été inaugurées le 19 juin 1948 pour honorer les victimes de la Seconde Guerre mondiale. Ces plaques ont, initialement, été installées sous le porche d'entrée de l'école, au 79 avenue de la République. Comme l'a souligné le directeur en 1948 : « Les plaques de marbre que nous inaugurons aujourd'hui constituent le témoignage matériel de la fidélité de notre mémoire [...]. Du haut de ces stèles, ces morts seront toujours les premiers à recevoir nos visiteurs, et formeront ainsi, à l'entrée de l'École, la garde d'honneur ». Jugées « morbides », ces plaques commémoratives seront finalement déplacées dans les années 1970, loin des yeux du grand public, dans l'une des cages d'escalier de l'établissement où il est encore possible de les voir. À la même époque disparaissait également l'une des traditions d'hommage que l'école entretenait depuis 1921 ; à savoir les cérémonies annuelles du 10-11 novembre au cours desquelles les morts de l'école étaient honorés dans la cour principale. Source : Association amicale des anciens élèves de de l'École supérieure de commerce de Paris (1948), *Bulletin trimestriel du 3ème trimestre 1948*, n°461, Paris. Archives de ESCP.

qualité de caporal au 87e régiment d'infanterie. Paul-Laurent est porté disparu le 20 août 1914 au combat de Neufchâteau dans les Vosges. Comme vingt autres camarades de la promotion 1913 – l'une des plus sévèrement touchées par le conflit –, Paul-Laurent Wiriath est tombé pour la France. La disparition de son fils sera pour Paul Wiriath « la grande tragédie de sa vie »[223].

Le personnel de l'hôpital auxiliaire installé à l'école en 1919.

Commentaire : en août 1914, une partie de l'école est transformée en hôpital auxiliaire (Hôpital auxiliaire n°101). De ce fait, ESCP fait partie des quelque 1 480 hôpitaux auxiliaires installés au sein de nombre d'écoles, d'hôtels et de châteaux, administrés par la Croix-Rouge pendant la Première Guerre mondiale. L'une des principales différences entre un hôpital auxiliaire (contrôlé par la Croix-Rouge) et un hôpital militaire (contrôlé par le service de santé des armées) – différence dont témoigne d'ailleurs cette touchante photographie – est la place prépondérante que les femmes peuvent y occuper. Si les femmes médecins ne sont pas autorisées à exercer dans les hôpitaux militaires, elles peuvent en revanche servir la patrie au sein des hôpitaux auxiliaires même si ces derniers les emploient officiellement comme « infirmières » plutôt que comme « médecins ». Une quarantaine d'infirmières bénévoles – sur les 3 000 que comptèrent les hôpitaux auxiliaires en France – ont ainsi travaillé au 79 avenue de la République. Pour la circonstance, les locaux scolaires furent réaménagés : une salle de contagieux, une salle d'opération, une salle de radiographie, et plusieurs salles de pansements furent installées. La tâche des infirmières n'était pas exempte de dangers : pendant la guerre, au sein de la Croix-Rouge française, 210 infirmières bénévoles devaient décéder en sauvant des vies de combattants, victimes principalement des épidémies contractées auprès des soldats malades et des bombardements. Parmi la quarantaine d'infirmières bénévoles que compta l'hôpital auxiliaire n°101, Yvonne Level reçut ainsi du gouvernement, en 1917, la Médaille de bronze des Épidémies pour s'être « exposée personnellement à des dangers de contamination en donnant des soins à des patients atteints d'affections contagieuses ». De fait, l'affectation hospitalière des locaux scolaires – initialement envisagée pour quelques mois – se prolongera

[223] Association amicale des anciens élèves de l'École supérieure de commerce de Paris (1949), *Bulletin trimestriel du premier trimestre 1949*, n° 463, Paris, p. 6. Archives de ESCP.

pendant pratiquement cinq années. Ce n'est que le 15 avril 1919 – date de ce cliché – que les locaux seront intégralement restitués à leur fonction scolaire originelle.

La Seconde Guerre mondiale affecte différemment la vie de l'école. Contrairement à ce qui s'était produit en 1914-1918, la Chambre de commerce anticipe dès septembre 1939 la possibilité que la capitale soit militairement menacée. En effet, la Chambre n'a pas attendu la déclaration de guerre pour commencer à envisager la protection de ses écoles et de ses personnels. Dès l'hiver 1938-1939, elle lance un plan de recensement des caves répondant aux normes de sécurité anti-bombardement. Des aménagements complémentaires, voire des constructions d'abris neufs, ont rapidement suivi ce premier audit. Dès avril 1939 – cinq mois avant la déclaration de guerre –, elle demande aux directeurs de ses écoles de rédiger puis de diffuser des instructions à suivre en cas « d'attaque inopinée » de l'ennemi. Après l'entrée en guerre officielle de la France, le 3 septembre 1939, la Chambre met en branle rapidement un plan de préservation de ses écoles.

Dès le 12 septembre, elle charge sa commission de l'enseignement d'informer les familles des élèves de toutes ses écoles des modalités d'ouverture au moins partielles de ses écoles. Face à la perspective d'une réquisition des locaux de ses écoles supérieures de commerce – à savoir l'École supérieure de commerce de Paris, HEC et HEC-Jeunes Filles –, la Chambre prend la décision, le 13 octobre, de déménager ses établissements en province. HEC est transférée à Caen tandis que HEC-Jeunes Filles est déplacée à Chartres. L'École supérieure de commerce de Paris s'installe, quant à elle, à Vichy où elle ouvre ses portes le 3 novembre.

L'école, à proprement parler, est ouverte dans un immeuble de trois étages, boulevard du Sichon, tandis que, à un peu plus d'un kilomètre de là, un hôtel – l'Hôtel du Havre et de New-York situé rue de Belgique – est loué pour loger les élèves et les enseignants. 150 élèves accompagnent ainsi le repli de l'école dans la ville thermale dans un premier temps, puis 165.

Le 23 mai 1940, devant l'imminence de la débâcle, la Chambre demande à la direction de l'École supérieure de commerce de Paris, comme à celle des autres établissements consulaires, d'avancer les examens de fin d'année autant que possible. Dans ces circonstances, l'école à Vichy ferme ses portes le 17 juin 1940… trois semaines avant l'installation du gouvernement du maréchal Pétain dans cette ville. Une soixantaine d'élèves sont conduits à trente kilomètres au sud de la ville pour rejoindre Clermont-Ferrand où leurs familles les attendent. Le 31 juillet 1940, la Chambre de commerce décide de rapatrier l'école à Paris dans l'espoir d'éviter l'occupation des locaux de l'avenue de la République par les Allemands. Face aux grandes difficultés de ravitaillement, les régimes de l'internat et du demi-pensionnat sont temporairement abolis à la rentrée scolaire de 1940 qui s'effectue le 1er octobre. Avec surprise, la direction de l'école constate que les élèves et leurs parents répondent présents lors de la réouverture des cours. 252 élèves intègrent l'école à la rentrée de 1940.

Cependant, le rétablissement de l'école est rapidement compromis. Le 11 novembre 1940, plusieurs milliers d'étudiants manifestent sur les Champs-Élysées pour déposer une gerbe sur la tombe du soldat inconnu afin de commémorer la victoire française de 1918. Les autorités allemandes, en représailles, exigent non seulement la fermeture des établissements d'enseignement supérieur, mais aussi le départ en province des étudiants parisiens sans domicile familial dans la capitale, ainsi que l'obligation pour les autres étudiants de se présenter chaque jour au commissariat de police de leur domicile. Dans ces conditions, malgré son statut d'établissement scolaire de niveau secondaire[224], l'école est intégralement fermée le 13 novembre. Constatant qu'aucun élève de l'École supérieure de commerce de Paris, ni de HEC, ni même de HEC-Jeunes Filles, ne faisait partie des étudiants interpellés par la police allemande le 11 novembre, la Chambre de commerce entame des négociations avec le rectorat de Paris pour faire lever ces sanctions. Le 18 novembre, la direction de l'école est ainsi autorisée à rouvrir son cycle d'études secondaires, mais pas son cycle d'études supérieures. Après plusieurs semaines de dures négociations, le recteur Carcopino lève finalement les sanctions frappant le cycle supérieur de l'école mais aussi de HEC qui, dès lors, rouvrent leurs portes le 12 décembre. Pour rattraper les semaines de fermeture imposée, les vacances de Noël sont supprimées.

Ces contraintes de fermeture imposée ne devaient pas être les seules endurées par l'école. Le 21 novembre 1940, le directeur général de l'enseignement technique, M. Bonnafous, demande au président de la Chambre de commerce de lui signaler, conformément aux dispositions de la loi du 3 octobre 1940, les personnels juifs travaillant à l'École supérieure de commerce de Paris et à HEC. Cette identification vise à mettre fin à leurs fonctions dans les délais fixés par la loi. De ce fait, tous les professeurs de l'école signent une déclaration où ils attestent ne pas être juifs[225]. Les professeurs ne sont cependant pas les seuls à être affectés par les nouvelles dispositions juridiques du régime de Vichy. Ainsi, le 25 mars 1941, un fonctionnaire de la police allemande emmène pour un interrogatoire un élève de l'école soupçonné d'avoir tenu des propos gaullistes. Le 3 mai 1942, un

---

[224] Aux yeux des autorités allemandes, l'École supérieure de commerce de Paris était considérée comme un établissement d'enseignement technique supérieur alors qu'aucun texte officiel n'avait jamais établi ce statut pour l'école. En conséquence, cette dernière a dû interrompre ses cours après les incidents du 11 novembre 1940 et s'est vu refuser les laissez-passer pour la zone libre à l'occasion des vacances de Noël 1942, à l'instar des autres établissements d'enseignement supérieur. Le directeur de l'école, François Belin, est intervenu personnellement auprès de la préfecture de police pour obtenir des aménagements des contraintes allemandes en alléguant que l'école n'avait jamais été reconnue comme un établissement d'enseignement supérieur. Voir « Compte rendu de la visite faite à M. Roy, inspecteur général de l'enseignement technique, le 19 janvier 1943 au sujet de la circulaire du 15 décembre 1942, relative à la réquisition des étudiants ». Archives départementales de Paris, 2ETP/1/2/74_38.

[225] Lecointre J. (2002), *Faire face. L'institution consulaire à l'épreuve de la guerre (septembre 1939-mai 1945)*, Paris, Chambre de commerce et d'industrie de Paris, p. 76.

article antisémite du journal *Jeunesse* titre : « 15 % de Juifs à l'École supérieure de commerce » et appelle les autorités à intervenir pour « y mettre bon ordre », selon les termes du journaliste. La direction de l'école s'inquiète de cette publication dans un premier temps, mais décide finalement de ne pas intervenir. Manifestement, les autorités n'ont pas inquiété l'école suite à cette parution.

L'école évolue alors dans un environnement politique fortement tendu. Son directeur, François Belin, interdit ainsi à tous les élèves de parler de politique à l'école. En avril 1942, François Belin est saisi par les cadres de l'association « Les Jeunes du Maréchal » d'une demande pour créer une section de ce groupement à l'école mais, avec l'approbation de la Chambre de commerce, il ne donne pas suite à cette requête.

Si la Libération de Paris, en août 1944, marque la fin de l'occupation de la capitale, il semble que le climat à l'école n'ait cependant pas retrouvé la sérénité d'autrefois. Dans les semaines qui suivent la Libération, François Belin approuve la création d'un « comité de la Libération » à l'école pour « se débarrasser du personnel ayant trempé dans la collaboration » selon ses termes[226]. Les travaux de cette commission ne nous sont pas connus pour le moment. En tant que membre directeur du Front national de lutte pour la libération et l'indépendance de la France[227] du onzième arrondissement, François Belin est identifié, à l'époque, comme partisan de la Résistance. Ce n'est qu'avec l'annonce de la capitulation de l'Allemagne, le 8 mai 1945, que l'école tourne la page douloureuse de la Seconde Guerre mondiale. Ce conflit se solde par le décès de 98 élèves et anciens élèves.

Durant ces années, les conditions de vie à l'école sont difficiles : les pénuries alimentaires et de chauffage se multiplient dès 1942[228]. La pénurie d'électricité entraîne la fermeture de certaines stations de métro dont, en 1943, celle qui dessert l'école : la station Saint-Maur[229]. Le marché noir devient une pratique tolérée à l'école, comme en témoigne un ancien élève, l'un des derniers témoins de cette période, Michel Moracchini[230] (promotion 1945) :

---

[226] « Dossier personnel de François Belin / Note sur la création de la commission d'épuration », p. 1. Archives de la Chambre de commerce et d'industrie de la région Paris-Île-de-France, 4H2/00608.

[227] Ce mouvement de la résistance intérieure avait été créé en 1941 par le parti communiste français. Ce mouvement ne doit pas être ici confondu avec le parti politique d'extrême droite fondé en 1972.

[228] « Rapport annuel de l'École supérieure de commerce de Paris – Année 1943 – Tome 2 », p. 47. Archives de la Chambre de commerce et d'industrie de la région Paris-Île-de-France, 3/min/35.

[229] Réagissant à cette fermeture, la direction de l'école se contenta d'afficher une note de service pour dissuader les élèves d'en tirer prétexte pour arriver en retard à l'école : « La fermeture de la station ne pourra, en aucun cas, être invoquée comme excuse pour justifier du non-respect des horaires d'entrée dans les cours ! ».

[230] Après ses études à l'école, Michel Moracchini est devenu traducteur dans le cadre des procès américains de Nuremberg. Il est le dernier témoin français en vie de ces procès. Entretien de l'auteur avec Michel Moracchini, le 4 octobre 2017.

« La cantine était infernale ! C'était immangeable ! La moitié seulement des élèves y mangeaient. Les autres allaient s'alimenter dans les troquets du quartier. Heureusement, il y avait aussi le marché noir… car on avait faim. Les pensionnaires recevaient des colis de leurs parents. Et grâce à ces arrivées de denrées, nous, les élèves, on a organisé un vrai marché qui nous a permis de pouvoir manger plus que ce que les rations de l'école ne nous le permettaient. La cigarette servait à l'époque d'étalon de mesure. On s'échangeait un kilo de beurre contre trois paquets de cigarettes. Il y avait un surveillant qui servait d'épicentre pour tous les échanges. Le marché noir était une véritable institution ! »

À ces conditions alimentaires difficiles s'ajoute aussi la menace des bombardements qui contraint les élèves à répéter de fréquents exercices d'évacuation dans les caves de l'établissement, mais aussi dans les sous-sols du métro voisin. Comme l'évoque Michel Moracchini : « On faisait des exercices pour prévoir les alertes à la bombe. On apprenait à mettre des masques à gaz, je m'en souviens. »[231]

Enfin, le climat politique de l'époque se ressent sur le climat scolaire, même si officiellement les élèves ont interdiction formelle d'évoquer ces sujets. Comme le souligne Michel Moracchini :

« Dans les faits, beaucoup d'élèves étaient politisés. Certains élèves – une minorité – étaient collabos, d'autres gaullistes. Bien sûr, cela déclenchait parfois des bagarres dans la cour de récréation. C'était une époque très troublée. Dans ma promotion, j'ai connu trois élèves qui étaient résistants. Ils ont été pris par l'occupant puis fusillés. »[232]

Le conflit n'épargne donc pas les élèves. Certains d'entre eux s'engagent dans les Forces françaises libres, comme les frères Jacques et Léo Vanparys qui y laisseront la vie. D'autres s'engagent parfois dans la collaboration, tandis qu'une majorité d'élèves, concentrés sur les examens, s'attachent à ne pas prendre parti, même s'ils se retrouvent parfois confrontés aux démonstrations des miliciens. Comme en témoigne Michel Moracchini :

« Pendant la guerre, la station de métro Saint-Maur, devant l'école, était fermée. Le métro passait mais ne s'arrêtait pas. Quand il y avait des alertes, on descendait tous dans les sous-sols du métro. Et un jour, on s'est retrouvés en face des miliciens, sur le quai opposé. Nous, les élèves, on leur a envoyé des insultes. Mais un gradé en face a crié : "Ça suffit maintenant ; après la guerre on vous fera la peau !" C'était une époque dure, très dure […]. En 1943, après dix jours d'absence, deux élèves sont entrés dans la cour de l'école en uniforme de miliciens. Ils portaient un béret, un manteau avec capuche et une mitraillette sur eux. Ils devaient monter au maquis du Vercors pour tuer "les terroristes", comme ils disaient. À l'époque du régime de Vichy, les résistants étaient assimilés à des terroristes par le pouvoir en place. Et ils sont venus nous dire au revoir. Ils partaient le soir même. Certains élèves ont protesté en disant : "Vous allez tuer des patriotes ; renoncez !" Mais le ton est monté et les deux apprentis miliciens ont menacé les protestataires avec leur arme à feu. Le directeur de l'époque, François Belin, n'est pas du tout intervenu. Il nous avait formellement interdit de

[231] Entretien de l'auteur avec Michel Moracchini, le 4 octobre 2017.
[232] Entretien de l'auteur avec Michel Moracchini, le 4 octobre 2017.

parler politique ! On n'a jamais su ce qui c'était passé ensuite. En tous cas, on ne les a jamais revus. »[233]

Ce n'est qu'avec la fin de la guerre, le 8 mai 1945, que la page des atrocités se tourne pour l'école. Michel Moracchini se souvient :

> « On a reçu nos diplômes début mai 1945. On avait fini nos examens vers le 2 et 3 mai. Il avait plu tant et plus ! Et quelques jours après c'était l'armistice ! Il faisait une chaleur anormale. C'était la grande fête de la victoire ! On a fait la fête avec les copains dans les quartiers de Paris. On a dansé toute la nuit, nos diplômes en poche. Un souvenir mémorable. »[234]

En dépit de ces circonstances exceptionnelles, l'école voit paradoxalement augmenter ses effectifs sur la période. Les élèves sont 607 à la rentrée de 1941, 680 en 1942, 871 en 1943, 872 en 1944 et 1 154 en 1945. Ce sont des effectifs qui dépassent largement ceux d'avant-guerre, où l'école avait accueilli 792 élèves en 1926-1927 ; un record qui n'avait jamais été atteint jusque-là.

---

[233] Entretien de l'auteur avec Michel Moracchini, le 4 octobre 2017.
[234] Entretien de l'auteur avec Michel Moracchini, le 4 octobre 2017.

CHAPITRE 5

La consécration : l'école enfin reconnue comme établissement d'enseignement supérieur (1947-1969)

Si la Seconde Guerre mondiale marque temporairement la suspension des réformes gouvernementales en matière d'enseignement commercial, l'immédiat après-guerre voit l'État intervenir encore plus avant dans la gestion des écoles supérieures de commerce (1.). Pour favoriser la reconstruction du pays, le gouvernement accorde enfin aux écoles de commerce reconnues par l'État – dont l'École supérieure de commerce de Paris – le statut d'établissements d'enseignement supérieur (2.). Suite à cette évolution, la direction de l'école met en œuvre une politique de réformes pour être à la hauteur du nouveau statut qui lui est accordé (3.). L'école modernise en outre son enseignement en s'ouvrant davantage que par le passé au monde de l'entreprise (4.) et en modernisant ses locaux qui, depuis 1898, n'avaient guère évolué (5.). Si cette période marque le développement de l'école, elle marque aussi son intégration dans le réseau des « Sup de Co » ; intégration qui ne lui permet pas de déployer une stratégie distinctive par rapport à ses concurrentes (6.).

1. LE CONTEXTE : UN ENVIRONNEMENT CONCURRENTIEL TRÈS FORTEMENT RÉGLEMENTÉ PAR LES POUVOIRS PUBLICS

Après la guerre, le pays est en reconstruction. Les intérêts économiques et éducatifs de la France commandent au gouvernement de s'investir dans la formation des élites : l'École nationale d'administration est créée en 1945, tandis que l'École centrale de Paris passe sous la tutelle publique en 1946, de même que son homologue de Lyon en 1947[235].

[235] Le traumatisme de la défaite de 1940 a conduit la Résistance à préconiser une réforme complète de l'enseignement en France. Après la Seconde Guerre mondiale, le plan Langevin-Wallon de 1947 poursuivra ce programme.

L'enseignement commercial n'échappe pas à cette tendance. Un décret du 3 décembre 1947 amorce la structuration d'un véritable réseau des écoles supérieures de commerce – connu du grand public sous le nom de « réseau des Sup de Co » – tout en accentuant considérablement l'intervention de l'État dans la gestion de ces établissements. Pour la première fois, la puissance publique reconnaît le statut d'établissements d'enseignement supérieur aux écoles supérieures de commerce, même si elle leur octroie une place institutionnelle propre : ces écoles ne relèvent pas encore de la direction de l'Enseignement supérieur, mais d'un sous-secrétariat à part.

Le décret n° 47-2287 du 3 décembre 1947 définit les écoles supérieures de commerce comme « des établissements d'enseignement technique commercial supérieur qui ont pour but de former les chefs de diverses entreprises commerciales ou financières et les cadres supérieurs de ces entreprises ou des services commerciaux et des entreprises industrielles ». Ce décret fixe la durée des études des écoles supérieures de commerce à trois ans, comme cela est alors déjà le cas dans la plupart des écoles d'ingénieurs. Il établit ensuite que le contenu des cours, leurs volumes horaires ainsi que la durée des épreuves d'examen et les coefficients seront désormais fixés par arrêté ministériel. En outre, il instaure un concours d'entrée plus exigeant que par le passé. À partir de 1954, ce concours est d'ailleurs rendu obligatoire pour tous les candidats sans exception : les dispenses dont bénéficiaient les bacheliers sont donc abolies[236]. Ce décret contribue à la naissance d'un réseau des écoles supérieures de commerce régies par les mêmes dispositions réglementaires et contrôlées par une commission spéciale au sein de la Direction de l'enseignement technique.

HEC, conformément au statut spécial qui lui a été reconnu par décret depuis 1923, ne fait pas partie de ce réseau, de même que l'ESSEC et l'EDHEC, encore dénommée « HEC Nord ». Le décret du 3 décembre 1947 a été mis à jour par plusieurs arrêtés en 1949, en 1957 et en 1961 sur des points de détails, tels que la création des options en deuxième et en troisième années. C'est par le décret du 7 décembre 1964 que les écoles reconnues par l'État deviennent des « Écoles supérieures de commerce et d'administration des entreprises » (ESCAE), à l'exception de HEC. Le rattachement à l'enseignement supérieur entraîne une modification de la tutelle pédagogique des écoles : en 1966, elles passent enfin sous la tutelle de la Direction de l'enseignement supérieur.

L'essor des formations supérieures en gestion en France à partir de la fin des années 1950 s'inscrit dans un contexte d'expansion économique où, parallèlement à la hausse du volume de production, les entreprises voient

[236] Rappelons que le concours d'entrée a été introduit pour la première fois à l'école pendant la période 1890-1905. Disparu en 1905, il a été réintroduit sur la période 1926-1936. À cette époque, il était obligatoire pour tous – y compris pour les bacheliers complets. Par comparaison, à HEC, le concours d'entrée a été introduit en 1890-1905, puis pour la seule année 1913, puis à partir de 1922.

augmenter leurs besoins en personnels encadrants[237]. Simultanément, la construction de la Communauté économique européenne, après le Traité de Rome de 1957, multiplie les relations économiques et commerciales de l'Hexagone avec ses voisins européens, alors qu'auparavant l'économie française d'avant-guerre était surtout tournée vers l'empire colonial[238].

De fait, la fin des années 1950 ouvre une nouvelle période dans l'histoire des écoles supérieures de commerce en France. C'est en effet dans ces années qu'apparaît un nouveau concurrent – l'Université – dans ce secteur d'enseignement. En effet, en 1955, sont créés les Instituts d'administration des entreprises (IAE). De ce fait, les écoles supérieures de commerce perdent en France le monopole des formations initiales au haut enseignement commercial. Les IAE permettent, en effet, aux diplômés de licence ou d'écoles d'ingénieurs de suivre une formation complémentaire en gestion pendant un an. La création des IAE marque pour la première fois l'intrusion de l'Université dans le domaine de la gestion. Cependant, cette offre reste relativement marginale dans les années 1960 où les quatorze IAE accueillent seulement 1 200 étudiants[239].

Les années 1960 voient se multiplier les formations universitaires en gestion avec, d'abord, la création des Instituts universitaires de technologie (IUT) en 1966. Cette dernière amène la mise en place de cycles de formation universitaire en gestion avec des sections « gestion administrative et commerciale » et « gestion des entreprises et des administrations »[240]. Enfin, les universités achèvent de mettre en place un cursus complet en gestion, d'abord au sein des facultés d'économie où est créé en 1963 un doctorat ès sciences économiques avec la mention « administration des entreprises », puis au sein de nouvelles facultés entièrement dédiées à la gestion : en 1968 est ouvert le Centre universitaire expérimental de Dauphine[241] spécialisé dans les études en gestion, l'un « des piliers du développement de la gestion universitaire »[242].

Toutefois, il faudra attendre les années 1970 pour qu'un cursus en sciences de gestion, complètement indépendant des facultés d'économie, soit instauré. De nouveaux diplômes universitaires en gestion sont alors créés tels que la maîtrise en sciences de gestion en 1971, le doctorat en sciences de gestion en 1974, la maîtrise en sciences et techniques comptables et

---

[237] Boltanski L. (1982), *Les cadres : la formation d'un groupe social*, Paris, Les Éditions de Minuit, p. 341.

[238] Blanchard M. (2015), *Les Écoles supérieures de commerce. Sociohistoire d'une entreprise éducative en France*, Paris, Classiques Garnier, p. 97.

[239] Pavis F. (2003a), « Sociologie d'une discipline hétéronome. Le monde des formations en gestion entre universités et entreprises en France. Années 1960-1990 », thèse de doctorat en sociologie, Université Paris 1 Panthéon-Sorbonne, p. 77.

[240] Blanchard M. (2015), *Les Écoles supérieures de commerce. Sociohistoire d'une entreprise éducative en France*, Paris, Classiques Garnier, p. 77.

[241] Ce dernier deviendra plus tard l'Université Paris-Dauphine.

[242] Pavis F. (2003a), « Sociologie d'une discipline hétéronome. Le monde des formations en gestion entre universités et entreprises en France. Années 1960-1990 », thèse de doctorat en sociologie, Université Paris 1 Panthéon-Sorbonne, p. 78.

financières en 1976 puis l'agrégation en sciences de gestion en 1976. Enfin, en mai 1979, une section « gestion des entreprises » est ouverte au sein du Comité consultatif des universités qui gère les carrières universitaires.

2. Les conséquences pour l'École : un revirement stratégique attendu de longue date

Le décret ministériel du 3 décembre 1947 marque une rupture dans la stratégie de l'École supérieure de commerce de Paris. À compter de celui-ci, l'établissement, de même que les quatorze autres écoles supérieures de commerce soumises à ce décret[243], est officiellement reconnu comme établissement d'enseignement supérieur.

Pour l'administration de l'École supérieure de commerce de Paris, c'est une consécration qui couronne pratiquement cent-trente années de tentatives infructueuses auprès des gouvernements successifs pour être reconnue comme établissement de formation de niveau équivalent à celui des universités. Du fait de cette reconnaissance gouvernementale qui, depuis 1947, n'a jamais été remise en cause, l'environnement concurrentiel dans lequel opère l'établissement s'est désormais restreint aux seules formations de niveau supérieur : les acteurs d'enseignement de niveaux élémentaire et secondaire, avec lesquels elle entretenait des liens de concurrence directs – écoles de commerce secondaires, formations commerciales dispensées par les collèges et les lycées –, disparaissent de son champ concurrentiel. Néanmoins, comme mentionné plus haut, très rapidement, de nouveaux concurrents font leur apparition : les IAE à partir de la fin des années 1950, puis les IUT et les facultés de gestion à la fin des années 1960.

La reconnaissance de l'École supérieure de commerce de Paris comme établissement d'enseignement supérieur est accompagnée d'un renforcement très important des prérogatives du gouvernement dans la gestion de l'école. La direction de cette dernière est contrainte d'accepter l'ingérence du ministre de l'Éducation nationale qui exerce un contrôle sur l'organisation du concours d'entrée de l'école qui est désormais du niveau du baccalauréat, avec majoration de points pour les bacheliers. En outre, les programmes, la durée d'études et les coefficients sont fixés par arrêté ministériel et identiques pour toutes les écoles supérieures de commerce. Le nombre de places mises au concours pour l'école est arrêté annuellement par le ministre. Les candidats doivent avoir 17 ans au minimum au 31 décembre de l'année du concours. L'élaboration des programmes d'enseignement doit désormais être commune à toutes les écoles supérieures de commerce. La durée de la scolarité est désormais de trois années obligatoires – au lieu de deux. Le

[243] Il s'agit des écoles supérieures de commerce d'Alger, de Bordeaux, de Clermont-Ferrand, de Dijon, du Havre, de Lille, de Lyon, de Marseille, de Montpellier, de Nantes, de Rouen, de Strasbourg, de Toulouse et de Tunis. Se rajoutent ensuite les écoles supérieures de commerce de Poitiers en 1961, de Brest et d'Amiens en 1962, puis de Nice en 1963 et de Pau en 1969.

passage de deuxième en troisième année ne peut être accordé que pour les étudiants ayant obtenu au minimum 11/20 de moyenne générale ; moyenne calculée à partir des moyennes de première et de deuxième année, et par examen de passage dont les compositions écrites sont communes à toutes les écoles. Les examens de sortie sont organisés par l'État qui veille aux sujets des épreuves écrites. Enfin, la délivrance du diplôme de fin d'études – le « Diplôme d'enseignement commercial supérieur » (DECS) devenu ensuite le « Diplôme d'études supérieures commerciales, administratives et financières » (DESCAF) – sanctionne les études.

Le décret ministériel du 3 décembre 1947 a d'autres effets pour l'École supérieure de commerce de Paris, sur le plan externe cette fois. En effet, le champ concurrentiel de l'école est restreint au cours de cette période au seul niveau national. Cette situation trouve principalement son origine dans les conditions d'accueil des étudiants étrangers. Ces conditions, imposées par le décret du 3 décembre 1947, sont plutôt dissuasives pour les étudiants étrangers. En effet, ces derniers peuvent être admis à l'école en qualité d'étudiants ordinaires à condition de subir avec succès le même concours d'admission que les candidats nationaux. Aucun aménagement dans les programmes ne leur est accordé ni aucune dispense d'épreuves, alors qu'auparavant la détention de certains diplômes étrangers pouvait leur permettre de bénéficier de mesures d'exonération. À défaut de se soumettre à ce concours, les étudiants étrangers peuvent être admis comme auditeurs libres après examen probatoire, mais il ne leur est alors pas permis de prétendre au diplôme de l'école. Dans ces conditions, l'École supérieure de commerce de Paris ne dispose pas, durant cette période, de moyens pour attirer à elle des étudiants étrangers, et donc pour concurrencer d'autres écoles de commerce étrangères ; ce qu'elle avait fait pendant une large partie du dix-neuvième siècle.

La direction de l'École supérieure de commerce de Paris a, dans le cadre de ces contraintes réglementaires, cherché à déployer une offre de formation qui, tout en respectant le décret du 3 décembre 1947, soit génératrice d'un certain degré de différenciation par rapport aux offres de ses concurrents. Cette stratégie s'est déployée en s'appuyant sur trois politiques : l'instauration de marqueurs symboliques révélant le niveau supérieur de l'école, la création de services professionnalisants et, enfin, la modernisation des locaux de l'école.

3. L'instauration de symboles marquant le statut d'établissement d'enseignement supérieur de l'école

La reconnaissance de l'école comme établissement d'enseignement supérieur entraîne une rupture avec son histoire d'école de commerce secondaire et post-secondaire. Dans l'immédiat, le cycle secondaire de l'école, qui avait été ouvert en 1905 et était dénommé « École secondaire de commerce de Paris » depuis 1941, est contraint de fermer ses portes à l'issue de l'année scolaire 1948-1949[244]. De même, les sections préparatoires au cycle supérieur d'enseignement de l'école – sections créées en 1929 – sont closes à l'issue de l'année scolaire 1953-1954. Enfin, en 1966, la détention du baccalauréat devient désormais obligatoire pour intégrer l'école ; condition de diplôme qui avait été instaurée à HEC en 1954.

Sur le moyen terme, cette nouvelle qualification implique plusieurs transformations pour l'école. En effet, si de droit, elle est désormais un établissement de formation supérieur, il revient à la direction de s'assurer que, de fait, ce nouveau statut soit bien ressenti par les parties prenantes de l'établissement. S'affirmer comme un établissement d'enseignement supérieur et non comme une école secondaire ou post-secondaire est, à l'époque, un objectif hautement stratégique pour l'école. En effet, ses concurrentes directes visées par le décret du 3 décembre 1947 sont également devenues de droit des établissements d'enseignement supérieur sans avoir nécessairement su pour autant en observer les pratiques. Comme le déplorent alors, par exemple, les élèves de l'École supérieure de commerce de Rouen, dans les années 1950, « l'ambiance est beaucoup plus celle d'une classe de seconde au lycée que celle d'une école supérieure. La discipline est étroite et appliquée à la lettre d'un règlement datant de 1919 ! »[245].

L'enjeu n'est pas seulement stratégique, il est aussi humain pour la direction de l'école. En effet, du fait du conflit, beaucoup des élèves qui ont fréquenté l'établissement pendant les années 1940 ont vécu une vie extra-scolaire très responsabilisante. Beaucoup ont participé à une ou plusieurs campagnes militaires et assisté à des spectacles effroyables qui leur ont définitivement fait

---

[244] La fermeture de l'École secondaire de commerce de Paris, avenue de la République, n'est pas uniquement due aux effets du décret du 3 décembre 1947. Elle s'inscrit dans un projet plus global de refondation des activités d'enseignement de la Chambre de commerce de Paris. La commission d'orientation des activités consulaires, formée le 6 octobre 1948, avait remis le 11 mai 1949 un rapport au président de la Chambre allant dans ce sens. Ce rapport constatait, notamment, que si les quatre écoles de commerce de niveau secondaire (École commerciale de la rive droite, rue Trudaine, fondée en 1863 ; École commerciale de la rive gauche, rue Moisant, fondée en 1908 ; École commerciale secondaire de Paris, avenue de la République ; École commerciale pour jeunes filles, rue de Naples, créée en 1916) avaient joué un rôle précurseur dans leurs premières années, leur imitation par les établissements publics d'enseignement technique leur avait ôté une grande partie de leur originalité. Cette situation était aggravée par la loi du 4 août 1942, entrée en application en 1948, qui interdisait aux écoles privées de délivrer leur propre diplôme et les soumettait au régime des examens de l'enseignement public. Sur la base de ce rapport, la direction de la Chambre décida donc de ne conserver que deux des quatre écoles de commerce secondaires. L'École commerciale de la rive droite fut regroupée en 1953 avec l'École commerciale de la rive gauche dans un seul bâtiment, rue Moisant, sous le nom d'« École commerciale de jeunes gens » ; tandis que l'École commerciale secondaire de l'avenue de la République dut fermer en juin 1949. Source : Chambre de commerce et d'industrie de Paris (1988), *L'École commerciale de la Chambre de commerce et d'industrie de Paris. 125 ans d'enseignement commercial*, livre de l'exposition organisée à la Bourse de commerce du 8 novembre au 30 novembre 1988, Paris, pp. 29-31.

[245] Schieb P.-A. (1991), *L'École supérieure de commerce de Rouen, 1871-1991, Essai historique*, Mont-Saint-Aignan, Sup de Co Rouen, p. 79.

quitter l'âge de l'enfance. Revenant à l'école après la guerre pour en obtenir le diplôme, ils attendent de la direction qu'elle les traite désormais en adultes et non plus en écoliers. Comme en témoigne, Jean Feray, diplômé en 1947 quelques mois avant que l'école ne soit officiellement reconnue comme un établissement d'enseignement supérieur[246] :

> « Le règlement tatillon, qui se justifiait peut-être pour des adolescents, passait mal avec des adultes. Interdiction aux internes de sortir pendant l'heure du déjeuner pour faire leurs achats de rentrée. Une heure et demie d'attente pénible en étude avant d'être autorisé à entrer dans le réfectoire où, à peine étaient-ils servis, qu'il fallait évacuer la salle, un fruit à la main, pour attendre dans la cour que reprennent les cours. »

Dans ces conditions, l'École supérieure de commerce de Paris est donc amenée à transformer sa culture très « scolaire », héritée de l'enseignement secondaire, pour l'élever au niveau universitaire. Très vite, la direction de l'école a ainsi cherché à affirmer son nouveau statut par plusieurs procédés. D'abord, la discipline très stricte qui était appliquée est assouplie : tous les élèves sont désormais traités comme des étudiants. De ce fait, l'école assouplit dès la fin des années 1940 son régime disciplinaire. Elle permet aux « étudiants » d'organiser plus librement leur travail et de ne plus nécessairement rendre des comptes à leurs parents. Par exemple, avant 1947, les élèves mariés pendant leur scolarité étaient tenus, en cas d'absence, de fournir un mot d'excuse de leurs parents quand bien même ils auraient quitté le domicile parental pour vivre avec leur épouse… Un ancien élève, Maurice Girard (promotion 1946) témoigne :

> « J'ai été le premier élève marié pendant ses études. Ce cas particulier, compte tenu de la discipline de cette époque, posait un vrai problème. En cas d'absence, l'élève devait fournir un mot d'excuse de ses parents. Ne vivant plus chez eux, le mot ne présentait plus d'intérêt mais, comme la loi est la loi, il fallut négocier avec le directeur François Belin le remplacement de l'autorité parentale par celle de l'épouse. Il fallait avoir de l'humour ! »

Le dispositif des « correspondants », en pratique à l'école depuis la fin du dix-neuvième siècle est, de même, aboli dès la rentrée d'octobre 1949[247]. Les étudiants sont considérés, dès la rentrée de 1949, non plus comme des écoliers à surveiller, mais comme des étudiants qui doivent être parties prenantes de leur scolarité. Ainsi, l'attribution forcée des places en classe (pour rendre leurs occupants responsables des dégradations éventuelles) est supprimée à cette période.

Ensuite, l'école laisse désormais davantage d'initiatives aux étudiants. Elle leur permet de s'initier au sens des responsabilités avec le Bureau des élèves

---

[246] « Lettre manuscrite de Jean Feray », dossier du 175e anniversaire de ESCP, conservé aux archives de la bibliothèque de ESCP.

[247] Le dispositif des « correspondants » établissait que les élèves – même majeurs, même externes –, dont les familles n'habitaient pas Paris ni la banlieue, devaient avoir obligatoirement un correspondant remplaçant les parents quand le respect de la discipline ou de l'hygiène de l'école l'exigeait.

(BDE), créé en même temps que l'Association des élèves en 1950. Cette association a pour but d'assurer la représentation des étudiants et de participer à la promotion de l'école en organisant des manifestations. Plus ponctuellement, elle se charge aussi des sujets militaires qui, à l'époque, concernent les étudiants de l'école comme la gestion des sursis, ou les questions de logements. L'administration encourage les étudiants à pratiquer des activités extra-scolaires. De ce fait, dès la fin des années 1940, la direction autorise la création des premières associations étudiantes, comme le montre le tableau ci-dessous.

Types d'association	Nom de l'association	Objectifs principaux de l'association	Année de création
Sportive	Association sportive de l'ESCP	Encourager la pratique sportive des étudiants et organiser des compétitions inter-écoles	1946
Administrative	Association des élèves de l'ESCP	Créer et développer entre les étudiants des trois promotions de l'école des liens de camaraderie et d'entraide mutuelle ; représenter l'école à l'extérieur	1950
Littéraire	Millésime ESCP	Promouvoir l'image de marque de l'école	1953
Théâtrale	La Troupe Dudragne	Initier les étudiants à la pratique du théâtre et présenter en fin d'année une pièce jouée dans les Grandes écoles ou dans un théâtre parisien	1959
Gestionnaire	Le Grand prix de la publicité ESCP	Permettre aux étudiants d'acquérir un complément de formation en mesurant l'impact des campagnes publicitaires des entreprises commanditaires	1959
Éducative	Communauté universitaire du marché commun	Organiser avec les universités et les Grandes écoles des conférences sur des thématiques européennes et des voyages d'études en Europe	1960
Sportive	Le Ski-Club de l'ESCP	Organiser une compétition de ski entre les établissements d'enseignement supérieur de Paris : les jeux universitaires de Paris	1964
Gestionnaire	Les missions économiques ESCP	Permettre aux étudiants d'acquérir un complément de formation en menant pour le compte d'entreprises des études économiques sur des pays étrangers	1966
Culturelle	Le Ciné-Club de l'ESCP	Projeter aux étudiants pendant l'heure du repas des films récents	1967
Culturelle	La Fanfare de l'ESCP	Permettre aux étudiants de pratiquer la musique, et offrir un concert de fin d'année	1967
Politique	Les Tribunes ESCP	Intéresser les étudiants aux problèmes fondamentaux de l'actualité en organisant des rencontres avec des personnalités du monde contemporain	1969

Liste des premières associations créées par les étudiants de l'école entre 1946 et 1969.

Certaines de ces associations poursuivent des objectifs récréatifs telles que l'association littéraire « Prix Hermès », créée en 1960, avec pour mission de couronner chaque année un premier roman en langue française rédigé par un auteur de moins de quarante ans. En revanche, d'autres associations poursuivent des finalités qui sont directement en lien avec la formation commerciale dispensée à l'école, comme par exemple l'association économique « Les missions économiques » (1966), chargée d'effectuer au bénéfice des entreprises françaises, des études concernant des questions de distribution, d'implantation ou de prospection. Cette association sans but lucratif cherche à promouvoir chaque année la connaissance économique des pays étrangers. Les missions, d'une durée variant entre une à dix semaines, sont organisées sur place et uniquement avec des étudiants[248]. Ainsi, la Chine (1966), l'Amérique latine (1967), le Moyen-Orient (1968) et le Japon (1969) ont fait l'objet des premières missions. Ce service d'études embrasse une large palette de prestations : recherche d'importateurs, études d'investissements, études des réseaux de distribution, études concurrentielles, segmentation de la clientèle étrangère potentielle, études du système bancaire étranger, etc. Pendant le déroulement de la mission, des rapports réguliers sont adressés à l'entreprise commanditaire et, à l'issue de la mission, un rapport écrit confidentiel lui est remis dans les semaines qui suivent. À côté de cette activité de prestations d'études sur-mesure, les « Missions économiques ESCP » rédigent également chaque année un rapport public pour servir de guide pour les entreprises souhaitant exporter dans le pays étranger considéré[249].

La multiplication des associations étudiantes s'accompagne de la création d'événements étudiants organisés avec le soutien de la direction. La « Nuit de l'ESCP », la « Nuit de la Dentelle », la « Nuit de la Publicité », la « Nuit de l'Évasion » sont ainsi créées par les étudiants dans les années 1950. Comme se le remémore un ancien étudiant du début des années 1950 :

> « Avec notre Bureau des Élèves, nous avons rétabli à l'École la plupart des traditions estudiantines. Il y eut un affectueux bizutage des nouveaux et une première "cafétéria" dans les locaux de l'Association sportive dirigée par le très populaire M. Boisteau. [...] Enfin, pour affirmer le prestige de notre École au sein de l'Union des Grandes écoles, nous avons organisé des Nuits de l'ESCP mémorables, dont la Nuit de la Dentelle, citée dans l'édition nationale de *France-Soir*, où les frères Jacques et Yves Montand chantaient devant un public vénitien ; la première Nuit de la Publicité dont le programme était illustré par Jean Cocteau, et la Nuit de l'Évasion [le 13 février 1953], au profit de

[248] Les étudiants des trois promotions de l'école sont mobilisés. Leur nombre varie généralement d'une douzaine à une quarantaine par année. Ponctuellement, des étudiants de HEC et de HEC-Jeunes Filles sont associés aux travaux de cette association.

[249] Le succès de cette association est réel : après vingt-cinq années d'existence, plus de 800 entreprises ont déjà fait appel à ses services, telles que Bull et Peugeot. Les pays visités sont divers : le Japon (1969), la Malaisie (1970), l'Australie (1971), le Mexique (1972), l'Afrique du Sud (1973), etc. Voir Missions économiques ESCP (1991), *La compensation du Vietnam à la Malaisie*, pp. 8-10. Voir aussi Missions économiques ESCP (1972), *Le marché australien*, pp. 1-3. Archives de ESCP.

l'Association sportive où l'École, décorée de haut en bas par les élèves des Beaux-Arts, accueillit 10 000 personnes. »[250]

Ensuite, symboliquement, la direction cherche à instaurer des traditions marquant son statut d'établissement supérieur. La mise en place des traditions universitaires se concrétise par la création de l'Ordre de Saint-Henri en 1951, dont la décoration est dessinée par Arthus-Bertrand, remis par un « chancelier » à des personnalités ayant accompli une action pour le développement de l'école ou de l'enseignement commercial[251]. Suite à l'instauration de l'Ordre de Saint-Henri, l'Association sportive de l'école adopte les couleurs de l'ordre : survêtement vert et épaulettes rouges. Il convient ici de rappeler que cette tradition s'inspire d'une mesure prise par la direction de l'école à ses débuts quand Saint-Henri avait été établi comme protecteur de l'école en 1825 par Henri Monnier des Taillades. Cette décoration est décernée dans le cadre de l'Association des élèves ou dans celui, plus vaste, de l'école pour récompenser une action particulière ayant contribué à servir l'école, à la façon des ordres étudiants de la plupart des universités étrangères.

4. L'ouverture grandissante de l'École au monde de l'entreprise

À une époque où l'économie française est prospère et marquée par le plein emploi, l'école cherche à préparer ses étudiants à occuper dans le monde du travail des positions élevées. De ce fait, elle les familiarise aux réalités économiques. Cette familiarisation se concrétise par une plus grande ouverture que par le passé au monde de l'entreprise. Cette ouverture se réalise de plusieurs façons.

Dès la fin des années 1940, la direction de l'école revoit les caractéristiques de son offre de formations pour en accroître la valeur professionnelle aux yeux de son public. Ainsi, dès la fin des années 1940, la dernière année de cours est vue comme une année de spécialisation[252]. Les nouvelles spécialisations qui sont mises en place renouent avec l'héritage des sections spécialisées créées à l'école entre 1905 et les années 1930. La direction crée quatre sections de spécialisation – un maximum par rapport aux autres écoles supérieures de commerce –, à savoir :

---

[250] « Lettre manuscrite de Roger Martinet », dossier du 175e anniversaire de ESCP, conservé aux archives de la bibliothèque de ESCP.

[251] Créée en 1803, l'entreprise Arthus-Bertrand conçoit et réalise des médailles et décorations civiles et militaires pour la France. Elle fabrique ainsi les médailles de la Légion d'honneur, les épées des académiciens ou encore plusieurs trophées sportifs comme celui de la coupe d'Europe des Nations.

[252] Le décret du 3 décembre 1947 laisse aux écoles la possibilité de créer une ou plusieurs sections spécialisées offrant sept heures de cours hebdomadaires, en plus des vingt heures obligatoires, pour les étudiants désirant approfondir une option.

- Une section « Finances et comptabilité », ouverte en 1948, qui propose des cours de finance de l'entreprise et de contrôle de la comptabilité ;
- Une section « Secrétariat général », ouverte en 1948, qui propose des cours préparatoires aux examens de l'expertise comptable. L'École supérieure de commerce de Paris est d'ailleurs parvenue à obtenir du gouvernement des avantages administratifs valables pour ses diplômés uniquement. Ainsi, aux termes du décret du 19 juillet 1948, le stage obligatoire de trois années pour devenir expert-comptable est réduit à une année pour les diplômés de l'école ;
- Une section « Distribution et commerce extérieur », ouverte en 1948 ;
- Une section « Juridique » ouverte en 1950. L'école obtient l'autorisation de permettre à ses étudiants bacheliers de préparer, parallèlement à leurs études, leur licence en droit.

Pour permettre aux étudiants de découvrir les grandes entreprises, la direction instaure des stages. Cette initiative est nouvelle par rapport aux périodes précédentes. Avant 1948, les élèves de l'école n'effectuaient aucun stage. Tout au plus visitaient-ils des entreprises en compagnie de leurs professeurs de technologie, mais il ne s'agissait pas d'une immersion de longue durée, ni même d'une mise en pratique des savoirs enseignés à l'école puisque la tâche attendue des élèves était l'observation. La politique des stages inaugure ainsi une ère de responsabilisation pour les étudiants. Dès 1948, l'école instaure un stage obligatoire de deux mois pour tous les élèves entre la deuxième et la troisième année. En 1965, elle oblige les étudiants, dès la fin de la première année d'études, à réaliser un stage d'exécution dit « stage ouvrier ». Seul le stage de fin de troisième année est facultatif à l'époque. Dans les années 1960, la direction de l'école met en place, avec le soutien du BDE, un comité des stages pour inciter les élèves à effectuer, comme leurs homologues de HEC ou de l'ESSEC, un stage de fin d'étude à l'issue de la troisième année. Ce comité est chargé de prospecter directement les entreprises susceptibles d'offrir des stages en France et à l'étranger.

L'école crée également des occasions d'échanges réguliers et formels entre les élèves et les entreprises. Avant 1947, ces échanges n'existaient pas : les élèves pouvaient rencontrer les représentants du monde de l'entreprise lors des « visites industrielles », mais aussi à l'occasion des examens de fin d'année où des représentants du monde de l'entreprise pouvaient faire office d'examinateurs. Ainsi, la direction crée dans les années 1950 des réunions annuelles, les « Entretiens ESCP », où des hommes d'affaires viennent échanger avec les étudiants, à l'instar de l'économiste Jacques Rueff ou de l'industriel Eugène Schueller, pour la seule année 1955 (voir photographie ci-dessous).

René Villemer, directeur de l'école, inaugurant la cinquième saison des « Entretiens ESCP », le 15 décembre 1954.

Commentaire : le directeur de l'école (à droite de la photographie) reçoit Eugène Schueller, fondateur et PDG de Monsavon-L'Oréal, mais aussi parrain de la promotion 1955. À l'arrière-plan, Yvonne Foinant, fondatrice et présidente de l'Association des femmes chefs d'entreprises françaises, depuis sa création en 1945. Yvonne Foinant, initialement maître de forge, avait fondé cette association pour soutenir les femmes entrepreneurs dans leurs ambitions professionnelles. Son parcours exceptionnel lui avait valu d'être nommée marraine de la promotion 1955. Parmi les nombreux conseils prodigués par Eugène Schueller aux étudiants de l'école, il faut rappeler celui de ne pas se marier trop tôt car « le mariage entrave la réussite d'une carrière par les charges familiales qu'il génère »... Une seule voix discordante devait se faire entendre dans l'amphithéâtre : celle d'Yvonne Foinant, mariée avant ses 20 printemps, et devenue dirigeante d'entreprise ! Ingénieur de formation et de profession, René Villemer, était très attaché à nouer et à entretenir des liens entre les milieux industriels et son école. Ces liens seront resserrés au point que, en 1961, la Chambre de commerce et d'industrie de Paris installera dans les locaux du 79 avenue de la République une école d'artisanat de mode : l'École supérieure des industries du vêtement, dont le directeur ne sera autre que René Villemer[253].

Par la suite, en 1966, est lancé le premier « forum entreprises » pour permettre aux étudiants de rencontrer directement leurs potentiels futurs

[253] L'École supérieure des industries du vêtement (ÉSIV) a été créée en octobre 1945 par la Chambre de commerce de Paris pour former les personnels d'encadrement des entreprises du secteur de l'habillement. La durée de la scolarité est fixée à une année. La taille des promotions est modeste avec une vingtaine d'élèves seulement. C'est pourquoi, cette école est installée dans une aile du 79 avenue de la République en 1961. En 1972, l'école est transférée boulevard Saint-Marcel. En 2013, cette école a été fusionnée avec les Ateliers Grégoire et l'Atelier d'étalage, donnant ainsi naissance à l'École des métiers de la mode et de la décoration, également connue sous le nom « La Fabrique ». Aujourd'hui, cette école est installée dans le dix-septième arrondissement de Paris.

employeurs. La direction de l'école crée également une direction des relations extérieures dans les années 1960 pour assurer l'interface entre les entreprises et les étudiants et mieux se faire connaître auprès des milieux professionnels[254]. Ce service offre un conseil d'orientation pour aider les étudiants à mieux définir leur projet professionnel. Il organise des manifestations à l'école au cours desquelles les étudiants entrent en contact avec les représentants des entreprises. Ce type de création est alors sans équivalents dans les autres écoles supérieures de commerce où les services des stages et des relations extérieures n'apparaissent que dans les années 1970.

Sur le plan pédagogique, la période voit la naissance du Centre d'études supérieures de la distribution de Paris (CESDIP) : il s'agit d'une quatrième année de spécialisation qui prolonge les études de l'École supérieure de commerce de Paris. Pour permettre aux personnels de suivre ces cours, les enseignements y sont assurés le soir, à raison de deux ou trois séances par semaine auxquelles sont ajoutés cinq à six samedis matins dans l'année. Cette configuration – qui annonce les activités de formation continue – est un pas important vers le rapprochement de l'école vers le monde des entreprises.

Enfin, l'école augmente la proportion de ses professeurs praticiens – hommes d'affaires, experts-comptables, avocats, etc. – pour tendre vers les taux offerts à HEC. Au début des années 1960, 54 % des professeurs de l'École supérieure de commerce de Paris sont des praticiens, contre 56 % à HEC. Par comparaison, ces taux sont alors les plus élevés parmi les écoles de commerce françaises : aux écoles supérieures de commerce de Marseille et de Dijon, les taux de professeurs praticiens sont, respectivement, de 48 % et de 45 %.

D'une manière générale, l'une des premières préoccupations de l'administration de l'école est l'avenir professionnel de ses diplômés. Cette préoccupation, qui auparavant était principalement celle de l'Association des anciens élèves, devient celle de la direction de l'école en 1959. Cette année-là, en effet, l'école lance pour la première fois une enquête auprès de ses anciens élèves pour déterminer leurs métiers. La première enquête est rendue publique à l'occasion de l'inauguration d'un nouvel amphithéâtre et révèle que 72 % des anciens élèves occupent des postes de cadres supérieurs (directeurs, chefs de service) et que 15 % occupent des postes de chefs d'entreprises ou de directeurs généraux.

5. La modernisation des locaux de l'École

La modernisation des locaux est une opération menée par la direction de l'école pour deux raisons.

---

[254] « Procès-verbal de la commission administrative de l'École supérieure de commerce de Paris ; séance du 18 novembre 1981 », p. 10. Archives de ESCP.

D'abord, la rénovation des locaux permet, symboliquement, de marquer le renouveau de l'établissement. À statut d'établissement supérieur, locaux de niveau supérieur. De ce fait, la clôture qui séparait la cour de l'école en deux cours – l'une pour le cycle secondaire et l'autre pour le cycle supérieur – est démontée dès 1948 pour faire place à une vaste cour à destination des étudiants. De même, l'école rénove les locaux qui, depuis leur construction en 1898 et les extensions des années 1900, n'avaient pas été modernisés. Les vingt-deux salles de classes vétustes, de même que les deux amphithéâtres de cent places aménagés en 1905, sont profondément rénovés dans les années 1950 et font place à quinze salles de classes modernes et à six amphithéâtres lumineux pouvant accueillir 150 élèves. L'inauguration des nouveaux amphithéâtres est l'occasion pour l'école de communiquer dans les médias et d'inviter des personnalités de premier plan – président de la Chambre de commerce de Paris, président de la Chambre de commerce internationale, directeur général de l'enseignement technique, etc. Par la suite, l'école est l'une des premières à créer en 1960 le premier laboratoire de langues (voir photographie ci-dessous) ainsi qu'un restaurant universitaire. En outre, l'ouverture grandissante de l'école au monde de l'entreprise incite l'administration à moderniser ses locaux qui accueillent de plus en plus régulièrement des manifestations professionnelles.

Le laboratoire de langues créé en 1960 à l'école.

Commentaire : à ESCP, l'apprentissage des langues vivantes a très tôt été l'une des préoccupations des dirigeants. Ainsi, dès 1823, trois langues étrangères – anglais, allemand, russe – sont enseignées et l'étude de l'une d'entre elles, au moins, est obligatoire. En 1825, neuf langues sont proposées aux élèves – allemand, espagnol, italien, anglais, slave, grec moderne, turc, arabe, persan – dont trois obligatoires. Au cours du temps le nombre de langues étrangères a varié, tombant à quatre langues dans les années 1870, pour culminer à onze langues en 2003. Leur diversité s'est également accrue, avec par exemple l'enseignement de l'espéranto à partir de 1921 ou celle du chinois à partir de 1964. La proportion de l'emploi du temps consacrée à l'étude des langues étrangères n'est, quant à elle, jamais descendue à moins de deux heures hebdomadaires dans le programme « Grande école ».

Le restaurant universitaire de l'école dans les années 1960.

Commentaire : le nouveau réfectoire de l'école témoigne des préoccupations contemporaines. Il s'agit, en effet, d'un espace vaste, lumineux, propre et fonctionnel permettant de restaurer près de 700 élèves pour le déjeuner du midi. L'évolution du réfectoire est saisissante quand elle est appréhendée par rapport au dix-neuvième siècle : à cette époque, le luxe des installations était le premier critère à satisfaire pour rehausser le prestige de la jeune école. Les visites de l'établissement par les notables, les étrangers et les parents d'élèves étaient utilisées par la direction comme argument promotionnel. Pour prouver que l'administration traitait les élèves avec certains égards, le réfectoire devait être aménagé avec un minimum d'apparat. Lorsque l'école était installée rue Amelot (1838-1898), dans un ancien hôtel particulier du dix-huitième siècle, la Chambre de commerce de Paris avait veillé à ce que le réfectoire soit à la mesure de ce que l'édifice pouvait représenter de l'art de vivre à la française : les tables en marbre avaient été installées dès 1869, le sol avait été pavé de mosaïques tandis que les plafonds avaient été ornés de corniches et les murs agrémentés de bustes de négociants célèbres. Un tel lustre semblait alors approprié à l'esprit du lieu de même qu'à la modestie des effectifs scolaires (une centaine d'élèves par an) qui donnait à l'école l'allure d'un pensionnat sélectif. À l'occasion de son installation avenue de la République en 1898, l'école mit en place un nouveau référentiel. Avec le triplement des effectifs scolaires, le luxe des installations devenait superflu et coûteux : le réfectoire se devait d'être fonctionnel, c'est-à-dire propre et rapide à laver. Dès lors, la toile cirée recouvrit le marbre, le carrelage se substitua à la mosaïque et les bustes décoratifs rejoignirent la salle de dessin. Seule la faïence vernissée garnissait les murs. Ces évolutions étaient très modernes pour l'époque et permettaient au personnel d'entretien, après le déjeuner, d'asperger au jet d'eau les murs et les sols pour éviter les relents et garantir la salubrité des lieux. Le réfectoire n'était plus dès lors considéré comme une salle-à-manger où les élèves pouvaient avoir le loisir de discuter autour du principal repas quotidien ; il devenait un dispositif rationnel où l'espace et le temps (du repas, du nettoyage, de l'installation) devaient être davantage optimisés.

Ensuite, à ce rôle symbolique des locaux, il faut ajouter un rôle concurrentiel. Les années 1950 et 1960 voient toutes les écoles concurrentes procéder à la modernisation de leurs locaux. Par exemple, l'École supérieure de commerce de Rouen est à l'étroit dans ses murs historiques ; les agrandissements de 1958, n'ayant offert que six salles de cinquante places et six autres plus petites[255]. C'est pourquoi l'école quitte le centre-ville pour s'installer en 1966 sur le campus universitaire de Mont-Saint-Aignan. De même, l'École supérieure de commerce de Bordeaux quitte le centre-ville bordelais pour s'installer à Talence en 1969. L'École supérieure de commerce de Lyon quitte, pareillement, le centre-ville lyonnais en 1972 pour s'installer à Ecully[256].

Dès cette époque, la direction de l'école parisienne prend conscience de l'avantage que constitue sa localisation dans le centre-ville de la capitale. Au moment où HEC et l'ESSEC font le choix de s'installer en dehors de Paris, la direction de l'École supérieure de commerce de Paris fait le choix, après quelques hésitations en 1966-1967, d'y demeurer et d'agrandir ses locaux par l'édification d'une tour moderne de sept étages surmontés d'une terrasse en 1970-1971 (voir photographie ci-dessous). Par sa localisation dans Paris, en centre-ville, l'École supérieure de commerce de Paris peut accueillir une plus grande variété de publics professionnels et scolaires que les autres écoles de commerce, déménagées dans la banlieue de Paris, ou des grandes villes de province.

Le nouveau bâtiment inauguré à Paris, au 79 avenue de la République en 1971.

Commentaire : commencés en mai 1970, les travaux du nouveau bâtiment remplaçant l'ancien gymnase s'achèveront en septembre 1971 sous la houlette de deux architectes patentés : Jacques Greggory et Léonard Morandi. Ce dernier – descendant putatif de Napoléon III – est

---

255 Schieb P.-A. (1991), *L'École supérieure de commerce de Rouen, 1871-1991, Essai historique*, Mont-Saint-Aignan, Sup de Co Rouen, p. 81.

256 Blanchard M. (2015), *Les Écoles supérieures de commerce. Sociohistoire d'une entreprise éducative en France*, Paris, Classiques Garnier.

l'architecte du premier gratte-ciel d'Afrique du Nord, à savoir l'immeuble Liberté construit à Casablanca en 1951. Le nouvel édifice de l'école sera officiellement inauguré le 26 octobre 1971 à l'occasion du baptême de la promotion entrante en présence du premier président de la République du Sénégal, Léopold Sédar Senghor, du président de la Chambre de commerce et d'industrie de Paris et d'une demi-douzaine de ministres. Le nouveau bâtiment accueille un restaurant universitaire avec cuisines et réserves, un jardin de détente ainsi qu'une trentaine de salles de cours modernes et une soixantaine de bureaux pour les professeurs et les services administratifs. Le septième étage est initialement réservé au seul hébergement : une quinzaine de studios et trois appartements y sont aménagés pour y recevoir des professeurs invités et des étudiants étrangers. Cette disposition initiale ne durera guère : sous le directorat de Jean-Christian Serna (1974-1979), le bureau du directeur se substituera à l'un des appartements pour garantir une plus grande proximité de la direction avec les enseignants ; entraînant en chaîne la rapide disparition des autres logements initiaux. De fait, dès la fin des années 1980, l'ensemble de cet étage sera affecté à l'administration de l'école. La terrasse, inaccessible au grand public, accueille depuis octobre 2016 plusieurs ruches destinées à la production artisanale de miel. Cette photographie rappelle également que la cour de l'école faisait office de parking depuis les années 1960. Cet usage devait durer une quarantaine d'années avant qu'en 1999 la cour ne soit intégralement rendue à ses fonctions récréatives d'origine.

6. Un bilan mitigé : une stratégie permettant à l'École de se dresser en tête du réseau des écoles supérieures de commerce... derrière HEC et l'ESSEC

La stratégie adoptée par la direction de l'école à compter de 1947 a été mise en place dans un contexte de très fortes contraintes gouvernementales, ne lui laissant qu'une marge de manœuvre très limitée. Contrainte de se soumettre aux mêmes règles que les écoles supérieures de commerce de province, alors qu'elle ambitionnait de rejoindre le peloton de tête des meilleures écoles de commerce françaises – HEC et l'ESSEC –, la direction de l'École supérieure de commerce de Paris a « fait de nécessité vertu ». Ne pouvant s'affranchir des décrets gouvernementaux, elle a exploité au maximum les possibilités légales qui lui étaient offertes.

La direction de l'école a ainsi proposé une offre de formations dotée d'un différentiel de valeur perçu comme supérieur comparativement aux concurrents – notamment les autres écoles de commerce et les IAE –, par les étudiants, leurs familles et leurs recruteurs. Cette stratégie a permis à l'école d'attirer à elle un nombre croissant de candidatures et, de ce fait, d'augmenter ses frais de scolarité puis de renforcer sa sélectivité à l'entrée de l'école. Cette dernière est ainsi parvenue à afficher très tôt son caractère d'établissement d'enseignement supérieur ; elle a ouvert plus largement que par le passé ses murs au monde de l'entreprise et elle a modernisé ses locaux en conservant, contrairement à ses concurrentes directes, un emplacement en centre-ville.

À cet égard, la stratégie de l'École supérieure de commerce de Paris est couronnée de succès. À la fin des années 1960, l'école est en effet pleinement identifiée comme l'une des premières écoles de commerce en France ; ce qui n'était plus le cas pour la période 1905-1947 où son double niveau de formation, à la fois secondaire et post-secondaire, la rendait difficilement comparable aux autres écoles supérieures de commerce. Cette stratégie, couplée à sa notoriété, lui permet d'attirer à elle un nombre plus élevé de candidats que les autres écoles de commerce soumises au décret du 3 décembre 1947 ; ce qui permet à l'école parisienne de se montrer plus sélective. Le positionnement « *premium* » de l'école face à ses concurrentes de province est ainsi reconnu en termes quantitatifs, mais aussi qualitatifs.

En termes quantitatifs, au début des années 1960, elle représente 17 % de tous les étudiants des quinze ESCAE et 35 % des candidats au concours d'entrée[257]. Elle est la plus sélective avec un ratio de 8,3 candidats pour une place, contre 4,8 pour l'École supérieure de commerce de Lyon qui est l'école de province la plus sélective, et 0,9 pour celle d'Amiens qui est la moins sélective.

En termes qualitatifs, le vivier de recrutement de l'École supérieure de commerce de Paris est plus large et plus sélectif que celui des autres ESCAE. En effet, la majorité des élèves formés en classes préparatoires pour intégrer HEC présente également le concours d'entrée à l'école de l'avenue de la République. Dès 1966, l'École supérieure de commerce de Paris accueille 100 % de bacheliers, ce qui n'est le cas d'aucune autre des écoles de commerce soumises au décret du 3 décembre 1947[258].

Sur la période, en outre, la proportion d'élèves recrutés à l'issue d'une classe préparatoire aux grandes écoles a considérablement augmenté, passant de 4 % en 1946 à 60 % en 1955 puis à 89 % en 1969. La suprématie de l'École supérieure de commerce de Paris au sein des ESCAE est d'ailleurs reconnue par le gouvernement qui, au début des années 1960, met en place une liste complémentaire dans les écoles de façon à ce que les candidats non reçus à l'École supérieure de commerce de Paris, faute de places et malgré une moyenne supérieure à 10/20 au concours d'entrée, puissent intégrer une école supérieure de commerce en province. De ce fait, environ un tiers des élèves intégrant l'École supérieure de commerce de Rouen dans les années 1960 sont des candidats inscrits sur la liste complémentaire de l'École supérieure de commerce de Paris[259].

Cette situation témoigne de la réussite de l'École supérieure de commerce de Paris, qui, contrairement à ses concurrents directs, est parvenue à s'inscrire pleinement au sein de l'enseignement supérieur. Elle est aussi la plus élitiste socialement. Comme le révèle le tableau ci-dessous, l'origine

---

257 Le recrutement se fait à l'époque à partir d'un concours national où les épreuves sont les mêmes pour l'ensemble des ESCAE. Néanmoins, les candidats ne peuvent se présenter qu'à l'entrée d'une seule école et doivent donc choisir au préalable celle à laquelle ils souhaitent concourir. Cette contrainte entraîne un recrutement très régional. Blanchard M. (2015), *Les Écoles supérieures de commerce. Sociohistoire d'une entreprise éducative en France*, Paris, Classiques Garnier.

258 Au milieu des années 1960, en France, les bacheliers représentent 19 % d'une classe d'âge. Ils représentaient seulement 3 % d'une classe d'âge en 1945. En 2018, ils en représentent près de 80 %.

259 Morel G. (2006), « L'École supérieure de commerce de Rouen de 1967 à 1985 », in Académie des sciences, belles-lettres et arts de Rouen, *Précis analytique des travaux de l'Académie des sciences, belles-lettres et arts de Rouen*, Rouen, p. 72.

sociale des étudiants de l'école est nettement plus proche de celle des étudiants de HEC et de l'ESSEC que de celle des autres ESCAE.

Écoles de commerce/origines des étudiants	**Agriculteurs**	**Patrons de l'industrie et du commerce**	**Cadres supérieurs et professions libérales**	**Cadres moyens**	**Employés**	**Ouvriers**
HEC	0,9 %	11,4 %	50,3 %	11,6 %	7,3 %	1,3 %
ESSEC	1,4 %	11,7 %	57,2 %	16,8 %	1,2 %	0 %
ESCP	1,5 %	22,1 %	49,3 %	12,2 %	5,6 %	0 %
Ensemble des 15 ESCAE	5,6 %	30,5 %	34,5 %	14,7 %	8,2 %	6,4 %

Origine sociale des étudiants de HEC, de l'ESSEC, de ESCP et des quinze ESCAE en 1967-1968 en %[260].

Toutefois, si l'école est très vite parvenue à s'ériger à la tête du groupe des écoles de commerce soumises au décret de 1947, elle peine encore à s'imposer aux côtés de HEC et de l'ESSEC, dont la suprématie est incontestée à l'époque. De ce fait, la direction de l'École supérieure de commerce de Paris cherche à s'aligner dans la mesure du possible aux standards que proposent HEC et l'ESSEC qui, elles, ont la liberté de construire leur offre en dehors du réseau des ESCAE.

Jusqu'en 1969 inclusivement, la direction de l'École supérieure de commerce de Paris fait ainsi le choix de demeurer non mixte. Cette mesure la distingue des quinze écoles supérieures de commerce soumises au décret du 3 décembre 1947 qui sont déjà mixtes depuis les années 1910-1920. Ce faisant, l'École supérieure de commerce de Paris s'aligne sur le modèle de HEC et de l'ESSEC qui, elles aussi, refusent encore la mixité en leurs murs. À une époque où la très grande majorité des postes à responsabilités en entreprises est confiée à des hommes exclusivement, le choix de l'École supérieure de commerce de Paris peut s'interpréter comme une manœuvre pour ne pas déprécier la valeur de sa formation[261]. Parmi les autres traits qu'elle emprunte à HEC et à l'ESSEC, figurent également les stages obligatoires – qui ne constituent pas encore une norme au sein des ESCAE – et le recrutement exclusif de bacheliers ; ce que ne peuvent se permettre les quinze autres ESCAE, nettement moins prestigieuses que l'école parisienne.

[260] Blanchard M. (2015), *Les Écoles supérieures de commerce. Sociohistoire d'une entreprise éducative en France*, Paris, Classiques Garnier, p. 74.
[261] Blanchard M. (2015), *Les Écoles supérieures de commerce. Sociohistoire d'une entreprise éducative en France*, Paris, Classiques Garnier, p. 113.

CHAPITRE 6

La diversification du portefeuille d'activités au niveau national : de l'École supérieure de commerce de Paris au Groupe ESCP (1969-1999)

L'année 1969 ouvre une nouvelle période dans l'histoire de l'École supérieure de commerce de Paris : c'est le 5 juin de cette année que la Chambre de commerce et d'industrie de Paris obtient l'autonomisation de l'école vis-à-vis du réseau des « Sup de Co » (1.). Après être, non sans difficultés, devenue mixte (2.), l'école élargit progressivement son portefeuille de formations (3.). Son objectif est de devenir un établissement d'enseignement supérieur de deuxième cycle en gestion, proposant une gamme de formations étendue à un public élargi (4.), tout en assurant une mission de recherche en gestion (5.). Toutefois, si le plan de développement de l'école est initialement innovant, il est cependant rapidement imité par ses concurrents (6.).

1. L'AUTONOMISATION DE 1969 : UNE LIBERTÉ D'INITIATIVE STRATÉGIQUE RETROUVÉE

À la fin des années 1960, un nouveau directeur prend la tête de l'école : Jean Vigier. Né en 1909 à Troyes dans l'Aube, Jean Vigier a suivi des études de lettres ; discipline qu'il a enseignée par la suite en tant qu'instituteur dans le département de la Seine. Licencié en lettres, il est recruté le 1er octobre 1936 par la Chambre de commerce de Paris. Cette dernière le nomme professeur (1936-1938) puis censeur des études (1938-1946) à l'École commerciale, au 3 rue Armand-Moisant, avant de le nommer directeur de celle-ci en octobre 1946. À partir de 1950, il réforme les méthodes d'enseignement de cette école via, notamment, l'introduction de l'étude des cas et la participation des entreprises à l'enseignement. Cette école devient l'« École commerciale de la Chambre de commerce et d'industrie de Paris »

(ECCIP) en 1963[262] ; quelques mois avant que Jean Vigier ne soit nommé directeur-adjoint de l'École supérieure de commerce de Paris en octobre 1964.

Au cours de ces années, il effectue deux missions au Brésil (mars-avril 1962 et avril 1963-avril 1964) pour le compte du Bureau international du travail. C'est à la suite du départ en retraite de René Villemer qu'il devient directeur de cette école le 1er janvier 1967. Sa direction est marquée par la multiplication des projets de modernisation de l'école ; projets qui lui ont, en partie, été inspirés par les écoles de commerce nord-américaines.

En effet, en mars 1968, le directeur de l'école, accompagné de ses homologues d'Amiens[263], du Havre, de Lille et de Rouen, réalise un voyage d'études de dix jours aux États-Unis où ils sont reçus par les doyens de sept prestigieuses *business schools* dont la Harvard Business School et la Wharton Business School[264]. De retour en France, leur expérience est traduite en suggestions qu'ils formalisent dans un « projet de réformes des méthodes et des programmes d'enseignement dans les ESCAE ». Du fait de la couleur de sa couverture, ce dossier sera vite surnommé le « plan vert ». Ce projet préconise d'instaurer une plus grande flexibilité pour que les administrations puissent orienter différemment leurs écoles mais également d'instaurer plusieurs enseignements empruntés à certaines écoles nord-américaines, comme le marketing ou le contrôle de gestion, ou encore l'étude des cas. Il s'agit, en outre, de transformer les ESCAE, qui étaient jusque-là des écoles professionnelles, c'est-à-dire formant à des professions précises, notamment dans les domaines de la comptabilité et du commerce,

---

[262] L'histoire de l'ECCIP est ancienne et mérite ici d'être rappelée. L'École commerciale a été créée par la Chambre de commerce de Paris, sur la rive droite de la capitale, rue Trudaine, en octobre 1863. Cette école est regroupée une première fois en octobre 1953 à l'École commerciale de la rive gauche pour former l'École commerciale de jeunes gens, rue Moisant. Cette école, devenue en 1963 l'École commerciale de la Chambre de commerce et d'industrie de Paris, fut rendue mixte en 1981. Cette école est ensuite fusionnée une deuxième fois en 1999 avec le Centre de préparation supérieur au secrétariat (CPSS) pour donner naissance à l'école Advancia. Cette dernière connaît une troisième fusion en 2011 avec l'école Négocia pour donner naissance à Novancia Business School. Source : Chambre de commerce et d'industrie de Paris (1988), *L'École commerciale de la Chambre de commerce et d'industrie de Paris. 125 ans d'enseignement commercial*, livre de l'exposition organisée à la Bourse de commerce du 8 novembre au 30 novembre 1988, Paris, pp. 29-31. Suite à la réorganisation des services d'enseignement consulaires en 2015, Novancia Business School a fermé définitivement ses portes à l'issue de l'année scolaire 2018-2019.

[263] Le directeur de l'ESCAE d'Amiens est alors un jeune trentenaire, récemment nommé : il s'agit de Michel Furois, qui fondera en 1973, l'école de commerce européenne EAP dont il sera le premier directeur. Comme nous le verrons au chapitre 7, cette école fusionnera avec le Groupe ESCP en 1999.

[264] Ils visitèrent également la Colombia University, la New York University, la Chicago University, la North Western University et Ann Arbor University. Après ce périple, le directeur de l'école parisienne regagna la France tandis que trois de ses collègues – les directeurs des ESCAE d'Amiens, de Rouen et de Lille – poursuivirent leur voyage jusqu'au Canada où ils visitèrent HEC Montréal. Source : « Procès-verbal de la commission administrative de l'École Supérieure de Commerce de Paris ; séance du 3 avril 1968 », pp. 2-5. Archives de ESCP.

en écoles professionnalisantes, c'est-à-dire davantage tournées vers le développement de savoir-faire transférables à tout type d'organisation[265].

Sur le plan stratégique, le « plan vert » alimentera le repositionnement de l'école pendant le mandat de Jean Vigier. À l'époque, l'enseignement supérieur de la gestion en France comprend trois cycles supérieurs : les établissements de premier cycle (les IUT) forment en deux années de scolarité après le baccalauréat des techniciens supérieurs, tandis que le deuxième cycle est composé d'écoles qui, après une année de préparation, forment les étudiants pendant trois ans. Ce deuxième cycle est représenté par des écoles comme HEC, l'ESSEC et les ESCAE. Le troisième cycle est encore embryonnaire : il est uniquement représenté par l'INSEAD qui délivre un MBA en France[266]. Ce troisième cycle, de deux années, forme les étudiants ayant achevé leurs études de deuxième cycle, qu'ils proviennent des universités, des écoles de commerce ou des écoles d'ingénieurs. À cette époque, la crainte de la Chambre de commerce et d'industrie de Paris est que, si elle ne crée pas elle-même un troisième cycle de formation en gestion, une autre école « analogue à l'ÉNA », selon ses termes, ne soit créée par les pouvoirs publics.

La direction de Jean Vigier est, de ce fait, animée par les divers projets consulaires de réorganisation de l'école. L'un des projets les plus aboutis, soutenu d'ailleurs par Jean Vigier, consiste à transformer HEC en école de commerce de troisième cycle, comme l'INSEAD, de façon à ce que l'École supérieure de commerce de Paris prenne la place laissée vacante par HEC en tant qu'école de gestion de deuxième cycle. Ce projet prévoit, en outre, un déménagement de l'école à Jouy-en-Josas, dans les locaux de HEC inaugurés en 1964 par le général De Gaulle. Les anciens élèves sont initialement favorables à ce projet « à condition que le nom de l'ESCP, le plus ancien des établissements de haut enseignement économique, soit maintenu, et que le transfert se fasse de façon souple »[267]. Leur soutien est motivé par le fait qu'il permettrait de repositionner l'école par rapport aux ESCAE de province. Ce projet est officiellement adopté par la commission administrative de l'école le 3 juillet 1967 pour être effectif à la rentrée d'octobre 1969. Cependant, les circonstances – et notamment le climat perturbé à la suite de Mai 1968 – vont conduire à l'abandon de ce projet qui aurait présenté l'inconvénient de réunir sur un même site, à Jouy-en-Josas, une population étudiante trop importante[268].

---

[265] Blanchard M. (2015), *Les Écoles supérieures de commerce. Sociohistoire d'une entreprise éducative en France*, Paris, Classiques Garnier, p. 101.

[266] L'INSEAD a ouvert ses portes en 1959 avant que l'Institut supérieur des affaires (ISA) ne soit ouvert en 1969. Ces sont les premières écoles de commerce à avoir proposé des MBA en France.

[267] « Procès-verbal de la commission administrative de l'École supérieure de commerce de Paris ; séance du 3 juillet 1967 », p. 2. Archives de ESCP.

[268] De fait, les événements de Mai 1968 n'ont pas beaucoup perturbé l'école. Comme en témoigne un ancien élève, Bertrand de Leusse, étudiant à l'école à l'époque : « Peu d'entre nous se sentirent concernés par les événements de Nanterre quand, dans la nuit du 22 mars 1968, Cohn-Bendit, Geismar et Sauvageot lancèrent l'appel qui servit de base à la révolte des

Si ce projet n'aboutit pas, la stratégie de l'école ressort cependant modifiée pendant cette période. En effet, grâce à la très forte mobilisation des élèves et des anciens élèves auprès du ministère de l'Éducation nationale, l'école parvient à obtenir, le 5 juin 1969, son autonomie. À l'époque, le terme « autonomie » ne recouvre pas la même signification que le terme « autonomie » qui sera utilisé à partir de 2018 pour l'école. En 1969, il s'agit d'une autonomisation relative vis-à-vis des pouvoirs publics de l'État, et non vis-à-vis de la Chambre de commerce et d'industrie de Paris. L'autonomisation dont il est question en 1969 désigne plus précisément la sortie de l'école du réseau des « Sup de Co » soumises à une réglementation commune depuis 1947 en matière de modalités de recrutement des élèves et de délivrance du diplôme. Cette réglementation commune, comme nous l'avons mentionné au chapitre précédent, s'est poursuivie au cours des années 1950 et 1960, laissant une très faible marge de manœuvre stratégique à la direction de ces écoles – dénommées « ESCAE » à partir de 1964.

L'arrêté du 5 juin 1969 prenant effet immédiatement, l'école redevient « École supérieure de commerce de Paris » en lieu et place de « École supérieure de commerce et d'administration des entreprises de Paris »[269]. Elle organise dès juin 1969 sa propre session d'examens de sortie, indépendamment des examens des ESCAE. Sur les 247 étudiants de troisième année, tous sauf 3 reçoivent ainsi le nouveau diplôme de l'école. Toutefois, l'arrêté n'ayant été signé qu'en juin 1969, la direction de l'école n'a pu organiser son propre concours de recrutement en première année pour la rentrée suivante. Elle obtient donc l'accord de la Commission permanente des ESCAE pour utiliser le concours national de ces écoles afin de recruter avec elles, pour la dernière fois, ses étudiants de première année. Ce sera à l'été 1970 que le concours d'entrée spécifique à l'école sera mis en place avec une grande nouveauté par rapport à la période précédente : l'introduction de plusieurs épreuves orales pour évaluer le niveau des candidats admissibles à la fois en mathématiques, dans deux langues étrangères, mais aussi leur motivation pour intégrer l'école.

Un autre événement important et découlant de l'autonomisation de 1969 intervient le 8 juin 1970 : à cette date, un arrêté permet aux élèves diplômés de l'École supérieure de commerce de Paris – ainsi qu'aux diplômés de l'ESSEC – de présenter le concours d'entrée à l'ÉNA. Cette disposition les place désormais sur un plan d'égalité avec les diplômés de HEC et de HEC-

---

étudiants. Ceux de l'École attendirent les premiers jours de mai, et plus précisément le 11 mai, pour suivre le mouvement. Il est vrai qu'il n'y avait plus grand monde au 79 [avenue de la République]. Les cours furent suspendus et les examens également. » Source : « Lettre manuscrite de Bertrand de Leusse », dossier du 175e anniversaire de ESCP, conservé aux archives de la bibliothèque de ESCP. Cependant, indirectement, le climat de Mai 1968 impacta l'école, car plusieurs commissions de réflexions furent créées par les étudiants pour élaborer des projets de réformes. Certaines de ces commissions se sont pérennisées par la suite et ont joué un rôle dans la gouvernance de l'établissement, comme le Conseil de l'école, créé en 1970.

[269] Voir annexe 3 du présent ouvrage.

Jeunes Filles qui bénéficiaient de cette reconnaissance depuis, respectivement, 1948 et 1950[270]. De fait, un centre de préparation au concours d'entrée de l'ÉNA sera installé à l'école en 1972.

La sortie du réseau des « Sup de Co » se manifeste également par une refondation du régime de gouvernance de l'école dans un sens plus participatif. Le premier organe de gouvernance nouvellement créé, en 1970, est le Conseil de l'école. Il réunit, de manière paritaire, les représentants des professeurs, des étudiants, des anciens élèves et les représentants de la Chambre de commerce. Sa mission est de constituer un interlocuteur vis-à-vis de la commission administrative de l'école, qui représente le pilotage consulaire depuis sa création en 1869. Comme le note un ancien élève en 1970, la création de ce conseil modernise la gouvernance de l'école en la rendant plus participative :

> « L'esprit de l'École avait changé. Ce n'était plus le pensionnat de jadis ; ce n'était plus la caserne d'hier ; c'était un monde où professeurs et élèves se rencontraient pour échanger le fruit de leur expérience, où le savoir n'était plus administré comme les derniers sacrements, mais où le souci de l'effort et de la recherche puisait sa source dans le besoin de culture qui était ressenti par tout un chacun. / De tout cela devrait résulter une coopération accrue entre professeurs et élèves, encouragée par les soins bienveillants de la direction de l'École, dans le même temps où devraient se développer [...] des rapports très étroits entre les élèves et les anciens élèves ; et, dans le même temps également, où avec la plus grande sollicitude, la Chambre de commerce voulait bien nous assurer de notre avenir. »[271]

Cette refondation de la gouvernance scolaire s'effectue aux dépens des pouvoirs publics qui, depuis 1890, étaient progressivement devenus, avec les dirigeants consulaires, les seuls décideurs pour l'école. Du fait de son autonomie, la direction de l'École supérieure de commerce de Paris peut, de nouveau, établir les contenus et volumes horaires des enseignements, organiser un concours d'entrée qui n'est plus soumis aux règles imposées aux ESCAE, et délivrer un diplôme de sortie accordé sous une appellation propre. En ce sens, l'autonomisation de juin 1969 redonne des prérogatives décisionnaires aux dirigeants consulaires.

Toutefois, ce regain de pouvoir n'est pas un retour en arrière : les dirigeants consulaires après 1969 ne redeviennent pas aussi omnipotents qu'ils pouvaient l'être sur la période 1869-1890. En effet, les pouvoirs de l'État sur l'école se maintiennent sur la période. En outre, des parties

---

[270] L'ouverture de l'ÉNA, école préparant à l'accès à la haute fonction publique, nationale puis européenne, aux diplômés des plus prestigieuses écoles de commerce françaises en 1970 n'est pas anodine. C'est, en effet, à la fin des années 1960 que l'ÉNA a ouvert deux nouvelles options gestionnaires pour son concours d'entrée : à côté des options traditionnelles (« mathématiques » et « latin »), les options modernes de « comptabilité » et d'« informatique appliquée à l'administration » ont été créées. Dès leur instauration, ces deux options modernes ont réuni, chacune, une trentaine de candidats.

[271] Sarradin P. (1970), « ESCP entre son avenir et son passé », *L'Hermès, Contacts ESCP*, n° 20, mars-avril 1970, pp. 4-5. Archives de ESCP.

prenantes, jusque-là largement effacées dans la gestion de l'école, font leur apparition. Ces parties prenantes sont les élèves, mais aussi les enseignants pour lesquels le statut de professeur permanent en gestion est créé à la fin des années 1960. Ces derniers sont devenus, entre 1969 et aujourd'hui, des parties prenantes impliquées concrètement dans la gestion des programmes de l'école, et leurs prérogatives ne se limitent pas à une simple information : ils sont désormais, pour partie, décisionnaires dans la gestion des programmes de l'école.

Toutes ces évolutions ouvrent une ère de modernisation prometteuse pour l'école qui célèbre, en 1969-1970, son cent-cinquantenaire. Cette célébration est particulièrement importante pour l'école dans le contexte d'alors, car elle lui permet de faire connaître au public sa nouvelle autonomie. Les manifestations sont organisées sur le thème « l'ESCP, école de l'efficacité »[272]. Le lancement des célébrations a lieu le 22 octobre 1969 à l'occasion du baptême de la promotion entrante en présence du parrain de celle-ci, l'ancien ministre de l'Éducation nationale, Edgar Faure qui, quelques mois auparavant, avait signé l'arrêté du 5 juin 1969, et de la marraine, l'artiste Ludmila Tcherina, en présence de Françoise Chandernagor (sortie major de l'ÉNA, en juin 1969).

Plusieurs manifestations rythment cette année : une émission radiophonique France-Inter est réalisée le 10 janvier 1970 dans l'amphithéâtre de l'école par Yves Mourousi en présence du nouveau ministre de l'Éducation nationale, Olivier Guichard, sur le thème « le cent-cinquantième anniversaire de l'enseignement commercial en France ». Un film est produit par la direction de l'école sur l'histoire de l'enseignement commercial en mars 1970[273], et un autre sur l'histoire de l'école[274]. Le 13 mai 1970, une émission radiophonique est organisée par France Culture sur les motivations des élèves ayant choisi d'étudier à l'École supérieure de commerce de Paris. Enfin, la clôture de cette année de commémorations est célébrée le 8 décembre 1970 avec un gala de 3 000 personnes organisé à quelques minutes des Champs-Élysées, au Pavillon d'Armenonville. Deux entreprises cent-cinquantenaires sont associées à cette manifestation : Potel & Chabot – traiteur parisien de renom depuis 1820 – et Johnnie Walker – maison de whiskies écossais d'exception depuis 1820.

Suite à son autonomie acquise en 1969, la direction de l'école, dans un premier temps, hésite entre trois stratégies. La première est une stratégie de croissance pure consistant à conserver le périmètre de formations à son niveau d'avant 1969, tout en augmentant considérablement les effectifs de chaque promotion. Cette stratégie offre l'avantage d'accroître les ressources de l'école, mais elle a l'inconvénient de ne pas saisir l'opportunité de

[272] « Procès-verbal de la commission administrative de l'École supérieure de commerce de Paris ; séance du 21 octobre 1969 », p. 4. Archives de ESCP.
[273] « Procès-verbal de la commission administrative de l'École supérieure de commerce de Paris ; séance du 19 mars 1970 », p. 3. Archives de ESCP.
[274] « Procès-verbal de la commission administrative de l'École supérieure de commerce de Paris ; séance du 21 mai 1970 », p. 3. Archives de ESCP.

développement représentée par les nouvelles demandes des entreprises en termes de diversité de recrutement. La deuxième stratégie envisagée par Jean Vigier est une stratégie qualitative consistant à repositionner vers le haut le diplôme de l'école en procédant à une sélection encore plus rigoureuse des élèves, mais aussi des professeurs. Une telle stratégie aurait nécessité une hausse des frais de scolarité pour faire face à l'exigence du développement des ressources indispensables pour recruter de meilleurs professeurs. Enfin, la troisième stratégie envisagée par la direction de l'école est une stratégie de diversification consistant à élargir son portefeuille de formations pour diversifier ses publics formés.

C'est finalement la troisième option qui est retenue en 1969. Face à ses concurrents, l'école met en place progressivement une politique de diversification de son portefeuille d'activités au niveau national. L'objectif stratégique pour l'école est de devenir un établissement d'enseignement supérieur de deuxième cycle en gestion, proposant une gamme de formations étendue à un public élargi, tout en assurant une mission de recherche en gestion. Pour y parvenir, la direction de l'établissement met en place à partir de 1969-1970 quatre axes de développement, à savoir l'introduction de la mixité qui intervient dans un contexte organisationnel tendu, l'élargissement du programme de formations, la diversification des publics d'apprenants et le développement d'une activité de recherche en gestion.

2. L'échec de la fusion avec HEC-Jeunes Filles : l'introduction de la mixité à l'École et la naissance de l'EAP

En 1971, le nouveau président de la Chambre, Paul Laubard, décide que, à la suite de l'École polytechnique, les écoles de commerce consulaires doivent devenir mixtes. Cette décision résulte à la fois du désir d'aligner les écoles de commerce sur les écoles d'ingénieurs, et notamment sur la plus prestigieuse d'entre elles – l'École polytechnique devenue mixte en 1970 – que de la volonté de ne pas paraître « rétrograde » vis-à-vis de celles-ci en maintenant un régime de non-mixité[275]. En outre, plusieurs écoles de commerce au rayonnement international sont réellement devenues mixtes au cours des années 1950-1960, à l'instar de la Wharton Business School (1954), de la Harvard Business School (1963) et de l'INSEAD (1967).

De fait, quelques mois avant la décision de Paul Laubard, l'École supérieure de commerce de Paris s'ouvre aux jeunes filles, soit au même moment que l'ESSEC et quelques années avant HEC[276]. En conséquence, en

[275] Larsen E. (2005), "Invisible strategies. Gender in French and Norwegian Business Education. 1870-1980", thèse de doctorat d'histoire, European University Institute, Florence, p. 301.

[276] La première étudiante recrutée à l'ESSEC est admise en deuxième année sur titre en octobre 1970. Toutefois, les archives ont révélé la présence éphémère de jeunes filles sur les bancs de cette école dès 1927 ; présence néanmoins fragile tant la direction de l'ESSEC et les anciens élèves la considéraient comme une potentielle source de dévalorisation du diplôme.

septembre 1970, Joëlle Le Vourc'h est la première étudiante à intégrer l'École supérieure de commerce de Paris, par le concours en admission parallèle.

Si, de fait, la première étudiante est arrivée à l'École supérieure de commerce de Paris en septembre 1970, l'instauration du concours d'entrée mixte à l'issue des classes préparatoires ne permet l'arrivée des élèves préparationnaires de sexe féminin qu'à la rentrée de septembre 1973. Ainsi, 23 % des candidats au concours d'entrée de 1973 sont des candidates. De cette première promotion entrante de jeunes filles préparationnaires sortira, notamment, Patricia Barbizet, future directrice générale d'Artémis et l'une des principales personnalités françaises du monde des affaires.

Cette évolution est une rupture radicale par rapport au passé de l'école qui, en cent-cinquante ans d'existence, n'avait ciblé que les seuls garçons principalement[277]. Elle intervient, en outre, comme le dénouement ultime d'un épisode mouvementé dans l'histoire de l'école, à savoir le projet de sa fusion avec une autre école consulaire : HEC-Jeunes Filles.

HEC, quant à elle, sera la dernière des « Parisiennes » à devenir mixte : les admissions parallèles étant initialement réservées aux seuls garçons, il faudra attendre la rentrée de 1973 pour que les premières étudiantes, recrutées sur concours à l'issue des classes préparatoires, intègrent l'école.

[277] Il faut préciser ici que l'école proposait depuis 1898 des cours du soir pour initier au commerce ou à la gestion des adultes engagés dans une autre voie professionnelle ; ce qui ne correspond pas à la logique de la formation continue telle qu'elle est lancée en 1968. En 1900, ces cours du soir – gratuits jusqu'en 1920 – proposent des enseignements en comptabilité, en législation commerciale, en sténographie, en dactylographie, en langues étrangères. Le public féminin peut également suivre ces cours – dans des salles à part – et peut accéder à des cours spécifiquement réservés aux femmes comme les cours de calligraphie et de « couture usuelle des vêtements de femmes et d'enfants ». Source : Chambre de commerce de Paris (1900), *La Chambre de commerce de Paris à l'Exposition universelle de 1900*, Paris, p. 58. Bibliothèque historique de la ville de Paris, 400042.

Joëlle Le Vourc'h, première étudiante à l'école en septembre 1970.

Commentaire : sur les dix étudiantes candidates à l'intégration en admission parallèle et sur les quatre étudiantes officiellement admises en septembre 1970, Joëlle Le Vourc'h est la seule à avoir effectivement intégré l'école. Comme elle le commentera plus tard : « L'école avait la volonté d'accueillir des filles, mais pas l'intendance. J'ai dû par exemple attendre que quatre autres filles arrivent, l'année d'après, pour être autorisée à faire du sport avec elles. » En 1973, à l'issue de sa scolarité, elle intègrera le secteur de l'audit et du conseil, avant de rejoindre la Banque Mondiale où elle travaillera, entre autres, pendant près de trente ans. Quelques années plus tard, en 1985, Joëlle le Vourc'h rejoindra ESCP en tant que professeur et y créera en 1986 le Mastère spécialisé « Audit et conseil » dont elle sera responsable jusqu'en 1991. Cette photographie rappelle également que, dans les années 1970, certains étudiants avaient pour habitude de venir en classe habillés en costume-cravate (le costume traditionnel du cadre). Certains mêmes fumaient en classe avant que cette pratique ne soit définitivement interdite en 1972 par le directeur, Jean Schapira, à la demande expresse du médecin de l'école qui s'inquiétait de la recrudescence des sinusites provoquées par les salles enfumées et impossibles à aérer.

Un bref rappel historique s'impose ici. Créée en 1916 par Louli Sanua pour conduire les jeunes filles aux emplois de secrétariat ou aux carrières techniques comme la comptabilité[278], HEC-Jeunes Filles était originellement une école de commerce privée. Rachetée par la Chambre de commerce de Paris en 1924, l'école a conservé son positionnement unisexe pendant des décennies. Même si la direction de l'école s'est engagée dans une phase de transformations successives pour être reconnue comme l'égale de HEC

[278] Pigeyre F. (1986), « Socialisation différentielle des sexes. Le cas des futures femmes cadres dans les Grandes écoles d'ingénieurs et de gestion », thèse de doctorat en sociologie, Université Paris VII, p. 90.

(reconnaissance par l'État en 1922, institution d'un concours d'entrée en 1928, scolarité en trois années en 1947, etc.), elle s'est spécialisée sur un créneau qui, de fait, ne pouvait pas en faire l'équivalent de HEC. Dans les années 1950, les cinq options de spécialisation que proposait l'école étaient ainsi réservées à la préparation à des carrières « subalternes » dans les entreprises : « secrétariat industriel », « secrétariat médico-social », « secrétariat du bâtiment », « comptabilité » et « documentation ». Aucune spécialisation aux métiers juridiques ou financiers n'était proposée ; ce qui faisait que HEC-Jeunes Filles était davantage perçue comme une école pour former des secrétaires de haut niveau plutôt que pour former des cadres de direction[279].

À ce problème de perception, s'est ajouté un problème de positionnement concurrentiel à la fin des années 1960. À cette époque, HEC-Jeunes Filles s'est retrouvée en décalage avec les attentes de la société française qui sont alors marquées par la féminisation de l'enseignement supérieur et l'élargissement des débouchés professionnels pour les femmes, notamment pour ce qui concerne les professions libérales et les postes de cadres en entreprises. À l'époque, les mœurs ont évolué et le cadre législatif a été modernisé en faveur d'une plus grande égalité professionnelle entre les hommes et les femmes, comme le prouvent la loi du 13 juillet 1965 sur les régimes matrimoniaux supprimant l'autorisation du mari pour l'exercice d'une activité rémunérée de l'épouse, la loi sur l'égalité salariale en 1972, de même que la loi sur la discrimination sexuelle à l'embauche en 1975[280].

De ce fait, la Chambre parisienne envisage d'introduire la mixité à HEC-Jeunes Filles en la fusionnant avec l'École supérieure de commerce de Paris. Il s'agit également pour elle de rationaliser son portefeuille de formations en gestion. L'objectif de cette rationalisation est alors moins de parvenir à des économies que de limiter l'inflation croissante du budget « Éducation » de la Chambre[281]. En effet, quelques années auparavant, en 1968, le *Rapport d'orientation de l'œuvre d'enseignement de la CCIP* avait constaté que cette offre s'était constituée au gré des circonstances plutôt qu'en suivant un plan préétabli. De ce fait, les doubles emplois étaient fréquents et généraient des coûts de fonctionnement très lourds pour la Chambre : en 1968, la Mission enseignement de la Chambre représente 75 % de son budget global de sorte que « si son développement continuait à se faire au même rythme, sans que soient fixées une orientation et des limites, elle finirait par absorber la quasi-totalité des ressources budgétaires ».

---

[279] Pigeyre F. (1986), « Socialisation différentielle des sexes. Le cas des futures femmes cadres dans les Grandes écoles d'ingénieurs et de gestion », thèse de doctorat en sociologie, Université Paris VII, pp. 107-108.

[280] Blanchard M. (2015), *Les Écoles supérieures de commerce. Sociohistoire d'une entreprise éducative en France*, Paris, Classiques Garnier, p. 115.

[281] « Rapport d'orientation de l'œuvre d'enseignement de la CCIP », 1968. Archives de la Chambre de commerce et d'industrie de la région Paris – Île-de-France, I-2.73 (4).

Dans ces conditions, le projet de fusion des deux écoles est formulé par la Chambre au premier trimestre 1972 et son échéance est fixée pour la rentrée de septembre 1973[282]. La première mouture du projet – qui proposait une année intercalaire consacrée au Service national entre la première et la deuxième année d'étude – suscite très rapidement l'hostilité des élèves des deux écoles. Les étudiants de l'École supérieure de commerce de Paris et les anciens élèves ont ainsi manifesté leur désaccord au point de menacer de bloquer le paiement de la taxe d'apprentissage et même de marcher sur la Chambre de commerce en 1972.

Du côté de HEC-Jeunes Filles, la direction de cette dernière, de même que l'Association des anciennes élèves, ne sont pas prêtes à accepter la mixité. À leurs yeux, la mixité est, en effet, considérée comme dangereuse pour la promotion des femmes gestionnaires et pour le niveau de l'école. L'administration de l'école et l'Association des anciennes élèves redoutent que la présence des jeunes gens ne réduise le nombre annuel de diplômées, provoquant chez ces dernières un sentiment de marginalisation pour avoir choisi une orientation professionnelle majoritairement choisie par les garçons. En outre, l'administration de l'école et l'Association des anciennes élèves redoutaient que les jeunes gens ne se présentent à HEC-Jeunes Filles après avoir échoué à HEC et à l'ESSEC ; conduisant ainsi à une baisse générale du niveau de l'école[283].

Pour calmer les esprits, le directeur de l'École supérieure de commerce de Paris nouvellement nommé, Jean Schapira, propose de réorienter le projet de fusion en axant la communication sur les traits originaux de la future école ; à savoir son « recrutement diversifié, [ses] stages longs [et son] caractère "européen" »[284]. Cependant, l'opposition très vive des élèves et anciens élèves de l'École supérieure de commerce de Paris ne s'apaise pas, loin de là.

Le 30 novembre 1972, les cours à l'École supérieure de commerce de Paris sont suspendus pour permettre aux élèves de tenir une assemblée générale à ce sujet. À cette époque, l'Association des anciens élèves assure « avoir reçu deux-mille lettres d'élèves de promotions antérieures demandant le maintien de l'École supérieure de commerce de Paris sous sa forme ancienne ». L'opposition au projet de fusion tient principalement à la disparition de la marque « ESCP ». Comme le souligne un journaliste du *Monde* dans son édition du 2 décembre 1972 : « Les élèves craignent, semble-t-il, que la nouvelle appellation "École des affaires de Paris" ne prenne du temps à s'imposer auprès des dirigeants d'entreprises ; les

---

[282] « Procès-verbal de la commission administrative de l'École supérieure de commerce de Paris ; séance du 16 mars 1972 », p. 2. Archives de ESCP.

[283] Pigeyre F. (1986), « Socialisation différentielle des sexes. Le cas des futures femmes cadres dans les Grandes écoles d'ingénieurs et de gestion », thèse de doctorat en sociologie, Université Paris VII, p. 120.

[284] « Procès-verbal de la commission administrative de l'École supérieure de commerce de Paris ; séance du 10 mai 1972 », p. 2. Archives de ESCP.

“anciens”, quant à eux, redoutent que le sigle “E.S.C.P. ”, actuellement bien “coté”, ne soit progressivement oublié. »

Dans ces conditions, le renouvellement du BDE en janvier 1973 porte au pouvoir une liste ayant axé sa campagne – comme cinq de ses concurrentes – sur la défense du sigle « E.S.C.P. ». Il convient de préciser ici que si l'opposition au projet de fusion avec HEC-Jeunes Filles est alors très majoritaire parmi les élèves et les anciens élèves de l'École supérieure de commerce de Paris, elle n'est cependant pas unanime. Jacques Ehrsam, PDG de Singer et président de l'Association des anciens élèves depuis 1968, soutenait le projet et, en désaccord avec la majorité des membres de l'Association, a démissionné le 9 décembre 1972.

En février 1973, près de 800 anciens élèves et plus de 150 élèves se réunissent à la Maison de la Chimie à Paris (car la Chambre avait interdit l'accès à l'école pour les anciens élèves) pour débattre des mesures à prendre pour empêcher la fusion. La persévérance des élus consulaires qui refusent d'abandonner le projet de fusion culmine entre mi-février et avril 1973, provoquant de ce fait une grève générale des étudiants de l'école pendant trois semaines d'affilée entre mars et avril. De leur côté, en mars 1973, les anciens élèves menacent de faire paraître un article dans *Le Monde* pour défendre le sigle « ESCP » avec le soutien d'une centaine d'entreprises.

À l'issue de cette période particulièrement éprouvante, après les vacances de Pâques 1973, la direction consulaire abandonne finalement le projet de fusion. L'École supérieure de commerce de Paris sera rendue mixte, tandis que HEC-Jeunes Filles, école devenue sans objet, fermera définitivement ses portes à l'été 1975. Néanmoins, le climat de l'école reste très lourd, comme le souligne Jean Schapira au printemps 1973 :

> « Les événements de février à avril ont engendré un malaise qui se traduit, aujourd'hui, par une certaine dose d'apathie. Certaines options qui, dans le passé, avaient connu une bonne assiduité et un excellent travail, ont souffert cette année d'absentéisme et d'un manque de préparation des dossiers. Dans certains cas, des difficultés sont nées entre élèves et enseignants : elles se sont en général résolues par la négociation [...]. On peut espérer que la prochaine rentrée, dans un climat stabilisé, atténuera les traces de la crise de la présente année scolaire. La présence de jeunes filles devrait constituer un élément positif. »[285]

C'est dans ce contexte que le premier concours d'entrée mixte pour les élèves issus des classes préparatoires est organisé au printemps 1973. La rapide croissance des effectifs féminins – les filles représentent 32 % de la promotion entrante en 1974, 39 % en 1976 et 45 % en 1979 – inquiète dans un premier temps les membres de la commission administrative. Comme le souligne cette dernière en juin 1974 :

> « Il faut noter une crainte des anciens d'un éventuel accroissement de la population féminine dans le cadre de la mixité. Il ne s'agit pas d'en contester le principe : M. Choplin [président de l'Association des anciens élèves de 1974 à

[285] « Procès-verbal de la commission administrative de l'École supérieure de commerce de Paris ; séance du 14 juin 1973 », p. 6. Archives de ESCP.

1976] a essentiellement fait état de la difficulté pour des femmes d'occuper, dans, l'entreprise, des postes de cadres "décisionnaires" et de la dévalorisation qui pourrait, en conséquence, affecter le diplôme. »[286]

Le sentiment que les jeunes filles seraient moins aptes à manager que leurs homologues masculins s'exprime lors des discussions de la commission administrative de l'école. En juillet 1975, M. Collet, délégué général au Centre parisien de management, soulève que :

> « Sans doute pourrait-on, indique M. Collet, intégrer dans les critères de sélection [des élèves candidats] des facteurs supposés inhérents aux hommes, qui s'avèrent en fait plus aptes aux fonctions de décision. Mais il ne peut être question d'une discrimination ayant trait au sexe. »[287]

Ces inquiétudes quant à la légitimité des étudiantes à l'école se font cependant plus rares avec le temps et ne sont, du moins, plus consignées dans les procès-verbaux de l'école, témoignant vraisemblablement de l'acceptation grandissante de la mixité à la fin des années 1970.

---

[286] « Procès-verbal de la commission administrative de l'École supérieure de commerce de Paris ; séance du 13 juin 1974 », p. 2. Archives de ESCP.

[287] « Procès-verbal de la commission administrative de l'École supérieure de commerce de Paris ; séance du 10 juillet 1975 », p. 6. Archives de ESCP.

La fusion projetée entre ESCP et HEC-Jeunes Filles en 1972, vue par les élèves de l'école ESCP.

Commentaire : cette caricature, produite par l'Association des élèves de ESCP en 1972, est symptomatique de l'hostilité que ressentaient les élèves de cette école à l'idée de fusionner avec l'école HEC-Jeunes Filles, réputée pour être une école de secrétariat plutôt qu'une école destinée à former l'élite des managers. Le projet de la Chambre – ici représentée sous les traits du prêtre bénissant le mariage – était de fusionner les deux écoles, en partie pour moderniser son enseignement dans le sens de la coéducation, mais aussi pour réaliser des économies budgétaires – le missel du prêtre est estampillé au signe du dollar. L'ESCP est représentée sous les traits d'un jeune homme apeuré (voir l'insigne « ESCP » brodé sur la veste du personnage), tandis que l'école de commerce HEC-Jeunes Filles est représentée sous les traits d'une mariée aux traits fort disgracieux (voir l'insigne « HEC-JF » brodé sur le voile de la mariée). La nouvelle école aurait été dénommée « EAP, École des affaires de Paris », d'où l'écharpe EAP qui entoure les futurs époux. Après l'échec de ce projet, la Chambre fermera HEC-Jeunes Filles, dont le budget sera consacré à l'ouverture d'une nouvelle école de commerce au positionnement européen : l'EAP.

L'introduction de la mixité à l'école au début des années 1970 coïncide avec la naissance d'une nouvelle école de commerce consulaire, appelée à jouer un rôle singulier dans l'histoire de ESCP par la suite : l'EAP. En 1973, afin de ne pas laisser sans objet la ligne budgétaire laissée vacante par la fermeture de HEC-Jeunes Filles, la direction de l'enseignement de la Chambre décide d'ouvrir une nouvelle école, en partie inspirée du projet de réforme esquissé en 1965 par les anciens élèves de l'École supérieure de commerce de Paris, qui envisageaient une formule pédagogique résolument novatrice pour l'époque : une école de commerce destinée à former des cadres européens. L'administration de la Chambre constate, en effet, que le marché commun se développe et que les échanges se mondialisent. Elle considère donc comme indispensable d'inclure dans son portefeuille de formations gestionnaires une école largement ouverte sur l'ensemble de la Communauté européenne.

La nouvelle école ouvre ses portes le 8 octobre 1973[288]. Son nom est repris du projet de fusion entre HEC-Jeunes Filles et l'École supérieure de commerce de Paris : « École des affaires de Paris » (EAP) ; et qui ne reflète, étonnamment, pas du tout le positionnement européen de l'établissement. L'EAP est fondée avec un objectif précis : proposer une solution alternative européenne aux Grandes écoles de gestion ou universités de gestion nationales et étrangères.

Dès sa fondation, l'école est positionnée comme une Grande école par son mode de recrutement. Elle ne propose pas d'épreuves écrites propres, mais utilise celles de HEC, de l'ESSEC et du Groupe ESCP. Tous les candidats admissibles dans ces trois écoles sont automatiquement déclarés admissibles à l'EAP. Cette dernière ambitionne d'être la première Grande école européenne de gestion avec pour but de former de futurs cadres européens capables d'exercer leur métier dans différents pays de la Communauté européenne, mais aussi en dehors de celle-ci. Comme le soulignent Fridenson et Paquy : « Elle marque une évolution majeure dans l'ouverture internationale de l'enseignement à la Chambre de commerce et d'industrie de Paris. Il ne s'agit plus seulement d'envoyer les élèves en stages à l'étranger ou de développer des filières d'enseignement orientées vers les marchés extérieurs, mais de former réellement les élèves à l'international par une scolarité qui se déroule alternativement en France, en Angleterre (Londres [puis Oxford]) et en Allemagne (Düsseldorf). »[289]

Toutefois, l'internationalisation de l'EAP est progressive. En octobre 1973, elle ouvre ses portes avec 69 étudiants, tous français, sur un campus unique à Paris. L'école s'internationalise l'année suivante en ouvrant un premier campus à Londres en 1974, puis à Düsseldorf en 1975. C'est

[288] Au cours de son histoire, l'EAP a été dirigée par quatre directeurs, à savoir : Michel Furois, de 1973 à 1979 ; Bruno Leblanc, de 1979 à 1991 ; Sybren Tijmstra, de 1991 à 1993 ; Michel Raimbault, de 1993 à 1999.

[289] Fridenson P. & Paquy L. (2008), « Du haut enseignement commercial à l'enseignement supérieur de gestion (XIXe-XXe siècles) », in P. Le Normand (s.d.), *La Chambre de commerce et d'industrie de Paris 1803-2003. II. Études thématiques*, Paris, Droz, p. 236.

seulement en 1977 – donc quatre ans après son ouverture – que les premiers étudiants étrangers entrent à l'EAP.

Afin de mieux marquer son caractère européen, l'école change de nom en 1980 : l'« École des affaires de Paris » devient ainsi l'« École européenne des affaires », tout en conservant le même acronyme « EAP »[290]. En 1985, 49 % de ses étudiants sont étrangers. Elle offre alors une scolarité en trois ans, trois langues et un stage de trois mois en entreprise dans chacun des pays où elle détient un campus. L'école élargit progressivement son portefeuille de formations en ouvrant un département de formation continue en 1983. En 1985, l'école obtient en Grande-Bretagne le statut de « *charity* », c'est-à-dire d'établissement reconnu d'utilité publique. C'est également en 1985 que la direction de l'école transfère son campus allemand à Berlin avec le soutien du Sénat berlinois qui est la première instance publique non française à s'engager aux côtés de la Chambre parisienne pour soutenir le développement de l'EAP. Le Sénat de Berlin a ainsi reconnu le campus berlinois de l'EAP comme institution universitaire d'enseignement supérieur allemand dès octobre 1988. Il faut préciser que l'EAP est alors en quête d'une « reconnaissance européenne et de participations étrangères au financement »[291].

3. L'ÉLARGISSEMENT DU PROGRAMME DE FORMATIONS

Avant 1968-1969, l'école proposait une formation unique, destinée aux seuls étudiants en formation initiale, couronnée par un diplôme exclusif : le « Diplôme d'enseignement commercial supérieur » (DECS) devenu en 1961 le « Diplôme d'études supérieures commerciales, administratives et financières » (DESCAF). Après 1969, l'école délivre un diplôme qui lui est propre, mais est reconnu par le ministère de l'Éducation nationale. L'école élargit progressivement son portefeuille de formations en trois étapes avec successivement la création de la formation continue (1968), la création des Mastères spécialisés (1986), puis celle du MBA (1993). Revenons dans le détail sur chacune de ces étapes.

En mars 1968, la direction de l'école lance une activité de formation continue en créant le « Centre de formation permanente » (voir photographie ci-dessous). En 1968-1969, la création de la formation continue s'inscrit dans l'actualité de l'époque où les entreprises, face à la croissance économique, sont désireuses de former leurs cadres au cours de leur carrière pour les adapter aux évolutions du marché[292]. C'est en 1971 que l'État instaure, par la loi Delors, le droit à la formation continue pour tous les salariés. En 1970,

---

[290] *Journal Officiel* du 29 juillet 1982.

[291] Fridenson P. & Paquy L. (2008), « Du haut enseignement commercial à l'enseignement supérieur de gestion (XIXe-XXe siècles) », in P. Le Normand (s.d.), *La Chambre de commerce et d'industrie de Paris 1803-2003. II. Études thématiques*, Paris, Droz, p. 248.

[292] *L'Hermès, Contacts ESCP*, n° 8, mars-avril 1968, pp. 28-30. Archives de ESCP.

10 % des salariés ont ainsi bénéficié d'une formation continue, contre 18 % en 1982 puis 20 % en 1990. Au début des années 1990, les entreprises marquent un vrai intérêt pour la formation continue dans la mesure où elles consacrent en moyenne 2,2 % de leur masse salariale à des actions de formations, avec parfois des pointes à 5 ou 6 % alors que l'État oblige uniquement les entreprises à consacrer 1 % de leur masse salariale à leur formation continue.

Pour répondre à cette demande en évolution croissante, les cycles de formation continue se sont multipliés et diversifiés, notamment dans les IAE qui proposent dans les années 1980 des DESS « Certificat d'aptitude à l'administration des entreprises ». À l'école, le « Centre de formation permanente », créé en 1968, est initialement réservé aux seuls anciens élèves, puis élargi dès 1969 aux cadres supérieurs et dirigeants d'entreprises, indépendamment de leur formation antérieure. Ce centre deviendra « ESCP Senior » en 1992. Initialement non diplômante, l'activité de formation continue de l'école devient certifiante dans le courant des années 1980, pour certains de ses programmes. Dans les années 1990, « ESCP Senior » forme chaque année 3 000 cadres et dirigeants et offre un portefeuille de plus de 70 programmes dans tous les domaines du management.

Le premier cycle de perfectionnement de l'école au printemps 1968.

Commentaire : c'est à l'initiative du président et du vice-président de l'Association des anciens élèves, respectivement Roger Bordat et François Valverde, qu'une activité de formation continue est ouverte à l'école le 9 mars 1968. À cette époque, ce cycle est réservé aux seuls anciens élèves et se déroule pendant quatre samedis et trois journées consécutives avec 34 participants issus des promotions 1936 à 1956. L'année suivante, en 1969, les critères d'accueil seront élargis de sorte que tous les diplômés de l'enseignement supérieur – et non les seuls Alumni – pourront accéder à ce cycle de formation. Au premier rang de la photographie, de gauche à droite, figurent côte à côte François Valverde (le troisième en partant de la gauche), puis Jacques Ehrsam et Jean Vigier, le directeur de l'école d'alors.

Deuxième voie de diversification des programmes : la création des Mastères spécialisés (MS). En 1986, la direction de l'école, sous la houlette de Jacques Perrin, lance quatre MS. Ces derniers constituent une marque collective dont la Conférence des Grandes écoles (CGE) est propriétaire[293]. L'utilisation de ce label est accordée aux seules écoles membres de la CGE pour des formations respectant un certain nombre de critères d'organisation et de qualité condensés dans un règlement intérieur des Mastères spécialisés. Le succès rencontré par ces nouvelles formations conduit la direction de l'école à les multiplier très rapidement : en 1987, huit MS sont proposés, dix en 1989, onze en 1991, douze en 1995, treize en 1996 et quatorze en 1998. De ce fait, l'école devient le leader national sur le marché des Masters spécialisés, dont elle détient 20 % des parts en 1998.

Enfin, en 1993, la direction de l'école, sous la commande de Véronique de Chantérac-Lamielle, lance le premier MBA à temps partiel de France[294]. Ce MBA offre l'avantage de permettre aux cadres en activité professionnelle ou en cours de service militaire de suivre, pendant dix-huit mois, une formation en gestion le soir et les weekends. Cette formation nouvelle, assurée en français, permet aussi aux cadres cherchant une formation généraliste de troisième cycle qui leur permettrait d'assumer de nouvelles responsabilités, d'obtenir un diplôme de haut niveau qu'ils peuvent faire valoir auprès de leur employeur. La première promotion accueille 32 participants, dont 17 % d'étrangers, disposant en moyenne de neuf ans d'expérience professionnelle.

Cet élargissement du portefeuille de formations conduit l'école à modifier son organisation et à adopter la dénomination « Groupe ESCP » à partir de 1980[295]. Cette dénomination recouvre alors la signification du terme anglais

---

[293] La Conférence des Grandes écoles (CGE) est une association d'établissements d'enseignement supérieur et de recherche dont le rôle est de promouvoir le développement et le rayonnement de ses membres. La CGE est garante du label de « Grande école » et c'est pourquoi l'adhésion à celle-ci est soumise à un processus d'évaluation par les directeurs d'écoles déjà membres. La CGE a été créée en 1973 par 12 écoles supérieures françaises, à savoir 11 écoles d'ingénieurs et une seule école de commerce, HEC. Par la suite d'autres Grandes écoles dans les domaines de l'architecture, du design, de l'enseignement, et des études politiques rejoindront la CGE. Pour mieux affirmer dans le paysage éducatif français la spécificité des Grandes écoles de commerce face aux formations universitaires, en 1985 est créé au sein de la CGE le « chapitre des écoles de management » qui a pour vocation de « renforcer la crédibilité internationale des grandes *business schools* françaises, par des actions concertées de formation et de recrutement à l'étranger ». En 2020, la CGE regroupe près de 230 Grandes écoles françaises – dont une quarantaine d'écoles de commerce – toutes reconnues par l'État et délivrant un diplôme de grade Master.

[294] Le MBA a été créé en 1908 par l'Université de Harvard. Il s'est rapidement diffusé aux États-Unis puis en dehors après la Seconde Guerre mondiale, au Canada à partir de 1951, puis au Pakistan en 1955 et enfin en Europe en 1959.

[295] De même l'ESSEC est devenue le « Groupe ESSEC » en 1974 et HEC est devenue le « Groupe HEC » en 1989, associant la Grande école, le MBA, les Mastères spécialisés, les activités de formation continue et le doctorat.

Graduate School of Management intégrant les activités de formations – MBA, Master et formation continue – mais aussi les activités de recherche. Parallèlement à l'étoffement des programmes de formations, l'école diversifie également ses publics.

4. La diversification des publics en formation

Dès le début des années 1970, la direction de l'école constate que son marché est marqué par deux caractéristiques. La première est la demande des entreprises privées en cadres de haut niveau et diplômés en gestion. Cette demande est en forte hausse du fait de la croissance économique. La seconde est que les entreprises sont demandeuses de plus en plus de profils différents et, en particulier, de cadres créatifs et motivés qui n'ont pas nécessairement accédé aux filières traditionnelles des Grandes écoles dont la sélection se fait alors majoritairement sur la maîtrise des mathématiques.

À l'époque, l'audit interne diligenté par la direction de l'école constate que l'offre de formations de l'École supérieure de commerce de Paris est en inadéquation avec les nouvelles demandes des entreprises. En effet, comme le souligne le rapport d'audit : « Force est de constater que les diplômés de l'École supérieure de commerce de Paris constituent un "produit" parfaitement homogène et standardisé (même milieu, même culture, mêmes aspirations, même formation), ce qui se révèle dans une certaine mesure être un avantage pour les entreprises, mais constitue également une faiblesse par rapport à la diversité actuelle de la demande. »[296] De ce fait, la diversification des programmes de formations se double d'une diversification des publics en formations. Cette dernière s'est effectuée dans quatre directions.

La première a consisté à élargir les publics selon leurs besoins de formations : à l'offre de formation initiale en gestion – offre de formation historique de l'école – est venue s'adjoindre, dès mars 1968 comme nous l'avons vu, une offre de formation continue en gestion. Cette offre de formation croît très rapidement : en mars 1968, 34 participants (tous anciens élèves) suivent l'unique programme de formation de l'école, tandis qu'en 1972, ils sont près de 700 participants (d'origines diverses) inscrits à l'une des seize formations continues que propose l'école. L'originalité de l'école tient à ce que son offre de formation continue est intégrée dans ses structures et relève de la Direction des études, alors que HEC et l'ESSEC l'ont extériorisée à l'époque au sein de structures tierces, respectivement le « Centre de formation continue » (CFC) pour HEC depuis 1967 et l'« Institut des cadres » (ISSEC) pour l'ESSEC depuis 1969[297]. En outre, en 1974, l'école diversifie son programme de formation dans un sens entrepreneurial en créant en 1974 un cours optionnel accessible en deuxième et en troisième

[296] Direction de ESCP, *Rapport d'audit interne*, 1969, p. 2. Archives de ESCP.

[297] « Procès-verbal de la commission administrative de l'École supérieure de commerce de Paris ; séance du 18 novembre 1971 », p. 7. Archives de ESCP.

année de « Management et développement des organisations » axé sur la création d'entreprises. Avec ce cours, ESCP est la première école de commerce en France à proposer une formation destinée à la formation des entrepreneurs. La seconde école de commerce à suivre cette voie sera HEC en 1978 avec la majeure « Entrepreneurs ».

Ensuite, la diversification des publics en formation s'est accomplie en fonction des formations antérieures des élèves : avant 1968, ce sont très majoritairement des élèves issus des classes préparatoires commerciales et scientifiques qui accèdent à l'école. À la fin des années 1990, l'origine scolaire des étudiants de l'école s'est considérablement diversifiée, comme l'illustre le tableau ci-dessous.

	Concours 1969	**% total des admissions**	**Concours 1997**	**% total des admissions**
Classes préparatoires	240	89 %	295	73,7 %
Dont élèves issus de l'option scientifique	240	100 %	188	47 %
Dont élèves issus de l'option économique	0	0 %	101	25 %
Dont élèves issus de l'option littéraire	0	0 %	6	1,5 %
Concours d'admissions parallèles…	29	11 %	105	26,3 %
… En 1re année :	24	9 %	33	8,5 %
Dont diplômés de l'Université ou équivalent	24	8 %	30	7,5 %
Dont admissibles aux Écoles normales supérieures	0	0 %	1	Non significatif
Dont sportifs de haut niveau	0	0 %	2	Non significatif
… En 2e année :	5	2 %	72	17 %
Dont diplômés de l'Université ou équivalent	5	2 %	32	8 %
Dont sportifs de haut niveau	0	0 %	1	Non significatif
Dont concours CIAM	0	0 %	39	9,8 %

Évolution de la composition des élèves rejoignant le programme ESCP (ancêtre du programme Master in Management-Grande école) entre 1969 et 1997.

Cette diversification des étudiants issus de formations différentes a commencé en 1969 avec l'instauration des admissions parallèles – une innovation lancée par l'ESSEC en 1966 – permettant à des étudiants diplômés de l'Université ou des instituts d'études politiques voire des écoles d'ingénieurs de rejoindre l'école en première ou en deuxième année[298]. En 1982, le concours d'entrée du Groupe ESCP s'ouvre aux élèves issus des classes préparatoires en option économique, et non plus seulement scientifique. Dans les années 1990, de nouvelles voies d'accès sont ouvertes aux admissibles aux Écoles normales supérieures, aux sportifs de haut niveau, ainsi qu'aux élèves issus des classes préparatoires littéraires (1996).

Enfin, la dernière diversification des publics en formation s'est effectuée en fonction de la nationalité des étudiants : les élèves français qui représentaient avant 1969 plus de 95 % des étudiants de l'école ont vu leur proportion lentement décroître au profit des élèves étrangers. Cette politique d'ouverture internationale recouvre deux aspects.

Le premier est l'accès au programme ESCP – ancêtre du diplôme Grande école puis Master in Management – au bénéfice des étudiants étrangers, à condition qu'ils suivent puis valident deux années de scolarité. Cet accès est ouvert, à la demande du directeur de l'école, à compter de 1976 : les admissions sur titres en première année sont, pour la première fois, ouvertes aux élèves étrangers titulaires des diplômes étrangers admis comme équivalents aux diplômes d'enseignement supérieur français du premier cycle[299]. Comme le révèle le tableau ci-dessous, entre 1969 et 1997, la proportion d'élèves étrangers parmi les diplômés de l'école est ainsi passée de 2 % à 12,9 %.

---

[298] Les admissions parallèles reposent sur un concours d'entrée directement en première année initialement, puis en deuxième année. En précision, les admissions parallèles en première année sont autorisées pour les hommes et les femmes diplômés de niveau Bac+2 et titulaires (1) du diplôme d'études économiques générales, (2) du diplôme d'études juridiques générales, (3) du diplôme universitaire d'études littéraires, (4) du diplôme universitaire d'études scientifiques, (5) du diplôme universitaire de technologie et sur présentation du directeur de l'institut, (6) d'un certificat de scolarité pour les étudiants des Instituts d'études politiques ayant subi avec succès les examens de fin de deuxième année. Les admissions parallèles en deuxième année sont autorisées à l'issue d'un concours organisé en commun avec HEC. Peuvent s'y présenter les titulaires (hommes et femmes) des diplômes précédemment mentionnés ainsi que (1) les diplômés de l'Académie commerciale internationale, (2) les diplômés du premier cycle de gestion et d'économie appliquée du Centre universitaire de Dauphine, de même que (3) les ingénieurs diplômés d'une école figurant sur la liste des établissements habilités par la Commission des titres d'ingénieurs à délivrer un diplôme d'ingénieur. Source : Chambre de commerce et d'industrie de Paris, *Conditions d'admission et plan d'études de l'École supérieure de commerce de Paris*, Paris, Librairie Vuibert, 1971, p. 47. Archives de ESCP.

[299] « Lettre du 15 juillet 1975 du Secrétariat d'État aux Universités à directeur de l'ESCP ». Archives de la Chambre de commerce et d'industrie de la région Paris – Île-de-France, 1892W2.

Programme ESCP	Promotion 1969	Promotion 1986	Promotion 1991	Promotion 1996
Nombre total de diplômés	251	302	308	312
Nombre de diplômés étrangers	6	16	28	40
Pourcentage de diplômés étrangers	2 %	5,3 %	9 %	12,9 %
Pourcentage de diplômés français	98 %	94,7 %	91 %	87,1 %

Proportion de diplômés du programme ESCP en fonction de leur nationalité entre 1969 et 1996.

Le deuxième aspect de la politique d'ouverture internationale du Groupe ESCP est l'accueil sur son site d'étudiants étrangers « visitants » pour des périodes inférieures à un an – formation non diplômante –, comme le révèle le tableau ci dessous.

	1992-1993	1996-1997
Étudiants étrangers visitants	104	122
Étudiants étrangers dans des programmes spéciaux	60	136
Total	164	258

Proportion d'étudiants étrangers visitants et des programmes spéciaux accueillis dans le Groupe ESCP entre 1992 et 1997.

Cette ouverture vers les étudiants étrangers est cependant relativement tardive ; elle ne se manifeste qu'à partir du milieu des années 1980[300]. C'est en effet en 1983 que le Groupe ESCP crée, en partenariat avec d'autres institutions, le concours CIAM qui est spécifiquement réservé aux titulaires d'un diplôme étranger[301].

En outre, c'est à l'issue du diagnostic stratégique de 1989 que la direction de l'école a ouvertement cherché à « acquérir une réelle dimension

[300] Auparavant, seuls les élèves étrangers ayant subi avec succès le concours d'entrée à l'école sont admis ; ils représentent de ce fait à peine une vingtaine d'élèves sur les 750 élèves du programme ESCP. À ces élèves s'ajoutent, entre 1976 et 1979, les quelques élèves iraniens de la Faculté internationale de gestion d'Iran qui, en vertu d'un accord signé entre la Chambre de commerce et d'industrie de Paris, la Chambre de commerce, d'industrie et des mines de l'Iran et la FNEGE, sont admis à étudier en troisième année à l'école. Concrètement, l'école assurait la gestion du corps enseignant ainsi que les achats de matériels scolaires en Europe. Chambre de commerce et d'industrie de Paris, *Rapport d'activité 1979*, 1980, p. 37.

[301] Jusqu'à cette date, le concours d'accès à l'école après les classes préparatoires était ouvert aux étrangers. Toutefois, la préparation de ce concours exigeait une connaissance parfaite de la langue française qui décourageait les étudiants étrangers. C'est pour cette raison que le Centre international d'admission au management (CIAM) été ouvert en 1981 pour permettre à certaines écoles, comme le Groupe ESCP, le Groupe HEC, l'École supérieure de commerce de Lyon, le Céram, puis le Groupe ESSEC, d'accueillir dans leur programme Grande école davantage d'étrangers maîtrisant la langue française sans être toutefois complètement bilingues. En 2004, ce système a été rebaptisé « Service des admissions internationales » (SIA).

internationale et [à] s'intégrer à l'Europe »[302]. Cette ambition stratégique a concrètement débouché sur la mise en place d'une filière internationale, puis sur l'implémentation d'une politique visant à donner au diplôme ESCP une reconnaissance plus internationale que par le passé.

Concrètement, l'école a établi des partenariats avec un nombre restreint d'universités étrangères – au nombre de trente-cinq à la fin des années 1990 – pour créer des relations approfondies avec elles. Le partenariat signé en 1991 avec la Technische Universität de Berlin permet, par exemple, aux étudiants du Groupe ESCP de poursuivre leur seconde partie de scolarité en Allemagne et d'obtenir, en plus du diplôme ESCP, le « Diplom-Kaufmann ».

La direction de l'école a également participé en 1990 à la création de l'« Alliance of Management Schools in European Capitals » (AMSEC). Ce réseau de neuf établissements européens a permis la mise en place d'échanges d'étudiants et de professeurs, mais également la réalisation de programmes communs ou la participation à des jurys de thèse. Ce réseau marque pour l'école « un changement de stratégie dans ses actions internationales ; caractérisées jusqu'alors par la conclusion d'accords bilatéraux d'échanges et l'ingénierie éducative »[303].

Le lancement de ce réseau témoigne également de la volonté de la direction du Groupe ESCP de concurrencer l'école HEC qui, en 1990, a lancé avec la participation de l'ESADE de Barcelone, de l'Université Bocconi de Milan et de l'Université de Cologne, la « Community of European Management Schools » (CEMS), un réseau d'écoles et d'entreprises pour définir un programme d'enseignement européen au management devant déboucher sur un double diplôme français-européen. À côté de ces doubles diplômes traditionnels, le CEMS délivre également un diplôme reconnu en Europe, le « CEMS Master ». En réponse, en 1992, l'AMSEC crée un diplôme européen l'« AMSEC Master » délivré entre 1992 et 1997 à 319 étudiants.

Cependant, la dimension internationale de l'école reste globalement modeste, même en fin de période : en 1998, sur les 12 500 anciens élèves de l'école en activité, seuls 1 200 anciens élèves travaillent à l'étranger dans 84 pays[304].

---

302 Groupe ESCP, *Rapport d'autoévaluation EQUIS 1998*, 1997, p. 37. Archives de la Chambre de commerce et d'industrie de la région Paris – Île-de-France, 1892/W/38.

303 Fridenson P. & Paquy L. (2008), « Du haut enseignement commercial à l'enseignement supérieur de gestion (XIXe-XXe siècles) », in P. Le Normand (s.d.), *La Chambre de commerce et d'industrie de Paris 1803-2003. II. Études thématiques*, Paris, Droz, p. 249.

304 *La lettre de l'ESCP*, numéro spécial « Mastères spécialisés 10 ans », mars 1997, p. 3. Archives de ESCP.

5. Le développement d'une activité de recherche en gestion

Afin d'assurer une formation supérieure de qualité et de contribuer, comme ses concurrentes directes, au progrès des sciences de gestion, l'école a développé dès la fin des années 1960 une activité de recherche.

Celle-ci s'est concrétisée en 1968-1969, soit au même moment qu'à HEC et à l'ESSEC[305], par le recrutement d'un corps professoral permanent en gestion, doté des qualifications académiques suffisantes pour prétendre développer une activité de recherche de haut niveau. La détention d'un doctorat, puis à partir de 1984 la détention d'une habilitation à diriger des recherches (HDR), sont apparues comme des qualités favorisant le développement de la recherche académique au sein de l'école. De ce fait, les effectifs du corps professoral permanent de l'école ont très progressivement crû sur cette période, en passant de 3 professeurs permanents en gestion en 1968-1969 à 84 en 1998-1999, la veille de la fusion avec l'école EAP, tandis que la proportion de professeurs docteurs s'est également accrue, passant de 12 % en 1974 à 67 % en 1998, comme l'illustre le tableau ci-dessous.

Année scolaire	Nombre de professeurs permanents	Nombre de titulaires d'un doctorat ou d'un Ph.D	% de titulaires d'un doctorat ou d'un Ph.D	Nombre de titulaires d'une Habilitation à diriger des recherches	% de titulaires d'une HDR
1974-1975	43	5	12 %	0	–
1980-1981	68	38	56 %	0	–
1989-1990	80	46	58 %	0	0 %
1995-1996	88	54	61 %	6	7 %
1998-1999	84	56	67 %	7	8 %

Évolution du nombre de professeurs permanents et de détenteurs d'un doctorat ou d'un Ph.D et d'une Habilitation à diriger des recherches à l'école entre 1974 et 1998.

Au niveau administratif, le développement de la recherche s'est matérialisé par la création en 1979 d'une fonction de Doyen associé à la recherche – alors dénommé « Coordinateur de la recherche » –, puis en 1986 par la création d'une fonction de Doyen du corps professoral. La mission de ce dernier est de faciliter l'intégration des professeurs à la communauté académique nationale et internationale. La mission du Doyen associé à la recherche, quant à lui, est de s'assurer que les recherches développées par le corps professoral permanent soient en lien avec les préoccupations du monde économique, et pas uniquement du milieu académique. Sa deuxième fonction est de s'assurer que la recherche produite à l'école soit largement diffusée.

[305] À titre de comparaison, le recrutement d'un corps professoral permanent en gestion a commencé en 1964 à HEC et en 1971 à l'ESSEC.

Un budget dédié à la recherche apparaît pour la première fois en 1979 et croît progressivement pour atteindre un million de francs en 1996[306].

De plus, les conclusions du diagnostic stratégique de 1989 ont amené la direction de l'école à renforcer l'obligation pour le corps professoral permanent de « contribuer au progrès des entreprises en assurant une mission d'innovation théorique et pratique appuyée sur une recherche appropriée »[307]. De ce fait, à partir des années 1990, la direction de l'école a développé des structures d'orientation et de coopération avec les entreprises dans le cadre des activités de recherche des enseignants de l'école. Concrètement, la création de l'année de césure en 1989[308], la mise en place du MBA à temps partiel en 1993, puis l'implémentation de la formation en apprentissage en 1995[309] ainsi que la création des premiers Mastères spécialisés à temps partiel en 1995[310] ont aussi été conçues de manière à mieux exploiter à des

[306] Ce budget sera régulièrement augmenté, passant de 230 000 euros en 2003 à 390 000 euros en 2007.

[307] Groupe ESCP, *Rapport d'autoévaluation EQUIS 1998*, 1997, p. 37. Archives de la Chambre de commerce et d'industrie de la région Paris – Île-de-France, 1892/W/38.

[308] L'année de césure est instaurée à l'école en 1989. Elle permet aux élèves du programme Grande école ayant achevé leurs deux premières années de scolarité de partir travailler à des postes d'« apprentis cadres » suivant les termes de l'époque, pendant une année en entreprise, en continu et à plein temps, avec le statut de stagiaires. À l'issue de cette année, ils reviennent à l'école pour effectuer leur dernière année d'études. Seize étudiants ont fait le choix de l'année de césure lors de sa première édition en 1989-1990 ; soit à peine 5 % de la promotion d'alors. Ils seront 161 en 1996-1997, soit 45 % de la promotion. À l'époque, cette modalité pédagogique n'est pas encore appelée « année de césure », même si, dans les faits, les élèves et l'administration l'appellent volontiers l'« année sandwich ». Elle est alors intitulée « année en alternance » mais ce terme n'a rien à voir avec l'« apprentissage en alternance » qui, lui, ne sera possible à l'école qu'à partir de 1995. À cette époque, l'apprentissage en alternance permet à des étudiants, au terme de dix-huit mois de scolarité, d'entamer un double cursus entreprise/école pendant quatorze mois. Concrètement, les étudiants travaillent en entreprise où ils jouissent du statut d'apprentis (et non du statut de stagiaires affecté aux étudiants en année de césure) mais reviennent à l'école régulièrement ; à savoir une journée par quinzaine, puis une semaine tous les deux mois, contrairement à l'année de césure où il n'y a aucun aller-retour fréquent entre l'école et l'entreprise. À l'issue de cette période, les apprentis retournent à l'école pour deux-trois mois achever leur scolarité avec l'ensemble de leur promotion. En 1996-1997, 21 élèves ont fait le choix de l'apprentissage en alternance ; soit 6 % de la promotion. Source : Groupe ESCP, *Rapport d'autoévaluation EQUIS 1998*, 1997, pp. 103-104. Archives de la Chambre de commerce et d'industrie de la région Paris – Île-de-France, 1892/W/38.

[309] En France, c'est l'ESSEC qui est la première école supérieure de commerce à inaugurer le régime de l'apprentissage pour ses étudiants en janvier 1994. Environ 80 élèves se sont engagés dans cette voie à l'ESSEC, dès 1994. À l'époque, une telle opération était risquée car « en adoptant un système qui semblait jusqu'alors réservé à des étudiants rétifs à la forme scolaire, le directeur de Cergy-Pontoise [s'est mis] consciemment à distance de la norme d'excellence scolaire qui [prévalait] dans l'espace national des Grandes écoles. En cela, la mise en place de l'apprentissage peut aussi se lire comme une stratégie de distinction vis-à-vis d'HEC, visant à renvoyer cette dernière dans le conservatisme tandis que l'ESSEC joue un rôle pionnier » (Blanchard, 2015, p. 207). De fait, ce système connaîtra un grand succès et sera imité, en 1994, par l'École supérieure de commerce de Grenoble puis, en 1995, par l'École supérieure de commerce de Lyon.

[310] En 1995, le Mastère spécialisé « Management médical » a été le premier Mastère spécialisé à être développé au format à temps partiel, suivi du Mastère spécialisé

fins de recherches la synergie entreprise-école. La première chaire d'entreprise dédiée à la recherche est ouverte en 2002[311].

Le lancement de ces nouveaux programmes associant étroitement l'expérience en entreprise et la formation a été considéré comme un vecteur favorisant la naissance d'« une spirale de qualification par laquelle le corps professoral développe sa compétence à résoudre des problèmes concrets rencontrés par l'entreprise [de façon à] en enrich[ir] son enseignement »[312]. L'objectif de ces structures est de développer une interaction entre théorie et pratique de façon à ce que la pratique soit source de réflexion et que la théorie devienne pratique[313]. De ce fait, les activités de recherche ont, numériquement[314], considérablement augmenté sur la période considérée, comme l'illustre le tableau ci-dessous.

Nombre de publications de l'école	**1980**	**1985**	**1992**	**1995**	**1996**
Nombre de professeurs permanents	68	73	85	88	87
Ouvrages publiés	14	24	30	23	24
Articles publiés	18	40	96	72	79
Communications	7	?	57	59	34
Rapports de recherche	5	?	9	8	10
Obtention d'une thèse de doctorat	1	?	2	3	7
Obtention de l'HDR	0	0	4	0	0

Évolution des activités de recherche à l'école entre 1980 et 1996.

Les actions de recherche se sont traduites par la publication de cahiers d'études, de documents de travail, d'articles et d'ouvrages. Elles se sont aussi traduites par la participation de l'école à la création du « Club international ESCP/Entreprise » et d'autres actions plus ponctuelles – création de vidéos pédagogiques dans les années 1980 ou création d'une collection d'ouvrages professionnels avec le Club français du livre. La politique de recherche se concrétise également par la participation des professeurs aux comités de rédaction de revues telles que *La Revue*

« Management de la qualité ». De fait, l'essentiel des Mastères spécialisés seront dupliqués au format à temps partiel à partir de 2004.

311 En France, la première école de commerce à lancer une chaire d'enseignement et de recherche est l'ESSEC en 1986.

312 Groupe ESCP, *Rapport d'autoévaluation EQUIS 1998*, 1997, p. 38. Archives de la Chambre de commerce et d'industrie de la région Paris – Île-de-France, 1892/W/38.

313 Groupe ESCP, *Rapport d'autoévaluation EQUIS 1998*, 1997, p. 38. Archives de la Chambre de commerce et d'industrie de la région Paris – Île-de-France, 1892/W/38.

314 Seule une estimation en termes quantitatifs est à ce jour possible. Les archives du décanat de l'école n'ont, en effet, conservé que les volumes de publications du corps enseignant pour cette période. Pour se livrer à une étude qualitative de l'évolution de ces publications, il conviendrait de connaître plus précisément les types de revues dans lesquelles publiaient les professeurs de l'école (leur prestige, leur langue, etc.). Ces renseignements ne nous sont pas connus à ce jour.

Française de Marketing, *Sociologie du Travail*, *Le Financier*, *Politiques et Management Public*, *Stratégie Médicale*, etc. ; ou la direction de collections.

À cette époque, l'évaluation qualitative de la recherche menée par les professeurs de l'école est encore émergente et, en l'absence de classement des revues académiques, seuls les prix délivrés aux enseignants de l'école – médaille de l'Académie des sciences commerciales, prix de la Fondation Jours de France, prix Harvard, prix *L'Expansion*, etc. – attestent de la relative qualité de leurs travaux.

Enfin, au niveau pédagogique, les travaux de recherche poursuivis par les étudiants tout au long de leur formation ont été multipliés pour participer au processus d'apprentissage et de création des savoirs. Dès l'année académique 1969-1970, la rédaction par l'étudiant d'un mémoire de fin d'études est obligatoire pour les élèves se spécialisant en marketing ou en informatique de gestion[315]. Ce dispositif sera progressivement étendu aux autres options de fin de cursus dans les années 1970. De même, dès l'année académique 1986-1987, les étudiants de la première promotion des Mastères spécialisés de l'école sont mis dans l'obligation de produire une « thèse professionnelle » pour obtenir leur diplôme. Enfin, c'est depuis juin 1995 que tous les élèves de dernière année du programme Grande école rédigent un mémoire de fin d'études qui est obligatoire pour leur diplomation. Cette politique volontariste en matière de recherche tranche singulièrement avec la période antérieure à 1969 durant laquelle aucun budget ni aucune incitation n'étaient mis en place pour soutenir cette activité qui relevait alors de la seule initiative des professeurs du corps enseignant.

6. Une stratégie initialement innovante… mais rapidement imitée par les concurrents

En synthèse, la stratégie menée sur la période 1969-1999 est une stratégie qui a permis à l'école de se hisser dans le peloton de tête des écoles de commerce en France et de creuser l'écart avec ses concurrentes directes.

En effet, sur cette période, l'école accroît très significativement son portefeuille de formations ainsi que la diversité de ses publics : en dépit de l'augmentation des frais de scolarité, elle parvient à remplir toutes ses promotions, ce qui illustre son pouvoir de marché[316]. Pour faire connaître ces évolutions aux principaux intéressés, le directeur de l'école, Jacques Perrin, visite même les classes préparatoires des lycées Carnot, Henri-IV et Louis-le-Grand à Paris et Masséna à Nice, dès le début de son mandat en 1979 et ce pendant la majeure partie des années 1980. Il est, du reste, le dernier

[315] Chambre de commerce et d'industrie de Paris, *Conditions d'admission et plan d'études de l'École supérieure de commerce de Paris*, Paris, Librairie Vuibert, 1971, p. 56.
[316] Blanchard M. (2015), *Les Écoles supérieures de commerce. Sociohistoire d'une entreprise éducative en France*, Paris, Classiques Garnier.

directeur de l'école à s'être régulièrement déplacé pour procéder à ces opérations de communication auprès des préparationnaires.

La politique de diversification du portefeuille de formations conduite sur la période 1969-1999 a provoqué une profonde réorganisation de l'école. Les quatre axes de développement stratégiques menés entre 1969 et 1999 – l'introduction de la mixité, l'élargissement du programme de formations, la diversification des publics en formation et le développement d'une activité de recherche – ont conduit à un changement radical de profil et d'échelle par rapport aux périodes précédentes, comme l'expose le tableau ci-dessous. Les effectifs étudiants ont été multipliés par deux, le nombre de professeurs permanents a été multiplié par vingt-huit, le budget de l'école a été multiplié par quinze et la part d'autofinancement de l'école a augmenté de 75 %.

	1969	**1996**
Effectifs étudiants	750	1 567
Nombre de professeurs permanents	3	84
Nombre d'heures enseignées par an	22 000	46 000
Budget annuel en millions de francs constants	10,5	154
Part d'autofinancement en %	37 %	65 %

Évolution des effectifs scolaires et du budget de l'école entre 1969 et 1996.

En outre, si l'objectif initial de cette politique de diversification dans les années 1970 et 1980 était la satisfaction des nouvelles demandes des recruteurs, à partir des années 1990, la volonté de la direction de l'école est aussi de diversifier ses sources de financements dans un contexte budgétaire moins prospère que par le passé. La dotation budgétaire de la Chambre de commerce et d'industrie de Paris qui représentait 75 % du budget de l'école en 1960, en représente seulement 43 % en 1980 et 35 % en 1996[317]. Dans un contexte national de restriction des budgets publics en raison de la crise économique des années 1990 (la France traverse en 1993 une période de récession économique, la première depuis 1974), la capacité de l'école à développer des activités alliant qualité et viabilité économique constitue un facteur de succès qui lui permet, face à ses concurrents, de renforcer sa place d'école de premier rang.

La direction de l'école a donc été amenée à accroître ses ressources propres en augmentant d'abord les revenus liés aux droits de scolarité. Les produits générés par le programme ESCP ont ainsi été multipliés par trois entre 1979 et 1996 – de 12 millions de francs en 1979 à 37,8 millions de francs en 1996 – du fait de la hausse des frais de scolarité, couplée à une progression des effectifs étudiants de 20 % sur la même période.

[317] Il faut ajouter à la dotation d'exploitation versée par la Chambre de commerce et d'industrie de Paris la mise à disposition des locaux du site de l'avenue de la République. Direction de ESCP, *Rapport d'audit interne*, 1969. Archives de ESCP. Groupe ESCP, *Rapport d'autoévaluation EQUIS 1998*, 1997, pp. 17-21 ; p. 37 ; p. 147. Archives de la Chambre de commerce et d'industrie de la région Paris – Île-de-France, 1892/W/38.

Concrètement, les frais de scolarité, en francs constants, ont été multipliés par quatre en une vingtaine d'années[318].

Ensuite, la direction de l'école a augmenté ses ressources propres en développant de nouveaux programmes économiquement contributifs : les programmes de formation continue et les Mastères spécialisés. En 1996, les ressources propres du Groupe ESCP s'élèvent à 85,5 millions de francs, soit 30 % de plus qu'en 1991. En 1996, ces ressources reposent majoritairement sur le programme ESCP (37,9 millions de francs), les programmes ESCP Senior (28,3 millions de francs) et les Mastères spécialisés (14,6 millions de francs), tandis que le MBA à temps partiel est plus faiblement contributif (4,8 millions de francs). Ce renforcement de la capacité d'autofinancement de l'école lui a permis d'accroître significativement le nombre de professeurs permanents sur la période[319]. Comme le montre le tableau ci-dessous, les recettes de l'école, en francs constants, ont augmenté de 147 % en à peine vingt ans, passant de 34,6 millions de francs en 1979 à 85,5 millions de francs en 1996.

Recettes en millions de francs	**1979**	**1987**	**1992**	**1996**
Programme ESCP	12	12,9	24,2	37,8
Formation continue	22,6	23	28,9	28,3
Mastères spécialisés	0	0	12,5	14,6
MBA Part Time	0	0	0	4,8
Total en millions de francs	34,6	35,9	65,6	85,5

Évolution des recettes de formation du Groupe ESCP en millions de francs (valeur du franc en 1996) entre 1979 et 1996.

Sur le plan concurrentiel, cette stratégie est un succès. Durant cette période, l'école est clairement identifiée en France comme appartenant au groupe stratégique leader des écoles de commerce avec HEC, l'ESSEC et l'École supérieure de commerce de Lyon[320]. L'existence de ce regroupement est clairement manifestée par la hiérarchie des choix opérés par les candidats à l'heure de choisir leur école, mais aussi par les offres d'emplois et les conditions de rémunération proposées par les entreprises aux diplômés de ces quatre écoles dites « parisiennes »[321]. En outre, les classements alors régulièrement publiés dans la presse à partir des années 1980 reflètent la

[318] En francs constants de 1996, les frais de scolarité annuels du programme Grande école s'élèvent à plus de 9 000 francs en 1976, à 19 000 francs en 1986 puis à 36 000 francs en 1996. Groupe ESCP, *Rapport d'autoévaluation EQUIS 1998*, 1997, p. 14. Archives de la Chambre de commerce et d'industrie de la région Paris – Île-de-France, 1892/W/38.

[319] Groupe ESCP, *Rapport d'autoévaluation EQUIS 1998*, 1997, p. 37. Archives de la Chambre de commerce et d'industrie de la région Paris – Île-de-France, 1892/W/38.

[320] L'INSEAD, bien que située en territoire français, n'appartient pas au même ensemble dans la mesure où elle ne délivre qu'un MBA à l'époque, ce qui l'assimile davantage à certaines *business schools* américaines.

[321] Blanchard M. (2015), *Les Écoles supérieures de commerce. Sociohistoire d'une entreprise éducative en France*, Paris, Classiques Garnier.

perception par les milieux économiques des différentes écoles. Ce groupe se caractérise par la conjugaison de différents critères : la taille des promotions, la qualification des corps professoraux et l'ouverture internationale.

Ce groupe d'écoles leaders en France est d'autant plus fort qu'à cette époque la menace des substituts – IAE, écoles ingénieurs, instituts d'études politiques, universités – est faible. Ces substituts ne bénéficient pas du statut de Grandes écoles que les groupes HEC, ESSEC et ESCP ont graduellement conquis. Leur adhésion à la Conférence des grandes écoles à partir de 1973, puis l'alignement, en 1995, de la durée des classes préparatoires commerciales sur celles des classes préparatoires scientifiques et littéraires, en ont fait de Grandes écoles de commerce, comparables aux autres Grandes écoles françaises[322].

Toutefois, la stratégie de diversification poursuivie par le Groupe ESCP pendant la période 1969-1999 n'est pas fondamentalement différenciante, contrairement à la stratégie menée entre 1905 et 1947 (construire une école de commerce de niveau secondaire et de niveau supérieur) qui était innovante, mais n'a jamais été imitée par les concurrents. Pour la période 1969-1999, en revanche, toutes les écoles de commerce de l'époque mettent en place une stratégie similaire quoique selon des moyens et des calendriers différents[323].

[322] C'est donc en 1995 que ESCP acquiert enfin complètement le statut de Grande école qu'elle poursuivait depuis sa fondation en 1819. La première étape de cette quête avait été franchie en 1890 quand l'école avait été officiellement reconnue par l'État. La deuxième et la troisième ont été franchies en 1947 quand elle a été reconnue comme établissement d'enseignement supérieur, puis en 1969 quand son diplôme avait été visé pour la première fois par l'État. La quatrième étape a été franchie en 1970 quand ses diplômés ont été autorisés à présenter le concours d'entrée à l'ÉNA.

[323] Blanchard M. (2015), *Les Écoles supérieures de commerce. Sociohistoire d'une entreprise éducative en France*, Paris, Classiques Garnier.

Première cérémonie de remise des diplômes du programme Grande école à la Chambre de commerce et d'industrie de Paris, en juillet 1990.

Commentaire : les cérémonies officielles de remise de diplômes sont apparues en 1825 lorsque la direction a remis pour la première fois des « diplômes de lauréat » à ses meilleurs élèves. À l'époque, les cérémonies étaient célébrées dans la cour de l'Hôtel de Sully en présence de plusieurs milliers de participants et, occasionnellement, de notables étrangers. Ces cérémonies relativement dispendieuses pour le budget de l'école ne furent cependant pas maintenues après 1829. Néanmoins, les remises de diplômes, invariablement organisées dans les locaux de l'école, étaient toujours revêtues d'un certain apparat, sauf lors des épisodes de guerre bien évidemment. Après la Seconde Guerre mondiale, cette tradition fut abandonnée et les diplômes furent envoyés par voie postale aux récipiendaires ; exception faite des élèves des Masters spécialisés pour lesquels une réception était préparée. Face à cette situation qui ne rendait pas hommage à l'investissement des étudiants, les remises des diplômes pour tous les étudiants ont été réinstaurées, en juillet 1990, par la nouvelle directrice de l'école, Véronique de Chantérac-Lamielle. Cette première cérémonie se tient dans les locaux de la Chambre de commerce et d'industrie de Paris où se pressent 500 participants. Pour l'occasion, les élèves sont revêtus d'une écharpe bicolore aux couleurs de l'école. Leur diplôme leur est remis par les parrains de leur promotion. Devant le succès rencontré par cette opération, cette initiative fut reconduite les années suivantes et, depuis lors, cette tradition n'a jamais été interrompue, même si les locaux consulaires ont, par la suite, cédé la place au Théâtre des Champs-Élysées puis aux amphithéâtres du Palais des Congrès de Paris.

CHAPITRE 7

Vers l'école de commerce européenne multi-campus (de 1999 à nos jours)

Avant 1999, l'ouverture internationale de l'école est peu marquée – exception faite pour l'EAP. Il est vrai que, depuis 1981, le stage de deuxième année doit obligatoirement avoir lieu à l'étranger. De même, dans les années 1980, le Groupe ESCP a internationalisé certains de ses enseignements, en raison de la globalisation grandissante de la finance et du marketing. De même, en comptabilité et en droit, l'étude des réglementations européennes a pris son essor dans cette décennie. En outre, depuis 1989, le découpage de l'année scolaire ne se fait plus en trimestres, mais en semestres pour rendre l'école compatible avec les universités partenaires à l'étranger.

Cependant, sur le plan quantitatif, la dimension internationale du Groupe ESCP reste faible. Il accueille des élèves étrangers sur son campus et envoie une proportion de ses étudiants à l'étranger via un portefeuille resserré d'accords d'échanges – trente-cinq en 1997. En 1996-1997, seuls 29 % des élèves du programme ESCP effectuent une partie de leurs études dans une université à l'étranger [324]. Sur le plan qualitatif, le modèle d'internationalisation adopté par l'école n'est pas très différenciateur par rapport aux concurrents : l'école offre un contenu de formation international pertinent aux étudiants et aux entreprises françaises. Elle exerce aussi, ponctuellement, une activité d'ingénierie pédagogique à l'international pour le compte du ministère des Affaires étrangères, du Bureau international du travail ou de l'Union européenne. Quelques professeurs de l'école ont ainsi été détachés pour créer et développer la School of Management de l'Asian Institute of Technology à Bangkok (1987), le Centre franco-vietnamien de gestion à Hanoï (1992) et l'École supérieure des affaires à Beyrouth (1996). Cependant, l'école ne fait pas vraiment de l'internationalisation sa marque de fabrique : le programme ESCP, les quatorze Mastères spécialisés et le MBA à temps partiel sont tous majoritairement dispensés en français à la fin des années 1990.

---

[324] Groupe ESCP, *Rapport d'autoévaluation EQUIS 1998*, 1997, p. 82. Archives de la Chambre de commerce et d'industrie de la région Paris – Île-de-France, 1892/W/38.

La fusion entre le Groupe ESCP et l'école européenne EAP, fusion décidée en décembre 1998 par la Chambre de commerce et d'industrie de Paris (1.), a conduit à la mise en place d'une stratégie d'internationalisation fondée sur un modèle européen multi-campus (2.) et proposant une offre de formations internationales (3.). Parallèlement à ces deux caractéristiques, l'école aligne ses activités d'enseignement et de recherche sur les standards internationaux (4.). Cette période voit croître les effectifs de l'école de manière inédite (5.), mais aussi se construire une « culture ESCP » (6.).

1. La fusion de l'école avec l'EAP en 1999 : une épreuve finalement surmontée

L'histoire de ESCP est ponctuée de projets réguliers de fusion : dans les années 1880, face au relatif insuccès de l'école HEC lancée par la Chambre de commerce de Paris, un premier projet de fusion entre les deux écoles voit le jour avant d'être finalement repoussé. De même, en 1905, lorsque le nombre d'élèves dans les deux écoles atteint un niveau critique, menaçant leur pérennité, un deuxième projet de fusion entre HEC et l'École supérieure de commerce de Paris est envisagé par les dirigeants consulaires avant d'être abandonné. En 1967, un troisième projet de fusion entre l'école de l'avenue de la République et HEC est de nouveau envisagé avant que la Chambre de commerce et d'industrie de Paris ne décide finalement de fusionner l'École supérieure de commerce de Paris avec HEC-Jeunes Filles en 1972 pour introduire la mixité et rationaliser son portefeuille de formations en gestion ; projet qui, comme nous l'avons vu au chapitre précédent, n'aboutira pas. La fin des années 1990 a cependant vu se réaliser la première – et à ce jour la seule – fusion que l'école ait connue depuis sa fondation en 1819.

Revenons sur les circonstances de cette opération. En 1998, la Chambre de commerce et d'industrie de Paris décide de revoir son portefeuille d'écoles de commerce. Le contexte est, alors, propice à une réorganisation. Deux raisons principales expliquent que la décision de fusion soit intervenue à ce moment précis.

La première raison est d'ordre concurrentiel : au cours de la décennie 1990, la concurrence entre les écoles de commerce en France, et en Europe, s'internationalise[325]. En effet, à partir de 1996, l'AACSB[326] accrédite pour la première fois de son histoire des établissements non-américains, tandis qu'en 1997 est créée l'accréditation européenne EQUIS[327]. Dans ce cadre, le

[325] Engwall L., Kipping M. & Üsdiken B. (2016), *Defining Management. Business Schools, Consultants, Media*. New York and London: Routledge.

[326] L'Association to Advance Collegiate Schools of Business (AACSB) a été créée en 1916. Il s'agit d'une organisation américaine qui accrédite les établissements de formation en gestion. L'AACSB accrédite ainsi sa première école de commerce aux États-Unis en 1919 et en Europe en 1997. Il s'agit de l'ESSEC.

[327] L'European Foundation for Management Development (EFMD) accrédite depuis 1997 les établissements de formation en gestion (accréditation EQUIS) et, depuis 2005, certains

portefeuille des écoles de commerce détenues par la Chambre parisienne ne paraît pas rationalisé : l'offre consulaire de formations supérieures en gestion est fragmentée entre des écoles aux dimensions très réduites face à la concurrence internationale. À l'époque, la Chambre administre six écoles de commerce de niveau supérieur – le Groupe ESCP, le Groupe HEC, l'EAP, le CPA[328] ainsi qu'Advancia et Négocia. Le nombre de ces écoles, de même que leur taille réduite, les pénalisent pour conclure des partenariats académiques à l'étranger.

La deuxième raison est d'ordre budgétaire. Les années 1990 correspondent à un contexte de relative morosité pour l'enseignement commercial consulaire[329]. Au cours de cette période, la Chambre de commerce et d'industrie de Paris assiste à une diminution globale du nombre de candidats à l'admission en première année de ses « écoles phares » que sont le Groupe HEC et le Groupe ESCP. Cette situation n'est pas spécifique au contexte parisien, mais caractérise alors la plupart des Grandes écoles de commerce françaises. Entre 1994 et 1998, les écoles de commerce de la banque HEC voient leur nombre total de candidats tomber de 25 354 à 20 817. En outre, l'école EAP, dont le modèle est fort original, est coûteuse en raison des campus à l'étranger qui nécessitent des coûts de gestion élevés, alors que peu d'étudiants en profitent. Cet investissement paraît insuffisamment exploité par les dirigeants consulaires. De ce fait, la fusion entre certaines des écoles consulaires est apparue comme une solution pour mieux calibrer l'offre de formations supérieures en gestion face aux enjeux contemporains[330].

---

programmes de formation (accréditation EPAS). Le Groupe ESCP fait partie des six premiers établissements en Europe à être labellisés EQUIS la même année que HEC, l'INSEAD, l'Université Bocconi, l'ESADE et la London Business School.

[328] Le Centre de perfectionnement aux affaires (CPA) a été créé en 1929 par la Chambre de commerce de Paris. À l'origine de cette initiative se trouve le Français Georges-Frédéric Doriot qui avait achevé sa formation à la Harvard Business School puis y a fait toute sa carrière comme professeur de gestion. Le CPA est un programme de formation continue pour les cadres. L'établissement est reconnu par l'État en 1932. En 1999, le CPA est intégré au sein du Groupe HEC dont il est devenu depuis 2002 le programme « Executive MBA ».

[329] Fridenson P. & Paquy L. (2008), « Du haut enseignement commercial à l'enseignement supérieur de gestion (XIXe-XXe siècles) », in P. Le Normand (s.d.), *La Chambre de commerce et d'industrie de Paris 1803-2003. II. Études thématiques*, Paris, Droz.

[330] Le directeur de l'enseignement de la Chambre à l'époque – Christian Vulliez – nous a confié que le projet de fusionner le Groupe ESCP et l'EAP lui était venu lors d'un voyage en Inde, à l'automne 1998. Participant aux forums d'information à New Delhi, à Bombay et à Bangalore à l'occasion de la promotion d'ÉduFrance récemment créé, Christian Vulliez avait constaté que le nombre d'étudiants indiens désireux d'étudier dans une école de commerce en France était nettement plus important pour l'EAP que pour le Groupe HEC ou le Groupe ESCP. Après discussion avec eux, il s'est avéré que le campus d'Oxford de l'EAP était très fortement différenciant et attractif aux yeux des étudiants indiens ; nettement plus que les marques « HEC » ou « ESCP ». À partir de là, le projet a germé d'associer le rayonnement international de l'EAP avec les ressources du Groupe ESCP pour consolider le positionnement de cette école. Après son retour en France, le projet a mûri et s'est trouvé concrétisé à l'occasion de la réorganisation des écoles consulaires en 1999-2000. Source : Entretien de l'auteur avec Christian Vulliez, le 15 février 2018.

C'est pourquoi, à l'automne 1998, la Chambre de commerce et d'industrie de Paris charge les quatre directeurs du Groupe ESCP, du Groupe HEC, de l'EAP et du CPA de concevoir, isolément, des propositions pour réorganiser les écoles consulaires qu'ils dirigent. Des quatre projets qui ressortent de cette phase de réflexions, c'est le projet rédigé par le directeur du CPA, Jean-Louis Scaringella, qui retient la préférence des dirigeants consulaires. Ce dernier préconise, en effet, de fusionner d'une part le Groupe ESCP et l'EAP, et d'autre part le Groupe HEC et le CPA. Deux justifications principales expliquent pourquoi ces fusions ont été réalisées ainsi.

La première raison est l'exigence de préserver autant que possible la valeur produite par ces écoles ; c'est ce qui explique que la suppression pure et simple de l'un de ces établissements n'ait pas été décidée. Le projet de fusionner les groupes HEC et ESCP n'a pas été retenu car l'attachement des parties prenantes aux marques « HEC » et « ESCP » était suffisamment puissant et connu depuis le dix-neuvième siècle pour laisser présager leur très forte hostilité au projet, comme cela fut le cas par le passé. De même, le projet de fusion entre le Groupe HEC et l'EAP n'a pas été retenu car les programmes du Groupe HEC et de l'EAP se recouvraient – au niveau du programme Grande école et des programmes MBA à temps complet –, au point de rendre nécessaire la suppression de certains de ces programmes, pourtant rémunérateurs pour les écoles. En outre, ces dernières présentaient des tailles très inégales. Leur fusion aurait entraîné vraisemblablement la disparition de la culture de l'EAP à court terme alors que les parties prenantes de cette école – élèves, anciens élèves, entreprises, etc. – y étaient attachées en France et à l'étranger. Enfin, la fusion du Groupe HEC et l'EAP aurait conduit à la naissance d'une nouvelle école qui aurait fait figure de « mastodonte » face à l'école ESCP-CPA. De son côté, le projet de fusion entre le Groupe ESCP et le CPA aurait entraîné nombre de doublons dans les programmes de formation continue et donc la suppression de certains d'entre eux pourtant autofinancés.

En revanche, le projet de fusion entre le Groupe ESCP et l'EAP a été considéré comme le plus prometteur. Le Groupe ESCP et l'EAP avaient, en effet, des tailles plus proches que le Groupe HEC et l'EAP[331] – ce qui semblait être une garantie pour éviter la disparition du modèle original de l'EAP. En outre, plusieurs complémentarités avaient été détectées dans leurs programmes de formation : le Groupe ESCP ne détenait aucun MBA à temps complet, alors que l'EAP en avait plusieurs. D'autres complémentarités avaient été identifiées : alors que le Groupe ESCP avant la fusion présentait un potentiel académique prononcé – partenariats à l'étranger, activités de recherche –, l'EAP était relativement en carence en termes d'activités de recherche. En revanche, alors que le caractère franco-français du Groupe

[331] À la rentrée 1998, le Groupe HEC accueille en tout 1 969 étudiants, le Groupe ESCP 1 762 et l'EAP 699. Source : Chambre de commerce et d'industrie de Paris, « La lettre de l'enseignement – Lettre d'information interne de la direction de l'enseignement », n° 39, octobre 1998, p. 8. Archives de la Chambre de commerce et d'industrie de la région Paris – Île-de-France, 59Y.

ESCP était très marqué et peu différenciant vis-à-vis de ses concurrents, les campus européens de l'EAP – et l'expérience acquise dans leur administration depuis vingt-cinq ans – présentaient un fort potentiel de différenciation. Enfin, les deux réseaux cumulés des anciens élèves des deux écoles représentaient, en 1999, 15 000 anciens élèves répartis sur tout le globe, soit autant que ceux de la London Business School à l'époque.

Forces du Groupe ESCP avant la fusion	**Faiblesses du Groupe ESCP avant la fusion**
- Valeur académique du corps professoral - Diversité des enseignements proposés - Sélection exigeante des étudiants du programme ESCP - Excellente image en France - Réseau de partenaires européens (AMSEC) - Réseau des anciens élèves	- Une approche peu différenciée de l'international - Un corps professoral très majoritairement français - Une offre de formation continue tournée majoritairement vers des participants français
Forces de l'EAP avant la fusion	**Faiblesses de l'EAP avant la fusion**
- Implantation sur quatre campus européens - Reconnaissance institutionnelle forte en France et en Allemagne - Activité de formation continue fondée sur une approche interculturelle originale - Réseau des anciens élèves	- Corps professoral hypertrophié en France par rapport aux autres campus - Étroitesse du portefeuille de cours optionnels - Faiblesse des activités de recherche - Insuffisance des effectifs étudiants empêchant un amortissement des coûts entraînés par les campus

Forces et faiblesses du Groupe ESCP et de l'EAP à la fin des années 1990.

La seconde justification expliquant pourquoi le Groupe ESCP et l'EAP ont été fusionnés ensemble tient à la concurrence internationale. La fusion entre ces écoles apparaît comme une occasion pour répondre aux défis de la mondialisation de l'enseignement supérieur et de la recherche en gestion. Comme le synthétise alors le président de la Chambre de commerce et d'industrie de Paris, Michel Franck :

> « Les grandes entreprises mettent en compétition les meilleures universités et écoles du monde entier. L'EAP était européenne, mais n'avait pas la taille critique appropriée sur un marché devenu international. En effet, à la fin des années 1990, l'école EAP dispose de vingt-huit professeurs permanents dont dix seulement sont titulaires d'un doctorat ou d'une habilitation à diriger des recherches. Elle a été accréditée EQUIS, comme le Groupe ESCP. Toutefois, l'accréditation ne lui est accordée que pour deux années – jusqu'en juin 2000 –, au lieu de cinq années[332]. En outre, le double échec en 1997 de son transfert à

[332] Parmi les éléments de faiblesse ayant justifié cette accréditation abrégée, les accréditeurs EQUIS ont relevé quatre points particuliers ; à savoir (1) l'inégalité de la recherche, modérément développée sur le campus de Paris et très peu sur les autres campus, (2) l'inadaptation des locaux à Oxford, (3) la modestie du corps professoral en taille à Madrid, ainsi que (4) l'inexistence d'un poste de doyen des professeurs. Source : « Procès-verbal du

Londres ainsi que de son partenariat pédagogique avec la Royal Holloway University of London ont fragilisé l'établissement[333]. Enfin, si le modèle pédagogique de l'EAP est très original, il cumule le double inconvénient de n'être suivi que par un faible nombre d'étudiants – à la rentrée scolaire de 1998, l'EAP accueille 706 élèves alors que le Groupe ESCP en accueille plus du double (1 853) – et d'être très coûteux ; en d'autres termes, son modèle n'est ni rentable, ni durable pour les ressources consulaires. L'ESCP, quant à elle, disposait d'un bon réseau d'échanges d'étudiants, mais cet avantage s'était banalisé. Il fallait trouver un avantage concurrentiel fort. Celui de l'ESCP-EAP repose sur son organisation multipolaire, grâce auquel l'établissement a un positionnement distinctif par rapport à ses principaux concurrents nationaux et internationaux. »[334]

Ce projet est soumis à l'assemblée générale de la Chambre de commerce et d'industrie de Paris le 10 décembre 1998, qui l'adopte. Le premier semestre 1999 voit ainsi se former une douzaine de groupes de travail constitués de professeurs et de cadres administratifs des deux établissements pour réfléchir sur les futures formations de l'école fusionnée. En août 1999, les dirigeants arrêtent le nom de la future école, élaboré sur les suggestions du cabinet de communication Nomen[335]. Le nom retenu est « IMEP », pour « Institut de management européen à Paris ». Le processus de détermination du nom a été recentré autour d'un nombre très réduit de participants, sans implication des parties prenantes internes et externes des deux écoles, pour gagner du temps. Ce nouveau nom allait ouvrir une période de crise qui n'avait pas du tout été anticipée. En septembre 1999, à l'annonce du nom retenu pour la future école, les parties prenantes internes et externes des deux écoles manifestent leur désapprobation.

Plusieurs critiques sont dressées contre cette appellation. La première, mise en avant par les élèves, par les professeurs et par les anciens élèves des deux écoles, est d'avoir évacué toute référence aux deux écoles existantes, torpillant de ce fait le capital de marque dont jouissaient jusque-là le Groupe ESCP et l'EAP sur leurs périmètres respectifs. La deuxième critique émane principalement des dirigeants des campus non français de l'EAP qui s'offusquent que la nouvelle dénomination mette en avant le site de Paris exclusivement. Enfin, la troisième critique, partagée par toutes les parties prenantes, porte sur le caractère non participatif des décisions qui ont amené

Conseil de l'EAP du 14 octobre 1998 ». Archives de Chambre de commerce et d'industrie de la région Paris – Île-de-France, 1892.W/51/2.

333 Fridenson P. & Paquy L. (2008), « Du haut enseignement commercial à l'enseignement supérieur de gestion (XIXe-XXe siècles) », in P. Le Normand (s.d.), *La Chambre de commerce et d'industrie de Paris 1803-2003. II. Études thématiques*, Paris, Droz, p. 253.

334 « Discours du président de la Chambre de commerce et d'industrie de Paris lors de l'Assemblée générale de l'Association des anciens élèves du Groupe ESCP », 16 mai 2000, *ESCP Magazine*, n° 84, juin 2000, p. 3. Archives de ESCP.

335 Les personnels de l'école avaient envisagé plusieurs noms, notamment « Institut européen de management » et « Institut de management des capitales ». Ces derniers n'ont pas été retenus par les dirigeants de l'école.

la Chambre à imposer le nom « IMEP », sans consultations préalables avec elles.

Ainsi, entre le 15 et le 28 septembre 1999, les assemblées générales des élèves du Groupe ESCP et de l'EAP, mais également les assemblées des professeurs des deux écoles et les associations d'anciens élèves des deux écoles[336], se déclarent favorables à la fusion, mais rejettent unanimement le nom « IMEP ». Si ces acteurs manifestent ainsi leur opposition au nouveau nom, ce sont toutefois les associations d'anciens élèves qui exigent officiellement le retrait définitif du nom « IMEP ». Lors de l'assemblée générale du 28 septembre 1999 au cours de laquelle le nouveau directeur fait face aux critiques des anciens élèves, l'ambiance est très tendue. Les anciens élèves sont en effet « en colère contre la manière dont la CCIP les avait traités. Dans une sous-préfecture, [le nouveau directeur de l'école] aurait reçu des tomates, il s'en est tiré avec quelques agressions verbales », selon les termes des témoins de l'époque[337].

L'effet de surprise amène les dirigeants non seulement à abandonner le nom « IMEP » au profit d'une dénomination neutre « ESCP-EAP », mais aussi à abandonner le projet de déménager le siège de l'école de Paris à Berlin. Pour achever dans les délais la fusion, un programme pédagogique consensuel, associant les formations existantes du Groupe ESCP et celles de l'EAP, est adopté[338]. Aucun programme n'est supprimé, comme le montre la figure ci-dessous.

La conservation des programmes des deux écoles permet à l'établissement fusionné d'envisager de conserver le nombre d'étudiants qui fréquentaient les deux écoles. Dans ces conditions, la fusion est achevée dans les délais : le 12 septembre 1999, la première promotion d'élèves de ESCP-EAP fait sa rentrée dans un établissement au profil inédit.

[336] L'Association des anciens élèves du Groupe ESCP avait été fondée en 1872, comme nous l'avons dit plus haut. L'Association des anciens élèves de l'EAP, quant à elle, avait été fondée en 1976.

[337] *ESCP Magazine*, n° 78, octobre 1999, p. 1. Archives de ESCP.

[338] Voir annexe 3 du présent ouvrage.

Programmes de l'école fusionnée	Origine du programme
1 Programme Grande école – Master	Groupe ESCP (concours français) et EAP (concours international)
1 Master in European Business	EAP
1 MBA Full-Time	EAP
1 MBA Europe centrale	EAP
1 Executive MBA à Madrid	EAP
1 part-time MBA à Paris	Groupe ESCP
16 Mastères spécialisés (MS)	Groupe ESCP (14 MS) + 2 nouveaux MS
Formation continue	Groupe ESCP et EAP

Liste des formations offertes par ESCP-EAP lors de la première rentrée scolaire.

À la suite de l'école ESCP-EAP, de nombreuses autres écoles de commerce en France ont également fusionné pour donner naissance aux écoles EM Normandie en 2005, EM Strasbourg en 2007, Skema Business School en 2009, Novancia Business School en 2011, Kedge Business School en 2013 ou encore Neoma Business School en 2013. En somme, dans les années 2000-2015, une douzaine d'écoles de commerce en France fusionnent pour atteindre une taille critique susceptible d'accroître leur visibilité nationale et internationale, mais aussi pour renforcer leurs ressources et compétences par la recherche de synergies.

2. Le modèle ESCP-EAP : un modèle européen multi-campus

La fusion entre le Groupe ESCP et l'école EAP a permis de donner forme à une école multi-campus présente à Berlin, à Madrid, à Oxford et à Paris[339]. La stratégie d'internationalisation poursuivie depuis 1999 par ESCP-EAP, renomée en 2009 « ESCP Europe », est fortement différenciante en début de période par rapport aux écoles concurrentes[340]. Depuis la fin des années 1990, les écoles de commerce en France et à l'étranger ont, en effet, principalement déployé deux modèles de stratégies d'internationalisation que l'école ESCP-EAP n'a pas suivis :

- Le premier modèle correspond à une stratégie d'attraction visant, pour les écoles de commerce, à faire venir dans leur pays d'implantation des étudiants étrangers cherchant à suivre une formation en gestion. Une telle stratégie implique une importante politique de valorisation de la marque pour aligner l'image de l'école avec ses ambitions internationales. Pour y parvenir, les écoles déploient une offre de programmes internationaux reconnus – Master in Management, MBA, etc. – et une politique de rayonnement axée sur l'obtention des principales accréditations et sur la présence en tête des classements des écoles de commerce ;

[339] Voir annexe 4 du présent ouvrage.
[340] Voir annexe 3 du présent ouvrage.

– Le second modèle consiste en une stratégie de délocalisation par laquelle l'école de commerce ouvre à l'étranger des campus ou des bureaux pour y satisfaire les demandes locales. Cette stratégie a notamment été suivie par l'ESSEC qui a ouvert successivement des campus à Singapour (en 2006 puis en 2015) puis à Rabat (en 2017).

Face à ces deux stratégies, ESCP-EAP est l'une des premières écoles à avoir exploré une troisième voie stratégique consistant à ouvrir des campus en propre à l'étranger pour y former, non pas des étudiants locaux exclusivement, mais des étudiants internationaux, à la fois français et étrangers. Le portefeuille initial de campus – Paris, Oxford, Madrid, Berlin – est rapidement modifié, avec le déménagement du campus d'Oxford à destination de Londres en 2004, puis étendu avec l'ouverture en 2004 d'un cinquième campus à Turin et, en 2015, d'un sixième campus à Varsovie, lui permettant ainsi de figurer dans les plus importants pays économiques de l'Europe, dont cinq capitales politiques.

À ce titre, l'originalité de la stratégie d'internationalisation de l'école est d'avoir opté pour un positionnement transnational plutôt que global. En effet, l'approche globale est le fait d'établissements tels que l'INSEAD, la London Business School, ou l'IMD qui officient pour un marché mondial : leur approche est sous-tendue par un modèle universel de management qui est supposé efficace dans toutes les zones du monde. Il se traduit par la réunion sur un même campus de professeurs et de publics internationaux autour des mêmes enseignements et de recherches supposées valables dans le monde entier[341]. À l'inverse, les dirigeants de ESCP-EAP ont choisi en 1999 un positionnement transnational prenant en compte :

> « Systématiquement l'importance des différences culturelles tant dans le management stratégique que, bien sûr, dans l'opérationnel. Certes, il existe un corpus d'outils et de concepts de gestion universels, mais leur déclinaison spécifique par les différentes cultures est en soi une science, et en tous cas un art, que les entreprises prônent et valorisent [...] Choisir l'approche universelle de l'internationalisation serait une impasse stratégique. Les grands concurrents l'ont privilégiée, et disposent d'avantages concurrentiels trop forts pour être combattus. En revanche, il existe une fenêtre stratégique pour le nouvel établissement : se mettre au service d'une conception transnationale et multiculturelle du management et organiser des activités à partir de plusieurs sites en Europe, en Amérique et en Asie. »[342]

La seconde originalité de la stratégie de l'école en lien avec ses campus tient à leur articulation. ESCP-EAP, malgré la multiplication des campus à l'étranger par ses concurrents, parvient, en effet, à se distinguer par son

---

[341] Scaringella J.-L. (1999), *Pôle ESCP-EAP, Rapport présenté à monsieur le directeur général de la Chambre de commerce et d'industrie de Paris*, 30 juin 1999, p. 193. Archives de la Chambre de commerce et d'industrie de la région Paris – Île-de-France, 1892/W/52.

[342] Scaringella J.-L. (1999), *Pôle ESCP-EAP, Rapport présenté à monsieur le directeur général de la Chambre de commerce et d'industrie de Paris*, 30 juin 1999, p. 193. Archives de la Chambre de commerce et d'industrie de la région Paris – Île-de-France, 1892/W/52, pp. 36-37.

modèle réticulaire. L'école est l'une des rares à mettre en réseau ses campus. Cette mise en réseau permet à ses élèves et à ses enseignants de multiplier les expériences en Europe en tirant profit des sites de l'école. Pour le Master in Management par exemple, tous les campus offrent depuis 2009 le même programme d'enseignement durant le premier semestre ; ce qui facilite les déplacements des élèves entre les campus. Les programmes d'enseignement reposent ainsi sur la mise en commun de cours fondamentaux, quels que soient les campus, tout en cultivant des options qui sont propres à certains campus ; ce qui renforce leur complémentarité. Le campus de Londres offre une spécialisation en finance, tandis que le campus de Paris en offre une sur la culture, et celui de Madrid sur le tourisme. Le campus de Turin, quant à lui, a lancé un programme de formation continue – le *General Management Program* – généralisé à la fin des années 2000 à l'ensemble des campus.

De fait, le positionnement de l'école fusionnée est initialement estampillé comme transnational dans les premières années, avec une forte connotation européenne : la *base line* qui figure sous le nom de l'école est « European School of Management » dès 1999. Le fait que les campus hérités de l'EAP soient tous situés en Europe n'a pas empêché la direction d'envisager, cependant, l'ouverture de nouveaux campus en dehors d'Europe et, notamment, aux États-Unis ou au Qatar en 2004.

Enfin, la stratégie d'internationalisation de l'école se reflète dans sa nouvelle politique de marque : en 2009, ESCP-EAP est devenue « ESCP Europe »[343]. L'apposition du toponyme « Europe » illustre les ambitions internationales de l'école. Le site Internet de l'école a, de même, été traduit en anglais et le nom de domaine lui-même est devenu dès 1999 en « .eu » au lieu de « .fr ». Symboliquement, c'est aussi en 2009 qu'est organisé, pour la première fois, le séminaire Start@Europe au Parlement européen de Strasbourg[344]. L'européanisation de l'école se manifeste dans ses structures : un *Advisory Board*, prévu dans la charte de gouvernance, est créé en 2012

[343] En 1999, le terme « Europe » avait été envisagé pour figurer dans la dénomination de la nouvelle école fusionnée. Néanmoins, il avait été écarté par les membres de la commission « Nom » qui le trouvaient redondant avec la liste des campus figurant sous le nom de l'école. À cette époque, le terme était, en outre, jugé réducteur quant aux ambitions mondiales de l'établissement et susceptible de nuire à l'ouverture de campus extra-européens. Enfin, en 1999, le terme « Europe » était jugé potentiellement polémique car les membres de la commission « Nom » n'étaient pas convaincus de l'existence d'un modèle européen de formation à la gestion. Voir Scaringella, J.-L. (1999), *Pôle ESCP-EAP, Rapport présenté à monsieur le directeur général de la Chambre de commerce et d'industrie de Paris*, 30 juin 1999, p. 193. Archives de la Chambre de commerce et d'industrie de la région Paris – Île-de-France, 1892/W/52.

[344] Ce séminaire de rentrée d'une durée de trois jours est organisé au Parlement européen de Strasbourg pour initier les participants à la prise de décisions en contexte multiculturel sur des problématiques européennes. En 2009, il est organisé par l'école en partenariat avec l'ÉNA pour les 700 étudiants du programme Master in Management. Ce séminaire de rentrée sera reconduit les années suivantes et connaîtra, en tout, une dizaine d'éditions. Organisé initialement au Parlement européen à Strasbourg, il se tiendra à Bruxelles à partir de 2016. Le séminaire Start@ Europe a finalement pris fin en 2018.

pour assister le Conseil européen[345]. De même, les élections des doyens de la recherche et du corps professoral sont élargies à tous les campus de l'école car, auparavant, seul le campus de Paris élisait ces deux doyens. Enfin, une fonction de directeur du campus de Paris est créée en 2012 – fonction distincte de la direction générale de l'école – ; ce qui constitue un premier pas vers un alignement des différents campus sur un modèle européen commun.

Ce processus d'alignement constitue, sur le court terme, une voie de perfectionnement du modèle européen de l'école. Toutefois, sur le moyen terme, ce processus est d'autant plus stratégique que, sur le plan concurrentiel, le modèle de l'école de commerce internationale multi-campus initié par ESCP n'est plus original. Depuis les années 2000, ce modèle est devenu progressivement l'une des normes que nombre d'écoles de commerce en France et à l'étranger cherchent à mettre en application. Elles y parviennent en créant des sites qu'elles labélisent avec leur marque – comme l'IDRAC qui détient dix campus en France et cinq implantations à l'étranger, ou l'INSEEC qui dispose de quatre campus en France et de trois à l'étranger – ou en fusionnant entre elles, comme SKEMA qui résulte de la fusion du CERAM de Nice et de l'ESC de Lille en 2009.

Pour se démarquer de la concurrence, ESCP cherche donc à parfaire aujourd'hui son modèle multi-campus qui, à plusieurs égards, n'est pas encore pleinement abouti. En effet, ses six campus sont très hétérogènes en termes de volume d'activités : en 2019, le campus de Paris représente toujours près des deux-tiers des professeurs permanents de l'école et plus de 50 % de ses effectifs étudiants. À l'inverse, le campus de Varsovie, ouvert en 2015, n'est encore qu'un bureau abrité au sein de l'Université Kozminski. Contrairement aux autres campus de l'école, il n'accueille pas pour le moment d'étudiants de niveau Bachelor.

3. L'internationalisation de l'offre et du public de l'école

ESCP-EAP met en place, dès 1999, une stratégie d'internationalisation par l'instauration de formations alignées sur les standards internationaux, par la délivrance de diplômes étrangers, mais aussi par le recrutement d'élèves étrangers.

Dans ce cadre, l'école a, d'abord, complété son offre de formations ; mais contrairement à la période précédente (1969-1999), cette diversification s'est effectuée dans le sens de l'internationalisation de la formation. En effet, la formation continue, les Mastères spécialisés, le MBA à temps partiel et le Master in European Business, créés lors de la période précédente, ne

[345] Sa mission est d'accompagner le Conseil européen (*European Board*) dans l'évolution des programmes et l'orientation stratégique de l'école. Sa composition est internationale. Il est composé de représentants du monde de l'entreprise et du monde académique. Source : ESCP, « EQUIS Report », 2014, p. 7. Archives de ESCP.

correspondent pas à des standards internationaux. Pour préserver son avantage concurrentiel à l'échelle internationale, la direction de l'école s'est donc engagée dans une politique de modernisation de son catalogue de formations pour répondre aux standards d'évaluation des agences d'accréditation.

Cette politique s'est inscrite dans le processus européen de Bologne[346] mettant en place la réforme Licence-Master-Doctorat (LMD). Ainsi, comme l'illustre la figure ci-dessous, sur la période considérée, la direction de l'école a profondément rénové son catalogue de formations, initialement centré sur le programme historique « Grande école » – le Master in Management (MIM) – en élargissant à la fois l'éventail des programmes d'enseignements (axe « degré de spécialisation du programme »), mais aussi la diversité de ses publics cibles (axe « degré d'expérience professionnelle des étudiants »). Cette transformation s'est progressivement effectuée depuis 2003 pour faire de l'école un établissement de formations proposant les trois cycles d'enseignement reconnus par le processus de Bologne.

Le développement d'une offre de formation internationale s'est manifesté par la transformation du programme historique dit « programme ESCP » en Master in Management en 2003[347], par le lancement du programme Ph.D en 2003, puis du doctorat français en 2012, par le lancement du Bachelor in Management en 2015 ainsi que par la création de son nouveau MBA à temps plein en 2017. Enfin, pour mieux en assurer la visibilité internationale, la direction a abandonné à la fin de l'année scolaire 2016-2017 le Master in European Business – qui ne correspondait à aucun standard français ni étranger et était, de ce fait, difficilement lisible en dehors de l'école – pour le remplacer par un MBA à temps complet. L'école a également développé, à côté de ses Mastères spécialisés – diplômes uniquement français[348] –, des diplômes davantage lisibles à l'international : les Masters of Science, et leurs équivalents en formation continue, les Executive Masters of Science. En 2019, ESCP offre ainsi

---

[346] Amorcé en 1998, le processus de Bologne vise à rapprocher les systèmes d'enseignement supérieur européens, notamment par l'organisation des études supérieures en trois cycles. Ce processus a été particulièrement influent pour le développement des écoles de commerce en Europe. Source : Engwall L., Kipping M. & Üsdiken B. (2010), "Public Science Systems, Higher Education and the Trajectory of Academic Disciplines: Business Studies in the United States and Europe." In *Reconfiguring Knowledge Production*, edited by R. Whitley, J. Glaser and L. Engwall, 325-354. Oxford: Oxford University Press.

[347] De manière similaire, l'ESSEC a transformé son programme Grande école en « Junior MBA » en 1999 tandis que HEC Paris a transformé son programme Grande école en Master in Management en 2001. Face aux difficultés rencontrées par la direction de l'ESSEC pour faire intégrer son « Junior MBA » dans le classement des programmes MBA du *Financial Times*, le « Junior MBA » – qui n'apparaissait pas non plus dans le classement des programmes Master in Management du *Financial Times* – est finalement devenu un Master of Science (Msc) in Management en 2010 tandis qu'un Global MBA séparé a été ouvert. Le Msc in Management est devenu le Master in Management de l'ESSEC en 2018.

[348] Les Mastères spécialisés sont une marque de la Conférence des Grandes écoles qui en est propriétaire. Équivalents à un bac + 6, ils apportent aux élèves une expertise métier ou sectorielle.

treize Mastères spécialisés et onze Masters of Science ; ce qui lui assure une bonne visibilité internationale au niveau Master. L'école a, enfin, fait certifier une grande partie de ses formations continues. Cette stratégie de portefeuille n'est cependant pas, contrairement à la période 1969-1999, une fin en soi ; elle est une composante de la stratégie d'internationalisation de l'école qui, tout en restant une Grande école « à la française », est aussi devenue une *business school* internationale[349].

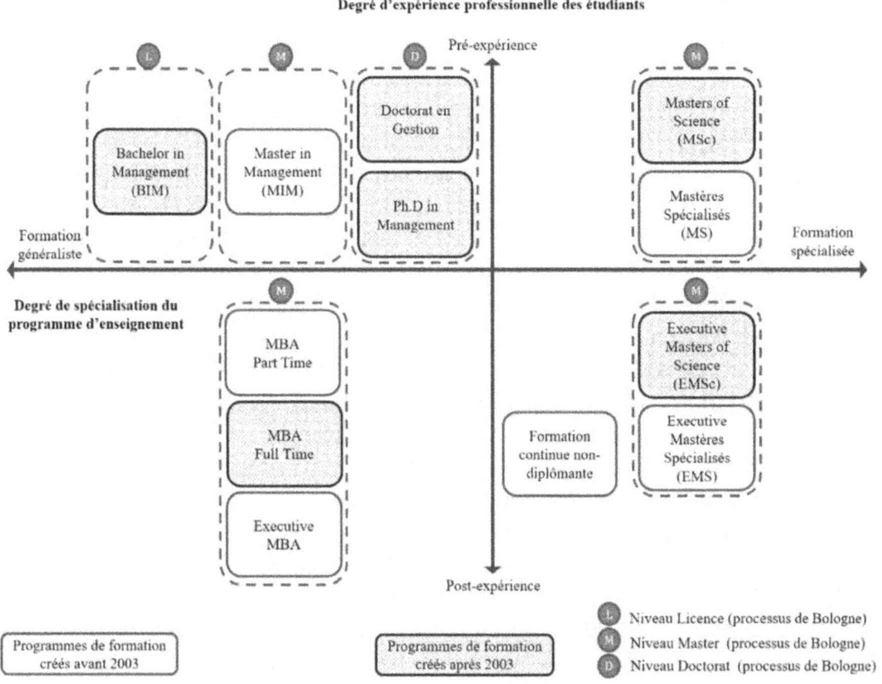

Évolution du portefeuille de formations de ESCP depuis 2003.

En matière de diplômes, l'école a mené une ambitieuse politique qui lui a permis non seulement de délivrer des diplômes lisibles à l'étranger comme nous l'avons mentionné, mais aussi des diplômes étrangers à part entière. À la fin des années 2000, l'école est ainsi la première école de commerce en Europe à offrir à ses étudiants des parcours leur permettant d'obtenir des diplômes nationaux dans chacun des campus de l'école, à savoir :

- En Allemagne, un « Diplom-Kaufmann » ainsi qu'un doctorat allemand « Doktor der Wirtschaftswissenschaften (Dr. rer. pol.) » ;
- Au Royaume-Uni, le Master in Management validé par la City University en tant que « European Master in Management – MSc » ;

[349] Un constat similaire peut être dressé pour d'autres écoles de commerce françaises, comme l'ESSEC. Source : Kodeih F. & Greenwood R. (2014), "Responding to Institutional Complexity: The Role of Identity". *Organization Studies*, 35(1): 7-39.

- En Italie, le Master in Management officiellement reconnu par l'Université de Turin avec le titre de « Laurea magistrale » ;
- En Espagne, le Master in Management officiellement reconnu par l'Université Carlos III de Madrid avec le titre de « Master Europeo en Administación y Dirección de Empresas » ;
- En France, le diplôme « Grande école » devenu Master in Management en 2003.

Cette politique permet à l'école de se constituer un avantage comparatif vis-à-vis de ses concurrentes. En effet, toutes les écoles concurrentes offrent des doubles diplômes avec des établissements étrangers et des accords d'échanges avec des universités à l'étranger. Pour beaucoup, la réalisation d'un semestre à l'étranger – formation académique ou expérience professionnelle – est obligatoire pour obtenir le diplôme de fin d'études.

De ce fait, le nombre de partenaires académiques ainsi que la diversité des pays d'accueil ne suffisent plus à différencier une école d'une autre, comme c'était le cas au cours de la période 1969-1999. C'est pourquoi la direction de ESCP a fait le choix original de se spécialiser sur l'Europe en proposant des cursus européens sur ses différents campus ; cursus sanctionnés par des diplômes lisibles à l'international (Bachelor, Master, Ph.D, MBA), mais aussi, potentiellement, par des diplômes nationaux (« Diplom-Kaufmann », « Laurea magistrale », « Mastère spécialisé », etc.).

Enfin, l'internationalisation de l'offre de formations s'est effectuée parallèlement à l'internationalisation des étudiants. L'objectif assigné par la Chambre de commerce et d'industrie de Paris en 1999, au moment de la fusion entre le Groupe ESCP et l'école EAP, était de constituer rapidement une école dont les effectifs scolaires seraient composés de 50 % d'étrangers. Si cet objectif a été atteint individuellement, et très rapidement, par plusieurs des programmes de l'école – notamment par ses programmes MBA –, en revanche, il n'a été atteint au niveau de l'école, tous programmes confondus, qu'une quinzaine d'années plus tard. Comme le révèle tableau ci-dessous, ce n'est qu'en 2016-2017 que, pour la première fois de son histoire, le seuil des 50 % d'étudiants étrangers, tous programmes confondus, a été dépassé, alors qu'à la même époque, HEC Paris et l'ESSEC accueillent au total, respectivement, 44 % et 31 % d'étudiants internationaux.

Année scolaire	Nombre total d'étudiants inscrits	Nombre total d'étudiants étrangers	Proportion d'élèves étrangers
1998-1999	1 853	335	18,1 %
2007-2008	3 541	1 130	31,9 %
2009-2010	3 957	1 590	40,2 %
2010-2011	3 917	1 684	43,0 %
2015-2016	4 325	1 998	46,2 %
2016-2017	4 651	2 330	50,1 %
2018-2019	5 573	2 953	53,0 %

Évolution de la proportion d'élèves étrangers par rapport au total des élèves inscrits à ESCP entre 1998 et 2017.

4. L'ALIGNEMENT DES ACTIVITÉS D'ENSEIGNEMENT ET DE RECHERCHE SUR LES STANDARDS INTERNATIONAUX

Pour attirer les meilleurs étudiants dans ses programmes et nouer des partenariats avec les meilleures institutions d'enseignement de la gestion, l'école cherche à s'assurer une image de premier rang dans le domaine académique. Comme le souligne Jean-Louis Scaringella, le positionnement haut de gamme académique « passe par une faculté de haute qualité et par des activités de recherche importantes (les deux sont indissociables). Les publications d'ouvrages et d'articles (dans les revues référencées) sont des vecteurs privilégiés de la réputation et de l'identité dans ce métier. »[350]

Pour ce faire, la direction de l'école renforce les activités du *European Management Journal*[351] et lance, en 2001, l'*International Journal of Cross Cultural Management* pour en faire deux vecteurs de qualité pour la réputation académique de l'école. De plus, elle met en place depuis 1999-2000 une politique de promotion – sous formes de primes et de décharges partielles d'heures d'enseignement – pour inciter ses enseignants-chercheurs à publier régulièrement dans des revues référencées. L'école les incite également à passer l'Habilitation à diriger des recherches (HDR) et à enseigner dans deux langues au minimum : leur langue natale et l'anglais. En vingt ans, de 1998 à 2018, le pourcentage de professeurs permanents titulaires d'un doctorat ou d'un Ph.D est ainsi passé de 67 % à 99 % ; tandis que le pourcentage de professeurs titulaires d'une HDR est passé de 8 % à 31 %.

[350] Scaringella J.-L. (1999), *Pôle ESCP-EAP, Rapport présenté à monsieur le directeur général de la Chambre de commerce et d'industrie de Paris*, 30 juin 1999, p. 11. Archives de la Chambre de commerce et d'industrie de la région Paris – Île-de-France, 1892/W/52.

[351] Créée par l'EAP avec l'Université de Glasgow dans les années 1990, l'*European Management Journal* est une revue généraliste académique privilégiant la recherche interdisciplinaire et les sujets transversaux. L'*European Management Journal* est la propriété de ESCP et de l'Université de Glasgow.

L'école crée ensuite dès 2003 un programme doctoral. Faute de pouvoir délivrer à lui seul le titre de doctorat français, le campus parisien noue des collaborations avec des universités parisiennes, tandis que le campus de Berlin, doté depuis 1988 du statut d'université en Allemagne, délivre lui-même des doctorats allemands à ses étudiants. C'est en octobre 2012 que le campus parisien est légalement habilité par le ministère de la Recherche à délivrer le diplôme national du doctorat en sciences de gestion. Si le campus de Turin devrait prochainement délivrer ses propres doctorats, il est prévu à très court terme que tous les campus de l'école acquièrent le statut d'universités locales pour délivrer des doctorats nationaux, comme le soutient en 2017 le directeur général de l'école, Frank Bournois : « À terme, l'ensemble des campus doit être une université dans son pays d'origine, comme c'est le cas à Paris et Berlin et demain à Turin. »[352]

Parallèlement à l'internationalisation de son offre de formations, la direction de l'école a internationalisé sa politique de recrutement. Jusque-là, en matière d'embauche de professeurs, la direction avait avant tout cherché à couvrir l'ensemble des disciplines dispensées à l'école. Depuis les années 2000, ce n'est plus le cas : la direction a accru le niveau de recrutement des enseignants en termes de qualifications – détention obligatoire d'un doctorat ou Ph.D et incitations pour obtenir une HDR – et en termes de profils – valorisation des spécialisations académiques et des nationalités étrangères. Le nouveau profil d'enseignant-chercheur international que promeut l'école est cependant moins lié à la diversité des origines nationales qu'à la capacité d'exposition internationale, c'est-à-dire d'ouverture et d'interaction avec des interlocuteurs étrangers ou multinationaux. Cette définition conduit les enseignants-chercheurs de l'école à développer leurs champs d'actions dans des dimensions internationales – géographiquement et culturellement – et transversales – interdisciplinaires et sectorielles. De plus, la direction a considérablement accru ses exigences en termes de volume et de niveau de la recherche.

Ces deux traits – qualité du corps professoral et qualité de la recherche – sont considérés comme indispensables à la visibilité internationale de l'école. Cette dernière est consacrée à deux occasions : en 2003, l'école rejoint le 1 % des écoles de commerce triplement accréditées EQUIS-AACSB-AMBA à travers le monde[353], tandis qu'en 2010 son Master in Management est classé à la première place mondiale dans le célèbre classement des Masters in Management du *Financial Times*.

---

[352] Champollion D. (2017), « Interview de Frank Bournois, directeur général de ESCP », *ESCP Magazine*, n° 174, p. 35.

[353] La première école de commerce en Europe à avoir été triplement accréditée est HEC Paris en l'an 2000.

5. Une croissance des effectifs sans précédents couplée à une autonomisation grandissante de l'école vis-à-vis de la tutelle consulaire

Depuis 1999, l'école a, comme nous venons de le voir, radicalement changé de profil : l'école de commerce parisienne monosite est devenue une école de commerce européenne multi-campus. Elle a aussi radicalement changé d'échelle.

Depuis 1999, l'école a vu s'accroître ses effectifs : c'est en 2001 que le nombre d'étudiants formés annuellement dépasse, pour la première fois de son histoire, le seuil symbolique des 3 000 étudiants – contre environ 1 850 avant la fusion pour le Groupe ESCP et 700 pour l'EAP – tandis que le nombre de professeurs permanents dépasse, également pour la première fois de son histoire, la centaine pour se maintenir aux alentours de 120 – contre 88 avant la fusion pour le Groupe ESCP et 28 pour l'EAP. La croissance des effectifs se poursuit régulièrement depuis lors : le seuil des 4 000 étudiants formés annuellement est dépassé en 2011 (pour près de 140 professeurs permanents). Depuis 2018, plus de 5 500 étudiants sont formés annuellement à l'école par 156 professeurs permanents.

La fusion n'est pas le seul facteur de croissance. Une raison organique contribue puissamment à la croissance des effectifs de l'école : l'élargissement de son offre de formations. La création des MS, l'ouverture du programme doctoral et le lancement du Bachelor ont permis à l'école d'amener à elle très rapidement plusieurs centaines de nouveaux élèves.

Pour faire face à cette augmentation des effectifs, la politique immobilière de l'école est régulièrement mise à jour. En 2003, la Chambre de commerce et d'industrie de Paris rachète les locaux du Centre chirurgical Paris-Est, situés au 81 avenue de la République. L'école y installe de nouveaux amphithéâtres, ainsi que plusieurs centres de recherche. De même, en 2017, les locaux de l'école de commerce Novancia, situés au 3 rue Moisant dans le quartier de Montparnasse et couvrant une superficie de 18 000 mètres carrés, sont en grande partie mis à la disposition de ESCP avant que cette dernière ne les récupère en totalité durant l'été 2019 (voir photographie ci-dessous).

Aperçu du second campus parisien de ESCP, à Montparnasse.

Commentaire : les locaux du campus de Montparnasse ont une histoire qui mérite d'être rappelée. Le bâtiment originel a été édifié en 1908 pour accueillir l'École commerciale de la rive gauche. À l'instar de ce qui avait été fait dix ans plus tôt pour l'École supérieure de commerce de Paris, la Chambre de commerce de Paris, propriétaire de l'école, a fait le choix d'installer son établissement dans un nouveau quartier de la capitale. Le site retenu pour la nouvelle école fut le quartier de Montparnasse, et, plus particulièrement, la rue Armand Moisant qui venait d'être ouverte en 1906. Si l'édifice a été commandité par la Chambre, il est construit avec une plus grande économie de moyens que les bâtiments de l'École supérieure de commerce de Paris construits en 1898. Le bâtiment de l'École commerciale de la rive gauche a cependant fière allure. Œuvre de l'architecte Louis Masson-Détourbet, il est construit en béton pour le rez-de-chaussée et en brique ocre réhaussée de mosaïques polychromes pour les trois étages supérieurs. En 1954, un bâtiment d'angle est adjoint à cette première construction. En 2011, le site fait l'objet d'une impressionnante modernisation. Si l'essentiel des locaux de 1908 sont préservés, l'extension de 1954 est complètement rasée pour laisser place à une aile nouvelle. Pour ces travaux, les dirigeants consulaires ont fait appel aux architectes Mariano Efron et Martin Robain de l'agence Architecture-Studio ; agence à l'origine de l'Institut du monde arabe à Paris (1981-1987), du Parlement européen à Strasbourg (1991-1998), ou encore du Centre culturel Onassis à Athènes (2002-2010). Les façades, entièrement vitrées, arborent un panel de sept couleurs comprises entre le jaune et le rouge. Selon la position du spectateur, les couleurs de la façade peuvent varier du pastel au fluorescent. L'agence Architecture-Studio a été retenue pour œuvrer à la modernisation du campus francilien de l'ESSEC, inauguré en partie en 2020.

La stratégie « Brand and Size », lancée en septembre 2017 par le directeur général de l'école pour la période 2018-2022 prévoit une croissance encore plus rapide des effectifs scolaires : « Dans les cinq prochaines années, les effectifs étudiants de l'école vont croître de 50 % grâce notamment au programme Bachelor ; l'école va développer de nouveaux programmes, recruter de nouveaux professeurs, développer ses campus européens. »[354] L'objectif de croissance de l'école à l'horizon 2022 prévoit ainsi environ

[354] Champollion D. (2017), « Interview de Frank Bournois, directeur général de ESCP », *ESCP Magazine*, n° 174, septembre-octobre 2017, p. 35.

6 000 élèves formés annuellement par près de 190 professeurs permanents. C'est pratiquement autant d'élèves que l'école en avait formés pendant tout le dix-neuvième siècle ![355]

Année de rentrée scolaire	Nombre d'étudiants formés annuellement	Nombre de professeurs permanents
1998-1999	1 853 (Groupe ESCP) + 706 (EAP)	84 (Groupe ESCP) + 28 (EAP)
2000-2001	2 536	124
2001-2002	3 078	125
2007-2008	3 541	120
2011-2012	4 090	131
2015-2016	4 325	131
2016-2017	4 651	133
2018-2019	5 573	156

Évolution du nombre d'étudiants formés annuellement et du nombre de professeurs permanents entre 1998 et 2018.

Parallèlement à la croissance des effectifs, la stratégie « Brand and Size » projette aussi une augmentation du budget de l'école qui devrait passer de 90 millions d'euros en 2017 à 125 millions d'euros en 2022. C'est dire que la croissance des effectifs n'est pas une fin en soi : elle est un levier pour accroître la visibilité de l'école sur le plan international, mais aussi un contributeur à son projet d'indépendance financière à l'horizon 2022[356]. Pour y parvenir, profitant des possibilités offertes par la loi Mandon de 2014, la direction de ESCP a obtenu son autonomisation juridique vis-à-vis de la Chambre de commerce et d'industrie de région Paris – Île-de-France depuis le 2 janvier 2018. En devenant ainsi, non plus un service consulaire, mais un Établissement d'enseignement supérieur consulaire (ÉESC), l'école peut désormais établir un bilan financier propre, accroître ses capacités d'emprunt, mais aussi implémenter une gouvernance unifiée et simplifiée entre ses campus. L'autonomisation doit permettre à l'école de gagner en réactivité et en flexibilité dans la gestion de ses activités. Grâce à elle, l'administration de l'école devrait devenir davantage maîtresse du recrutement et de la gestion de ses personnels.

---

[355] Voir annexe 5 du présent ouvrage.

[356] La subvention consulaire dédiée au fonctionnement de l'école n'a cessé de diminuer au cours des cinquante dernières années. Elle représentait 75% du budget de l'école en 1960 mais seulement 35% en 1996 et 10% en 2019. En 2022, elle devrait être nulle. Parmi les nombreuses sources de financement que l'école a développées de manière très importante depuis les années 1990 figurent les chaires de recherche lancées avec le soutien des entreprises, les campagnes de collecte de fonds ainsi que les programmes financièrement contributifs, comme les programmes de formation continue. Enfin, il faut mentionner que les frais de scolarité ont été augmentés de manière très sensible. Les frais de scolarité représentaient à peine 25% du budget de l'école en 1960. En 2019, ils en représentent plus de 75%. Ainsi, si les trois années du Master in Management étaient facturées en tout 22 000 euros en 2005, elles sont facturées à hauteur de 48 700€ depuis 2019.

Cette politique d'autonomisation est rendue d'autant plus pertinente depuis l'harmonisation des diplômes européens et la constitution d'un espace universitaire européen où la concurrence s'exerce avec une plus grande acuité que par le passé.

6. Quelle est la « Culture ESCP » ?

Aperçu du campus de Berlin.

Commentaire : par un étonnant concours de circonstances, plusieurs des bâtiments occupés à ce jour par l'école se trouvent avoir eu, par le passé, des fonctions hospitalières. Les locaux du 79 avenue de la République ont fait office, pendant pratiquement cinq années, d'hôpital auxiliaire pendant la Première Guerre mondiale. L'annexe du 81 avenue de la République avait, quant à elle, hébergé le Centre chirurgical Paris-Est avant que la Chambre de commerce et d'industrie de Paris n'en fasse l'acquisition en 2003. Enfin, l'actuel campus berlinois de l'école était au dix-neuvième siècle un hôpital pour enfants malades. Si la liaison logique entre le commerce et la médecine ne semble pas aujourd'hui des plus logiques, il faut rappeler qu'au Moyen Âge et à l'époque moderne, les deux disciplines étaient fort liées. Parce que les commerçants d'alors avaient l'habitude de voyager, ils étaient appelés en France les « épiciers » ; notamment en raison de l'importance du trafic des épices. Du fait de leurs pérégrinations, ces « épiciers » avaient généralement rencontré des penseurs, des savants et des médecins à l'étranger. De ce fait, les produits qu'ils ramenaient du Moyen-Orient ou de l'Asie lointaine s'enrichissaient généralement de philtres thérapeutiques et de traductions de textes anciens traitant de la santé. C'est ainsi que nombre de négociants devinrent, dès le Moyen Âge, des « épiciers-médecins », puis parfois des médecins à part entière. À cette époque, le titre d'« épicier » n'avait rien de péjoratif. Ce n'est qu'à partir du dix-neuvième siècle, avec la professionnalisation et la scientifisation de la médecine, que ce terme devint péjoratif. Les élèves des jeunes écoles de commerce, traités avec condescendance d'« épiciers » par leurs contemporains, héritaient en fait d'un titre de gloire que les temps présents avaient dévalué. *O tempora, o mores...*

La « culture d'école » est un élément contributif de l'essence même de toute institution académique. Un regard rétrospectif sur l'histoire de ESCP interroge le spectateur : quels sont les éléments constitutifs de la culture de l'école aujourd'hui ?

Ce qu'est devenue la culture de l'école depuis la fusion de 1999 avec l'EAP est difficilement comparable à ce qu'elle pouvait être auparavant. La raison est, certes, d'ordre quantitatif : elle est liée au changement d'échelle qui a vu les effectifs étudiants plus que doubler en moins de vingt ans, tandis que le personnel enseignant et administratif a, lui aussi, été augmenté de plus de 50 % sur la période. Sur le plan qualitatif, la fusion de 1999 a également profondément renouvelé la culture ESCP.

Depuis 1999, l'école a acquis une authentique dimension européenne. Cette dernière est structurelle et se décline à quatre niveaux. Au niveau géographique, tout d'abord, via un certain nombre de campus multilocalisés, puis au niveau des études via des cycles et programmes multi-pays, voire donnant lieu à des diplômes reconnus par plusieurs pays. Ensuite, au niveau académique, via un recrutement plus européen des étudiants et du corps professoral, mais aussi au niveau des contenus d'enseignement et de recherche. Enfin, la dimension européenne se décline au niveau de la communication et de la marque. Ainsi, la remise des diplômes aux étudiants du Bachelor s'effectue sur le campus de Berlin ; ce qui constitue un signal fort pour l'école qui ne se considère plus comme française mais bien européenne.

La dimension européenne n'est pas seulement structurelle, mais elle est aussi culturelle. La direction et le management de l'école travaillent, en effet, à l'élaboration d'un nouveau standard : celui d'une « école européenne du management ». Il s'agit de permettre à l'école de se positionner à terme comme une institution porteuse d'une doctrine de management originale, voire d'un modèle alternatif de développement pour les entreprises. À ce titre, le champ d'action spécifique de l'école n'est pas l'Europe en tant que seul territoire géographique ou seule référence sociohistorique. Son champ d'action va bien au-delà : il est celui de l'Europe comme lieu historique de production d'une vision et donc d'un discours spécifique sur la mondialisation, ses modalités, ses risques et ses opportunités pour les acteurs économiques, mais aussi de l'Europe comme acteur privilégié de la mondialisation des affaires et du management, via ses institutions, ses entreprises et ses structures sociales.

La constitution de ce positionnement passe par l'européanisation des grandes disciplines de gestion enseignées dans l'école, à savoir l'affirmation – au-delà des techniques « universelles » proprement dites – de « penser de façon européenne » les fonctions de marketing, de production, de finances, de ressources humaines. De ce fait, depuis 1999, les étudiants qualifiés d'« étrangers » désignent les étudiants « non européens » plutôt que les étudiants « non français ».

Dans ces conditions, la perte de l'homogénéité au sein des promotions – homogénéité autrefois entretenue par le foyer de recrutement des élèves (majoritairement Français et issus des classes préparatoires) et la proximité géographique du lieu d'étude (le campus parisien unique) – a été compensée par un approfondissement des valeurs communes.

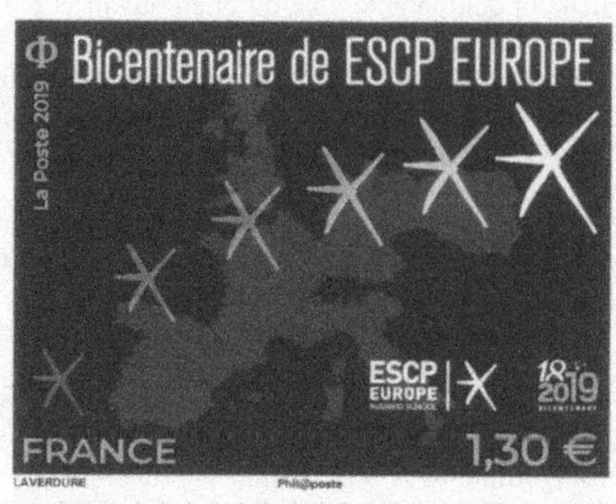

Timbre édité pour le bicentenaire de l'école le 12 octobre 2019.

Commentaire : dans le cadre de son programme annuel d'édition, la Poste a édité un timbre particulier pour le bicentenaire de ESCP. Dans l'histoire de l'école, il s'agit d'une opération inédite. En effet, si, en 1970, la direction avait envisagé de faire créer un timbre pour les cent-cinquante ans de l'école, ce projet n'avait finalement pas vu le jour. En outre, quelques années auparavant, en 1966 une initiative des anciens élèves avait abouti à l'édition d'un timbre particulier pour commémorer les trois-cents ans de la disparition de François Mansart, architecte du Château de Maisons-Laffitte acheté en 1818 par Jacques Laffitte, l'un des soutiens de l'école dans ses premières années. En France, le premier timbre à l'effigie d'une école est un timbre de 1951 célébrant « la France, berceau de la recherche vétérinaire » et mettant à l'honneur les écoles vétérinaires de Lyon, d'Alfort et de Toulouse. Bien d'autres écoles ont obtenu des timbres pour leurs jubilés, qu'il s'agisse de leur centenaire (l'École des Télécoms en 1978, HEC en 1981, l'École normale supérieure de Saint-Cloud en 1982, Supélec en 1995), ou de leur cent-cinquantenaire ans (l'École centrale en 1979), ou encore pour leur cent-soixante-quinze ans (l'École des mines en 1969). D'autres éditions ont eu lieu pour célébrer le bicentenaire de certains établissements scolaires (l'École vétérinaire d'Alfort en 1967, l'École des arts et métiers en 1980, l'École polytechnique en 1994, l'École normale supérieure de Paris en 1994, l'Institut national des langues et civilisations orientales en 1995), voire même pour leur deux-cent-cinquante ans (l'École nationale des ponts et chaussées en 1997, l'École vétérinaire de Lyon en 2011). ESCP est la seule école de commerce, en France et dans le monde, à disposer d'un timbre pour son bicentenaire. Ce dernier figure les pays européens dans lesquels l'école est implantée ; l'ensemble étant surmonté d'un défilé de six étoiles représentant les six campus de l'établissement.

Bien évidemment, cet ancrage européen ne remet pas complètement en cause les modalités antérieures et plus classiques qui avaient été mises en place pour créer une « culture ESCP ». Depuis le début des années 1990, plusieurs mesures emblématiques sont venues enrichir de manière durable le répertoire commun des élèves, des professeurs et des personnels de l'école. Pendant une vingtaine d'années, l'existence d'une résidence étudiante à Paris, ouverte en septembre

1993, avenue de Reuilly, a permis aux étudiants de disposer, pour la première fois depuis la fermeture de l'internat en 1945, d'un espace pour vivre où, au-delà des études, ils pouvaient se construire des souvenirs communs[357].

De même, le rétablissement, par Véronique de Chantérac-Lamielle, des cérémonies de remises de diplômes pour les promotions sortantes du programme Grande école dans des lieux de prestige constitue un marqueur d'appartenance fort à un « esprit ESCP »[358].

Selon cette même logique, en septembre 2005, les élèves de l'option « Entrepreneurship » ont lancé la boutique en ligne « Since 1819 » qui, pendant plusieurs années, a vendu des objets dérivés portant la marque de l'école. Cette fois-ci, l'initiative est venue des étudiants, et non de la direction. Le succès rencontré par la vente des sweats au logo de l'école et autres *goodies* témoigne bien du renforcement du sentiment d'appartenance à l'école.

D'autres évolutions permettent d'accélérer la constitution d'une communauté d'appartenance qui ne relève plus uniquement de l'appartenance à la seule promotion, comme l'instauration, depuis le début des années 2000, des rentrées solennelles. Depuis 2009, un séminaire d'introduction, initialement dénommé « St@rt Europe » puis « Designing Europe » en 2018, accueille chaque année les 850 élèves de la promotion entrante du Master in Management, tous campus confondus. Au cours de ces événements, les étudiants, de manière informelle, développent leur camaraderie, mais aussi un fort sentiment d'appartenance à l'école.

La vie associative contribue également au façonnement d'une communauté d'appartenance liée, non pas à la promotion, mais à l'école ESCP. Les associations étudiantes intègrent ainsi un nombre croissant d'étudiants non-français et se déploient sur les campus autres que celui de Paris. Au Royaume-Uni, par exemple, la ESCP Finance Society rassemble les étudiants passionnés par le monde de la finance qui profitent de la situation de Londres comme place financière pour y cultiver leurs réseaux. En Italie, depuis 2007, une association organise *la Regatta*, une course internationale de voiliers qui est aussi une occasion de *networking* pour ses participants issus de tous les campus. De même, c'est sur le campus de Berlin que se rassemblent les étudiants désireux d'agir en faveur du développement durable.

À ce titre, le champ d'intérêt des associations a fort évolué ces dernières années. Aux alentours de 2010 plusieurs initiatives sont apparues de leur part pour promouvoir la responsabilité sociale des entreprises (développement durable, développement personnel et économie circulaire). Aujourd'hui, les jeunes sont mobilisés sur ces thèmes et un tiers des élèves de l'école s'investissent dans des associations engagées sur ces questions.

---

[357] Sous la direction de Jacques Perrin, en 1987, la direction de l'école avait étudié un projet de reprise du Pavillon du Cambodge à la Cité universitaire pour y loger ses étudiants. Néanmoins, le coût de l'opération avait conduit les dirigeants à rechercher un espace constructible à proximité de l'école pour y édifier une résidence étudiante. Source : « Procès-verbal de la commission administrative de l'École supérieure de commerce de Paris ; séance du 20 octobre 1987 », p. 4. Archives de ESCP.

[358] Auparavant, les diplômes étaient envoyés par la Poste aux récipiendaires.

Enfin, la valorisation des succès sportifs des étudiants, qu'il s'agisse d'exploits antérieurs à leur scolarité – comme pour Stéphane Diagana (diplômé en 2004), champion du monde du 400 m haies (1997), ou la nageuse Roxana Maracineanu (diplômée en 2005), championne du monde du 200 m dos (1998)[359] – ou qu'ils soient contemporains à leur scolarité – comme pour Ysaora Thibus (diplômée en 2017), médaillée de bronze par équipes aux championnats du monde d'escrime à Rio de Janeiro (2016) –, permet d'ouvrir dans l'année académique des moments de célébration de la communauté ESCP.

Ainsi, en dépit de l'éclatement géographique et numérique des promotions, l'école tente de multiplier les liens entre les étudiants en maintenant des lieux de rencontre et en promouvant des valeurs communes, aidée en cela par l'association ESCP Alumni qui fédère plus de 55 000 diplômés répartis dans 150 pays.

[359] Cette dernière est devenue ministre des Sports le 4 septembre 2018.

CONCLUSION

> « Les institutions ont le privilège d'acquérir, avec les ans, l'expérience que confère la maturité, sans craindre d'être frappées irrémédiablement, à un tournant de leur existence, par la sénilité tant redoutée des hommes. » René Villemer (1950)

La publication du présent ouvrage intervient à un moment singulier de l'histoire de l'institution scolaire. S'il convient de célébrer le bicentenaire de l'école pour la forte charge symbolique qui entoure cet anniversaire, la volonté de commémoration resterait inféconde si elle ne devait déboucher que sur le seul rappel du passé. Que signifie le bicentenaire de ESCP ? Un tel jubilé n'est pas anodin. Bien au contraire, il s'agit même d'un cas unique dans l'histoire : ESCP est la première – et à ce jour l'unique – école de commerce au monde à avoir atteint une telle longévité. Ce titre de gloire nous invite à revenir sur les principales étapes de l'histoire de l'école (1), pour ensuite mieux en dégager les faits saillants qui constituent la singularité de cet établissement (2) et rendre un légitime hommage à celles et ceux qui permettent à cette aventure éducative de perdurer (3).

1. UNE HISTOIRE MOUVEMENTÉE : *FLUCTUAT NEC MERGITUR*

Tenter une lecture synthétique des principales évolutions suivies par une école sur deux siècles est un exercice complexe. D'autant plus complexe à mener quand, avant même l'exercice de restitution historique, des zones d'ombre tenaces préexistent. Comme nous l'avons mentionné dans l'introduction de ce livre, en 2014 quand nous avons commencé nos recherches, l'histoire de l'école était très imparfaitement connue. Plusieurs périodes faisaient figure de *terra incognita* sur la carte de la connaissance historique, et notamment la période pendant laquelle elle fut une entreprise familiale de 1830 à 1869, ainsi que la période 1905-1947. En cela, nos travaux ont permis de « renouer le fil du temps » en esquissant une perspective longitudinale du passé de l'école plus complète que celles qui existaient jusqu'alors. À ce jour, sept principales périodes dans l'histoire de ESCP se dessinent clairement.

La première période – de 1819 à 1830 – voit la constitution, progressive et fragile, de l'école dans un environnement politique et social qui ne lui est pas favorable. L'objectif des tout premiers directeurs, puis de leurs successeurs immédiats, est de faire de l'école un établissement à vocation élitiste proposant une formation commerciale généraliste de niveau post-secondaire à des élèves de sexe masculin ayant achevé leur scolarité dans le secondaire. Cette mission rencontre un certain écho auprès des Français, mais également auprès des étrangers qui, durant cette première décennie, représentent parfois près de 30 % des effectifs scolaires. Néanmoins, les difficultés financières à répétition, de même que les crises de succession à la tête de l'école, perturbent gravement son développement.

La deuxième période – de 1830 à 1869 – est celle de la consolidation pour l'école : devenue une entreprise familiale sous la direction de la famille Blanqui, l'école parvient à acquérir une réputation flatteuse, tant en France qu'à l'étranger. En dépit des révolutions politiques et des épidémies de choléra qui provoquent le départ de nombreux élèves et enseignants, l'école perdure et parvient même à se développer. En outre, les relations que ses différents directeurs tissent avec les membres du gouvernement, voire même avec les représentants des familles régnantes, assurent à l'école une protection politique dont elle n'avait encore jamais joui. L'« École de commerce Blanqui » ne parvient toutefois pas à demeurer entre les mains de la famille d'Adolphe Blanqui.

De ce fait, une troisième période s'ouvre en 1869 avec le rachat de l'école par la Chambre de commerce de Paris. Cette dernière transforme progressivement l'ancienne entreprise familiale en service consulaire. Soutenu par la tutelle de la Chambre, l'avenir de l'école peut, pour la première fois de son histoire, s'envisager sans crainte sur un horizon de plusieurs décennies. Grâce ainsi à l'appui consulaire, c'est en 1890 que l'école est officiellement reconnue par l'État qui accorde aux meilleurs de ses diplômés des exemptions militaires partielles ; ce qui contribue à renforcer considérablement son attractivité auprès des candidats. L'école connaît un essor inédit jusqu'alors.

La quatrième période dans l'histoire de l'école – de 1905 à 1947 – voit se déployer une nouvelle stratégie. Les difficultés rencontrées au début du vingtième siècle par la remise en cause des privilèges militaires accordés à certains de ses diplômés font craindre à la direction une fermeture définitive, faute d'élèves à former. Dans ces conditions, la direction inaugure dans un premier temps une stratégie de croissance des effectifs scolaires, avant de rehausser le niveau de recrutement des élèves à partir des années 1920. Pendant cette période, le poids croissant de l'État dans la gestion de l'école, son refus répété de lui accorder le statut d'établissement d'enseignement supérieur, de même que l'application de certaines mesures comme l'instauration d'un concours d'entrée obligatoire et en français, éloignent les élèves étrangers de l'école. Contrairement au dix-neuvième siècle où la proportion d'élèves étrangers pouvait avoisiner les 25 % ou les 30 %, la première moitié du vingtième siècle voit s'éteindre cette particularité native de l'histoire de l'école.

La cinquième période de l'histoire de l'école commence en 1947 quand, pour la première fois de son histoire, elle est officiellement reconnue comme établissement d'enseignement supérieur et non plus post-secondaire. Elle intègre le réseau des écoles supérieures de commerce, dit réseau des « Sup de Co », dont elle devient immédiatement la tête de proue pendant toute la période. Pour mettre en application ce nouveau statut, l'école se lance alors, jusqu'en 1969, dans un plan de modernisation de ses enseignements et de ses locaux. Néanmoins, son rattachement au réseau des « Sup de Co » contraint en grande partie sa marge de manœuvre pour construire un positionnement distinctif par rapport à ses concurrentes. En effet, les décisions relevant de la stratégie, du métier des professeurs et de la vie de l'école sont alors prises majoritairement par les ministères ; ce qui réduit les dirigeants de l'école à se limiter à la seule administration des locaux, des personnels et des étudiants.

L'année 1969 ouvre une sixième période dans l'histoire de ESCP : en quittant le réseau des « Sup de Co », la direction de l'école recouvre un pouvoir d'autodétermination stratégique qu'elle avait progressivement perdu depuis la fin du dix-neuvième siècle. Elle met en place une stratégie de diversification de son portefeuille d'activités : les activités de formation continue, les Mastères spécialisés et le Part-Time MBA viennent compléter le programme historique « Grande école ». L'objectif de cette ambitieuse stratégie est de faire de l'école un établissement d'enseignement supérieur de deuxième cycle en gestion, avec une gamme de formations étendue tout en développant des activités de recherche en gestion. Parallèlement, l'école amorce une politique d'internationalisation. Une dizaine de partenariats avec des universités étrangères sont conclus dans les années 1970, puis une vingtaine au milieu des années 1980, et trente-cinq en 1997. L'envergure prise par ces partenariats étrangers conduit la direction à revoir l'organisation du calendrier des études : depuis 1989, le découpage de l'année scolaire ne se fait plus en trimestres, mais en semestres, pour rendre l'école compatible avec les universités partenaires à l'étranger.

Enfin, la fusion de l'école avec l'EAP en 1999 ouvre une septième période dans son histoire. Depuis 1999, les directions successives poursuivent une stratégie d'internationalisation fondée sur un modèle européen multi-campus. L'établissement, triplement accrédité EQUIS, AACSB et AMBA parmi les premières écoles de commerce au début des années 2000, se déploie non plus sur un seul campus, mais sur six et offre un cursus de formations aligné sur le modèle européen dit « Licence-Master-Doctorat ». De même, l'école a été l'une des premières institutions à obtenir un nouveau label international : l'EFMD Accredited Programme pour ses programmes MBA et EMBA.

Si cette stratégie était fortement différenciante lors de son lancement au début des années 2000, il semble qu'elle le soit moins vingt ans plus tard. En outre, cette stratégie est encore en cours de déploiement à l'école, comme l'illustre par exemple le développement croissant de ses campus européens face au campus de Paris. Tel est l'un des enjeux stratégiques de l'école aujourd'hui : poursuivre la stratégie d'internationalisation lancée en 1999 via un modèle original multi-campus, tout en cultivant une différenciation à l'échelon international. L'autonomisation de janvier 2018 devrait, à ce titre, constituer un puissant levier d'action pour les années à venir.

En deux siècles d'existence, ESCP a donc connu de nombreuses mutations[360]. Depuis sa création en 1819, l'école a subi plusieurs changements de dénominations sociales, de statuts juridiques, de régimes de gouvernance et de politiques partenariales. Elle est, notamment, passée du statut d'école privée (1819-1830), à celui d'entreprise familiale (1830-1869), puis à celui d'école de commerce consulaire (1969-...). Ce dernier statut a subi également plusieurs évolutions, l'école passant du rang d'établissement (post)-secondaire (1819-1947), à celui d'établissement d'enseignement supérieur depuis 1947, puis progressivement à celui de Grande école de commerce ; statut qu'elle conserve à ce jour avec un positionnement européen original depuis sa fusion en 1999 avec l'école EAP. Parallèlement à ces évolutions internes, l'environnement dans lequel elle s'est développée depuis sa création en 1819 a subi d'importantes mutations et a vu grandir de manière exponentielle son intensité concurrentielle à la fois en France et à l'étranger.

En dépit de tous les changements mentionnés ci-dessus, l'école a survécu jusqu'à nos jours ; contrairement aux autres écoles de commerce nées à la fin du dix-huitième siècle et dans la première partie du dix-neuvième siècle. Dans les tourmentes de l'histoire, elle a éprouvé sa résistance et sa capacité à survivre. Par trois fois – situations heureusement exceptionnelles à ce jour –, elle a surmonté les épreuves de la guerre qui l'environnait. Elle y a non seulement survécu, mais elle s'est même considérablement développée pendant ces périodes. Pendant la Grande Guerre, l'école a certes accusé une diminution de ses effectifs, mais a étendu son portefeuille de formations en créant deux sections de spécialisation pour l'hôtellerie en 1916 et pour la représentation commerciale en 1917, ainsi qu'une éphémère section à destination des officiers et sous-officiers américains en 1918. De même, pendant la Seconde Guerre mondiale, l'école n'a pas décru, bien au contraire : elle a créé deux nouvelles sections de spécialisation en 1942, pour l'exportation et pour la préparation au concours d'admission de l'École normale supérieure de l'enseignement technique. En outre, à l'étonnement même de ses dirigeants, ses effectifs scolaires se sont maintenus à ce qu'ils étaient avant-guerre avant d'augmenter considérablement avant même la fin du conflit. Ces éléments montrent combien l'histoire mouvementée de ESCP est singulière. Elle semble ainsi avoir traversé les mêmes péripéties que le vaisseau de la capitale qui l'a vu naître en 1819 – *Fluctuat Nec Mergitur* – et les tempêtes qui l'ont assaillie ne sont encore jamais parvenues à l'ébranler au point de causer sa perte.

---

[360] Voir les annexes 5, 6 et 7 du présent ouvrage.

Rétrospectivement, cette trajectoire pourrait être comparée à un périple maritime qui se serait déroulé comme si l'école avait été portée par une force sourde – ou une étoile providentielle – susceptible de déjouer les multiples entreprises de destruction qui se sont manifestées au cours de son histoire. Pour filer la métaphore navale, le vaisseau scolaire ne s'est pas abîmé en mer ni égaré au gré des vents. Toujours, il est parvenu à se repérer au milieu des éléments déchaînés en fixant son étoile polaire ; à savoir sa mission fondatrice qui est de former les cadres et les dirigeants des organisations du monde des affaires. Cet astre inamovible dans le ciel changeant des ambitions humaines est figuré, depuis 2009, comme emblème officiel de l'école : il s'agit de l'étoile bleue qui orne son logo. En se gardant de toute interprétation téléologique, le témoin d'une telle évolution ne saurait s'empêcher d'éprouver la conviction hégélienne qu'une logique secrète serait parvenue, malgré ses innombrables détours, à imposer sa rationalité. Ainsi, des mutations qui, sur le moment, ont pu être ressenties par les contemporains comme des ruptures radicales dans l'histoire de l'école peuvent se révéler, rétrospectivement, dans le droit fil de son histoire. La fusion avec l'école européenne EAP en 1999 a été ressentie sur le moment par beaucoup de parties prenantes comme une menace pour l'école, voire comme un accident, avant d'être rapidement acceptée comme partie intégrante de son histoire. Cette fusion est aujourd'hui perçue non plus comme une déviation, mais bien comme l'aboutissement d'une ligne d'évolution amorcée dès 1819.

2. La pérennité d'une singularité : une école de commerce pionnière et de référence depuis deux siècles

Cet aperçu rétrospectif de l'histoire de l'école est riche d'enseignements. L'évolution de ESCP dessine, d'abord, une histoire longue et mouvementée. Patrice de Fournas, auteur d'une thèse de doctorat sur l'identité des Grandes écoles de commerce, la qualifie même de « balzacienne », en soulignant que dès sa naissance, elle mobilise « d'abord les ingrédients d'une série à succès : influence, pouvoir, argent et reconnaissance sociale [qui] sont les moteurs apparents d'une bourgeoisie marchande du XIXe siècle devenue banquière, [et] qui se caractérise par son pragmatisme et son désir de former sa progéniture à la bonne marche de la maison. Cette bourgeoisie veut aussi susciter quelques vocations pour des emplois confortables mais peu prestigieux aux yeux de la haute bourgeoisie[361] ». Si les commencements de l'école semblent annoncer, effectivement, un roman à feuilleton, la suite de son histoire n'a pas manqué de rebondissements en tous genres. De cette exploration, nécessairement incomplète, plusieurs traits saillants de l'école peuvent ensuite être identifiés.

[361] De Fournas P. (2007), « L'X, modèle des Grandes écoles de commerce », *L'Expansion Management Review*, 4, 127, p. 48.

Prototype, ESCP a été l'une des premières écoles de commerce à avoir été créée en France et en Europe et à se revendiquer comme telle. Les disparitions successives des écoles devancières, au cours du dix-neuvième siècle puis du vingtième siècle, ont fait d'elle aujourd'hui – et de très loin – la doyenne mondiale des écoles de commerce. La seconde école de commerce doyenne en âge est, en effet, l'école de commerce de l'Università Ca' Foscari en Italie qui fut ouverte en août 1868 sous le nom d'École supérieure de commerce de Venise. Si cette institution a célébré en 2018 son cent-cinquantenaire, elle est cependant plus « jeune » que ESCP de près d'un demi-siècle.

En deux siècles, l'école a tout à la fois été une pépinière où se sont formées plusieurs dizaines de générations de négociants, de cadres, d'entrepreneurs, de managers et de leaders, mais aussi une serre où se sont expérimentées puis fortifiées des pratiques d'apprentissage alors inédites. Rappelons que c'est dans cette école que sont apparus, dès les années 1820, les jeux d'entreprise ainsi que les *business trips* de même que, à partir de 1922, la production, l'utilisation puis la diffusion de films pédagogiques pour améliorer l'apprentissage auprès des élèves. Elle est également l'une des toutes premières en France – si ce n'est la première parfois – à avoir instauré en ses murs des formations pionnières – comme par exemple les cours de codage informatique (1968), les cours en entrepreneuriat (1974), les Mastères spécialisés (1986) – voire même des pratiques qui se sont généralisées par la suite dans la plupart des écoles de commerce – comme les entretiens de personnalité lors des épreuves de recrutement (1970), l'intégration en admission parallèle (1970), l'année de césure (1989), l'apprentissage en alternance (1995) ou encore la validation des acquis de l'expérience (2006). En ce sens, l'école a donc été un laboratoire pédagogique d'avant-garde.

Elle ne constitue pas pour autant, selon nous, un modèle avec ce que ce terme peut comporter de connotations d'autosatisfaction. Elle représente plutôt une référence. En effet, ESCP a été une source influente lors de l'ouverture de nombreuses écoles de commerce en France et dans d'autres pays. Elle a été prise pour exemple – sans être imitée à la lettre – par les écoles de commerce de Mulhouse (1866), du Havre (1871), de Rouen (1871), de Marseille (1872) et de Bordeaux (1874). À l'étranger également, d'anciens dirigeants de l'école ou d'anciens élèves ont ouvert des écoles similaires, notamment au Brésil à Buenos Aires (1825), au royaume de Piémont-Sardaigne à Nice (1850) puis à Turin (1854) ; enfin, dans les territoires polonais, à Varsovie (1875). Au vingtième siècle, cette influence ne s'est pas démentie, mais a revêtu une forme nouvelle avec les missions d'ingénierie pédagogique au cours desquelles des enseignants de l'école ont été appelés à contribuer à la création d'établissements de formation en gestion à l'étranger. C'est dans ce cadre qu'ont été créés la School of Management de l'Asian Institute of Technology à Bangkok (1987), le Centre franco-vietnamien de développement en management à Hanoi (1992), et à l'École supérieure des affaires de Beyrouth (1996).

Bien évidemment, l'histoire de l'école n'est pas uniquement jalonnée de succès aussi éclatants. Elle a connu de nombreuses difficultés et des échecs tout aussi nombreux, comme son absence de reconnaissance en tant qu'établissement d'enseignement supérieur pendant pratiquement cent-trente ans ou l'affaiblissement de son rayonnement international pendant la première moitié du vingtième siècle. C'est là le lot commun à toutes les organisations, entreprises, associations ou administrations publiques.

3. Hommage à ceux qui ont fait l'école, la font aujourd'hui et la feront demain

Pour singulière qu'elle soit, l'histoire de ESCP reste inséparable de l'histoire générale. En effet, l'école a partagé les soubresauts des épreuves nationales : elle a traversé les révolutions politiques de 1830 et de 1848, la guerre de 1870-1871, la Commune de Paris, les deux guerres mondiales, puis les guerres de décolonisation, entre autres événements.

Toutefois, s'intéresser aux évolutions historiques d'une école comme ESCP, et à la manière dont celle-ci a pu refléter, accompagner, voire anticiper les évolutions de l'histoire générale peut conduire à une certaine forme de réification de l'organisation. Comme le rappellent Nelson et Winter, toute organisation est composée de coalitions de décideurs avec des intérêts différents, ce qui influe sur son évolution et donc sur sa pérennité[362].

Délaisser le niveau d'analyse « à hauteur d'homme » ne rend donc pas pleinement justice aux acteurs individuels qui s'investissent – et parfois à quel prix ! – au service de l'organisation qu'ils font vivre. Rappelons que ESCP a été fondée en 1819 par Germain Legret et Amédée Brodart, deux entrepreneurs qui ont sacrifié une grande partie de leur fortune personnelle pour ouvrir et faire grandir l'école. Si le premier est décédé dans l'indigence, le second a contracté plusieurs dettes au nom de l'école ; dettes qu'il n'a apurées qu'une quinzaine d'années après en avoir abandonné la direction. En outre, plusieurs des directeurs de l'école se sont fait un devoir de l'administrer jusqu'à leur mort. Confiants dans la qualité de son enseignement, plusieurs de leurs successeurs – Paul Wiriath, Jean-Christian Serna, Véronique de Chantérac-Lamielle, Pascal Morand – lui ont même confié l'éducation d'un ou de plusieurs de leurs enfants. C'est dire que l'école reste, d'abord et avant tout, une aventure humaine. Les dirigeants, comme nous avons eu l'occasion de le souligner à plusieurs reprises, tiennent une place déterminante dans celle-ci[363].

Toutefois, bien que déterminante, cette dernière ne saurait être exclusive : bien d'autres acteurs – dont une grande partie reste anonyme – méritent d'être ici mentionnés. Les élèves de l'école, mais également les personnels

---

[362] Nelson R. R. & Winter S. G. (1982), *An Evolutionary Theory of Economic Change*, Harvard University Press, Cambridge, MA, p. 35.
[363] Voir annexe 8 du présent ouvrage.

de celle-ci, ont concouru à faire de ESCP ce qu'elle est aujourd'hui. Pour financer le développement de celle-ci, la Fondation ESCP a été créée en 2005 à l'initiative d'anciens élèves. L'un d'eux, diplômé de la promotion 1954, lui a ainsi versé en novembre 2019 un million d'euros de don ; accomplissant un geste qui n'avait encore jamais eu d'équivalent dans l'histoire de l'école.

En outre, les élèves, les anciens élèves, mais aussi les personnels n'ont pas manqué de prendre une part parfois déterminante à l'histoire du pays, mais également de l'Europe. Se souvient-on de ce professeur de comptabilité, Joseph Barré, qui s'engagea en 1860 dans l'expédition des Mille de Garibaldi ? Qui connaît aujourd'hui Félix Dubois (promotion 1882), journaliste et explorateur qui introduisit le premier l'automobile au Soudan dans l'optique d'y faire disparaître une pratique de travail forcé alors imposée aux populations locales : le portage à dos d'hommes ?

De ce fait, parcourir l'histoire de ESCP revient à fréquenter tout un peuple de fantômes plus ou moins familiers. C'est évoquer la silhouette de maints illustres qui, sans nécessairement être diplômés de l'école, fréquentèrent ses murs et marquèrent la conscience collective. Évoquons ici, parmi tant d'autres, le révolutionnaire Louis-Auguste Blanqui qui y enseigna au milieu des années 1820 sur la recommandation de son frère aîné Adolphe. Mentionnons aussi Paul Chandon de Brialles, diplômé de l'école en 1839, et qui – après avoir recueilli l'héritage des Moët et des Chandon – a contribué à faire de Moët et Chandon la première marque mondiale de champagne. Gardons en mémoire, également, le jeune Ernest Ladurée qui, sorti de l'école sans diplôme en 1876, devait concevoir le plan de transformation qui ferait de la modeste boulangerie familiale un élégant salon de thé parisien que ses successeurs transformeraient en entreprise mondiale. Enfin, n'oublions pas Antoine Peugeot. Petits-fils de l'industriel Eugène Peugeot, il est l'un des premiers élèves à avoir, pendant sa scolarité, mis en application les cours de publicité dispensés au sein de l'école. En 1931, sur la commune de Chamonix, il réalisa à l'âge de 21 ans l'ascension du Montenvers (1909 mètres d'altitude) avec un cyclomoteur Peugeot, initiant ainsi un sport particulièrement innovant pour l'époque : l'alpinisme à motocyclette[364].

Ces figures sont généralement moins connues et moins célébrées que celles, plus contemporaines, des fondateurs de Danone (Antoine Riboud, promotion 1939), de Fiducial (Christian Latouche, promotion 1963), de Nature et Découvertes (François Lemarchand, promotion 1971), du *Guide du Routard* (Philippe Gloaguen, promotion 1974), ou de Michel et Augustin (Michel de Rovira, promotion 1997 et Augustin Paluel-Marmont, promotion 1999) qui sont, eux aussi, issus de l'école. De même, Christophe de Margerie (promotion 1974), PDG de Total, a laissé une empreinte d'autant plus importante dans la mémoire collective qu'il s'était imposé dans une entreprise dirigée jusqu'alors par des ingénieurs, comme l'avait fait avant lui

[364] Cette opération, à visée moins sportive que publicitaire, permit de faire connaître le nouveau modèle de motocyclette produit par la firme familiale, la Peugeot P110.

Edouard de Royère (promotion 1956), ancien dirigeant d'Air Liquide. En tant qu'école européenne, ESCP a, enfin, suivi le travail exemplaire de Michel Barnier (promotion 1972) dans les difficiles négociations du Brexit et est honorée de compter Jean-Pierre Raffarin (promotion 1972), ancien Premier ministre français, parmi son corps professoral.

Il y aurait encore tant d'autres personnages à évoquer ici, que les pages de ce trop court ouvrage n'y suffiraient pas. Profitons donc de l'occasion qui nous est offerte ici pour tous les remercier pour ce qu'ils ont fait, font ou feront pour l'école. Sans eux, cette dernière aurait depuis longtemps fermé ses portes. Le soutien des hommes et des femmes est l'un des plus vivants brevets de longévité qui soient. Le rôle de l'historien est de mettre à jour ces liens si puissants, ainsi que les événements qui en découlent et surtout les individus (souvent attachants) qui les animent pour mieux les faire connaître à la postérité. Ce travail n'est pas vain. Il contribue, comme tant d'autres œuvres humaines, à éloigner le spectre de l'oubli. À ce titre, nous espérons que cet ouvrage aura apporté quelques lumières bienvenues sur l'histoire entrepreneuriale d'hommes et de femmes qui, indéniablement, méritent d'être mieux connus.

La célébration d'un jubilé – qui plus est d'un bicentenaire – ne va pas en général sans une certaine mélancolie. Les participants songent qu'ils ne verront sans doute pas la commémoration suivante… Cependant, c'est avec confiance qu'il nous est permis d'envisager l'avenir. Lorsque ces lignes paraîtront, les commémorations du bicentenaire de ESCP auront battu leur plein et l'école, sous le feu des projecteurs, sera déjà vaillamment entrée dans son troisième centenaire. Puissent ces manifestations – et ces pages – constituer une source d'énergie à laquelle les membres de la communauté ESCP viendront s'abreuver pour maintenir et renforcer sur la longue durée les liens multiples qui les unissent. Avec eux, il nous semble que l'école peut envisager avec confiance les défis de demain et saura y faire face dans le même esprit d'entreprendre et, espérons-le, avec le même succès !

Ad multos annos.

Adrien Jean-Guy Passant

Postface

« Le hasard ne favorise que les esprits préparés »
Louis Pasteur

Au lendemain des cérémonies du bicentenaire, au-delà de la fierté d'avoir célébré pour la première fois les 200 ans d'une école de commerce, la communauté de ESCP se doit d'être à même de répondre aux nombreux et nouveaux défis auxquels les Business Schools sont confrontées. Celles-ci sont entrées dans une phase de mutations majeures qui se déroulent sous plusieurs aspects : *pédagogique* avec l'intégration des nouvelles technologies, *géographique* avec l'arrivée de nouveaux entrants dont la Chine et *sociologique* avec la prise en compte de besoins nouveaux exprimés par des étudiants qui ont une conception du monde en général, et de celui du travail en particulier, bien différente de celle de leurs aînés.

Mais ESCP a déjà pris en compte ces révolutions dans la scolarité de ses cursus :

1) Le numérique

Les EdTech (Technologies Eductives) ouvrent les possibles en changeant la manière d'enseigner, surtout à ESCP qui se développe sur 6 campus. Cette transformation s'applique aussi bien aux services personnalisés aux étudiants, aux cours dispensés et à l'expérience utilisateurs. Aussi l'école a été la première à rendre obligatoires des cours de codage informatique, mais aussi des cours de « décodage » pour donner aux étudiants les clés de compréhension managériales qui se trouvent derrière la technique et une clé de compréhension des enjeux sociétaux du numérique.

L'intégration du numérique dans la pédagogie ne se limite pas cependant à cet apprentissage du code, elle va aussi enseigner par exemple aux étudiants et aux participants des programmes de formation continue les implications du Big Data ou de l'Intelligence Artificielle.

2) Le maintien du caractère original du modèle ESCP

Depuis 4 ans, l'école a mis en place une politique de « Brand & Size » qui allie la qualité de la marque via un maintien de la sélectivité des étudiants et l'accroissement des effectifs de l'école, via une augmentation des programmes et des tailles des promotions.

Il s'agit d'acquérir une taille critique qui permettra à l'école de se positionner dans un secteur qui est en concentration et d'effectuer les investissements nécessaires au développement de l'expérience pédagogique.

La sélectivité reste un élément clé et le fait que l'école fasse partie des 1% des écoles de commerce à bénéficier de la multi-accréditation (AACSB, EQUIS, EFMD, AMBA) en est un garant.

Après se pose la question des alliances, tant en France qu'à l'étranger.

Pour la France, Sorbonne Alliance avec les Universités de Paris 1 et de Paris 2 représente une force académique de grande ampleur, avec plus de 250 enseignants-chercheurs rien qu'en gestion et management.

Ce partenariat va de pair avec ceux déjà existants avec les Mines et Centrale-Supélec avec lesquelles l'école a déjà des accords de double diplôme, mais aussi avec Ferrandi, école française de gastronomie, qui vient de lancer « Hosted » avec ESCP, le nouveau pôle de formations supérieures et de recherche en management de l'hôtellerie et du tourisme.

En matière de partenariats internationaux, l'école a renforcé sa présence en Asie et plus particulièrement en Chine avec des accords avec les meilleures universités de Chine comme Tsinghua, Zhejiang, Université de Pékin et Shanghai Jiao Tong, mais d'autres pays comme l'Inde ne sont pas négligés.

Ces actions ne font pas oublier l'ancrage européen et l'originalité profonde du modèle de l'école qui avait anticipé de plus de 40 ans le souhait d'Emmanuel Macron, lors de son discours prononcé à la Sorbonne en septembre 2017 où il indiquait vouloir « engager un processus d'harmonisation ou de reconnaissance mutuelle de diplômes de l'enseignement secondaire » entre les pays de l'UE.

Ce modèle, celui de l'EAP, existe depuis 1973 et a été développé par la suite. Par exemple, l'école va être leader d'un consortium intitulé EU4E (European University for Entrepreneurs), en partenariat avec l'Université ISM de gestion et d'économie (Lituanie), l'Université Kozminski (Pologne), l'Université Mondragon (Espagne) et l'Université Catholique Portugaise (Portugal) pour lancer le consortium « European University For Entrepreneurs » (EU4E), dont la première étape du projet a été finalisée avec la signature d'un protocole d'accord entre les partenaires sur la problématique de l'enseignement de la thématique de l'entreprenariat.

Toujours dans l'optique de la préparation de l'après bicentenaire, l'école a annoncé les prémices de refonte de son campus avenue de la République. Ce changement radical s'accompagne de l'agrandissement conséquent à venir des campus de Londres et de Berlin ainsi que des déménagements futurs à Turin et à Madrid dans des locaux plus adaptés à notre développement.

3) L'évolution sociologique

Pendant de très nombreuses années, le modèle anglo-saxon du management a été « la » norme enseignée et pratiquée dans le monde des affaires. Du fait du changement des mentalités des « jeunes » générations, une approche humaniste, inspirée des pratiques européennes, plus sensible à la dimension interculturelle apparaît comme une alternative crédible. Cet enjeu figure explicitement dans la stratégie de l'école et, lors de son accréditation AACSB, ESCP a mis en avant son action sur la responsabilité, l'éthique individuelle, la compréhension du monde et la prise en compte de sa complexité.

Toute une réflexion a été récemment portée par le corps professoral sur la notion de leadership et du rôle du manager dans des structures plus souples et adaptées aux récentes évolutions, et par exemple, le professeur Isaac Getz, notamment, est considéré comme un des meilleurs spécialistes du concept d'« entreprise libérée ».

Plus importante est la prise en compte du mouvement qui a été révélé en France par le Manifeste étudiant pour un réveil écologique et qui est le reflet de la considération des étudiants pour les enjeux du développement durable dans les enseignements. L'école a créé une Chaire Economie circulaire & Business Models durables et le campus de Berlin a ouvert deux MSc dans ce domaine : International sustainability management et Entrepreneurship and Sustainable Innovation. Des associations étudiantes, comme « The NOISE » contribuent aussi à ces actions qui vont irriguer tout l'écosystème de l'école.

Enfin, il ne faut pas oublier ce qui a été à l'origine de ESCP, c'est-à-dire l'entrepreneuriat. L'augmentation constante des étudiants / jeunes diplômés qui créent leur société pendant ou juste après leur scolarité constitue un élément de fond qui est maintenant intégré. Un institut Jean-Baptiste Say, aux méthodes extrêmement novatrices, constitue l'une des fiertés de l'école qui héberge également un incubateur européen d'entreprises, la Blue Factory.

Si ces défis sont nouveaux, ils s'intègrent dans la longue histoire de ESCP qui a été jalonnée par de nombreuses évolutions qui lui ont donné une personnalité propre et un ensemble d'éléments qui lui sont intrinsèques. C'est à ce titre qu'ils forment le « fil d'Ariane » de l'établissement depuis sa création et qui repose sur l'idée que la formation au management est bien plus que l'apprentissage de pratiques et de méthodes.

Enfin en clôture de cet ouvrage, je veux marquer ma reconnaissance à ceux qui ont contribué à l'histoire de l'école, à quelque niveau que cela soit, et à ceux qui vont façonner son avenir.

L'école est prête à relever les grands défis qui se présentent à elle et, pour affirmer son ambition, reprend son appellation « historique » qui renvoie à ses 4 atouts :

Excellence
Singularité
Créativité
Pluralisme.

Car tout a démarré ici
It all starts here

Frank Bournois
Directeur général ESCP
Décembre 2019

Remerciements

Le moment des remerciements est toujours agréable.

D'abord, il annonce le terme d'un travail. Le présent ouvrage est issu des annexes de notre thèse de doctorat en sciences de gestion, soutenue à l'Université Paris 1 Panthéon-Sorbonne le 8 novembre 2018, au terme de quatre années d'intense travail. À ce titre, ce livre est le fruit d'une aventure intellectuelle singulière et de longue haleine que nous avons plaisir à nous remémorer.

Le moment des remerciements invite, ensuite, à former quelques vœux d'indulgence à l'attention du bienveillant lecteur. Comme l'écrit le fabuliste, « Loin d'épuiser une matière, on n'en doit prendre que la fleur ». Nous ne saurions être plus éloquent que Jean de La Fontaine. Nous reconnaissons ainsi que, en dépit de nos efforts méritoires, notre travail ne saurait être exhaustif ni parfait. Bien des amendements seraient à apporter pour éclaircir, approfondir, et nuancer le propos de notre texte. À ce titre, le présent ouvrage n'est qu'une étape d'un processus de recherche que nous espérons avoir l'occasion de poursuivre ou de voir poursuivi par d'autres chercheurs.

Enfin, le moment des remerciements incite l'auteur à se pencher avec reconnaissance sur tous ceux qui ont apporté leur contribution à son travail. Nous tenons en premier lieu à remercier deux chercheurs qui ont veillé avec bienveillance à nos premiers écrits ; à savoir Andrea Colli, professeur à l'Université Bocconi (Italie), et Stephanie Decker, professeur à la Aston Business School (Royaume-Uni). Ces derniers ont fait preuve d'une grande générosité en nous accordant leur attention et en nous faisant bénéficier de leurs conseils. Ensuite, nous adressons toute notre gratitude à Jacqueline McGlade, professeur à la Valley City State University (États-Unis), à Matthias Kipping, professeur à la Schulich School of Business (Canada), à Rolv Petter Amdam, professeur à la BI Norwegian Business School (Norvège), à Behlül Üsdiken, professeur à la Sabanci School of Management (Turquie) ainsi qu'à Jean-Pierre Nioche, professeur émérite à HEC Paris. Qu'ils soient remerciés pour leurs encouragements et les marques d'intérêt dont ils ont fait preuve à l'égard de nos recherches.

Bien évidemment, les personnels de ESCP n'ont pas non plus ménagé leurs efforts pour la parution de cet ouvrage. Le premier parmi eux à qui nous devons tant n'aura malheureusement pas vu ce travail achevé qu'il avait pourtant appelé de ses vœux. Décédé en 2017, le professeur

Christopher Kobrak restera pour nous une incontournable référence morale et scientifique. Nous n'aurions pas non plus pu réaliser l'ensemble des entretiens de cette recherche sans une mise en contact qui nous a été permise par Gilles Gouteux. Ce dernier nous a également ouvert les portes de ses archives professionnelles et a partagé avec nous plusieurs des trésors d'archives qu'il a sauvés d'une destruction certaine. Notre gratitude est également acquise à Dimitri Champollion qui a contribué à ce que ce livre soit édité. Nous n'aurions pu réaliser non plus cet ouvrage sans les anciens directeurs de l'école qui ont accepté de nous rencontrer et qui ont généreusement partagé avec nous les souvenirs d'une époque, guère lointaine, où ils dirigeaient l'école. Nos remerciements vont ainsi à Véronique de Chantérac-Lamielle, à Jacques Perrin, à Jean-Christian Serna, à Jean-Louis Scaringella, à Pascal Morand, à Pierre Koch et à Édouard Husson. Un grand merci également à l'actuel directeur général de l'école, Frank Bournois, dont le soutien nous a permis d'arpenter les couloirs, caves et greniers de l'école avec une très appréciable liberté. Nos remerciements vont aussi à Christian Vulliez, à Xavier Cornu et à Yves Portelli, ainsi qu'à tous les anciens dirigeants consulaires, anciens personnels administratifs et anciens élèves de l'école que nous avons rencontrés et qu'il nous serait impossible de désigner ici nommément. Nous adressons une affectueuse salutation en particulier à deux anciens élèves de l'école, Michel Moracchini (promotion 1945) et François Valverde (promotion 1946), dont la mémoire, la générosité et la gentillesse infatigables nous ont permis d'approcher le passé de l'école pendant la Seconde Guerre mondiale, période jusque-là très peu connue de l'histoire de ESCP.

Un grand merci à tous les chercheurs avec lesquels nous avons pu interagir et qui, d'une manière ou d'une autre, nous ont permis d'améliorer notre travail. Nous pensons notamment à Lovasoa Ramboarisata que nous avons rencontrée à l'occasion d'un colloque en juillet 2017. Merci également à Caroline Verzat, à Noreen O'Shea ainsi qu'à Sylvain Bureau que nous avons rencontrés à ESCP. Nous tenons aussi à remercier tout particulièrement Mar Pérezts pour les conseils généreux et attentifs qu'elle nous a prodigués depuis notre rencontre en 2017. Avec deux de ses collègues d'EMLYON Business School – Jean-Louis Magakian et Abdel Mokhtari – Mar a manifesté un intérêt réel pour notre travail de recherche : Mar, Jean-Louis et Abdel, je suis heureux d'avoir croisé votre chemin et espère avoir l'occasion de travailler avec vous dans un avenir proche !

Le présent livre s'appuie sur des sources innombrables qu'il a fallu identifier, puis exploiter. Nos remerciements vont ainsi au service des archives de la Chambre de commerce et d'industrie de région Paris – Île-de-France, et en particulier à Thierry Robert, Bruno Cartier, Yolaine du Réau et Philippe Lesmesle pour leur patience et leur soutien moral. Nous remercions ensuite les très valeureux soutiens du personnel de la bibliothèque de ESCP : Valérie Aimé-Bourelly et Thierry Coquery qui nous ont, avec confiance, permis d'explorer les caves de la bibliothèque de l'école où sommeillaient des documents d'archives oubliés et d'une grande valeur historique. Nos remerciements s'adressent également à Françoise Pieuchot, à Anne-Sophie Lemonnier et à Servane Barbot, qui nous ont orienté avec une disponibilité et une bonne humeur constantes pendant ces quatre années de recherches ; merci pour ce soutien inestimable !

J'ai, enfin, une dette particulière envers mon entourage qui a eu la patience et la persévérance de me soutenir tout au long de ce travail. Toute mon affection est adressée à mes proches qui, présents de mille manières, m'ont encouragé et soutenu pendant ces quatre années. Merci à Jeanne, Loïc, Catherine, Gilles, Chloé, Cyndie, Karen, Alice, Édouard, Anne-Laure, Yvan, Sophie, Audrey, Vesna et Véronique. Et, bien sûr, toute mon affection pour ma famille d'Orléans qui m'a offert de si beaux souvenirs.

Annexes

Annexe 1 – Les écoles de commerce ouvertes en Europe avant 1870

L'émergence de l'enseignement commercial dans l'Europe du dix-neuvième siècle demeure un sujet d'étude encore peu connu. L'existence, avant 1870, d'écoles supérieures de commerce est certes bien établie : les écoles supérieures de commerce de Paris (ouverte en 1819), d'Anvers (ouverte en 1852), de Mulhouse (ouverte en 1866) et de Venise (ouverte en 1868) ont déjà donné lieu à d'intéressantes monographies. Toutefois, l'ampleur de ce phénomène demeure largement méconnue. En effet, en dehors des quatre écoles susmentionnées, existait-il d'autres écoles supérieures de commerce en Europe durant les trois premiers-quarts du dix-neuvième siècle ?

À ce jour, les travaux qui se sont proposé d'étudier cette question selon une perspective européenne ne sont pas légion et aboutissent au constat qu'avant 1870 les écoles supérieures de commerce constitueraient un phénomène européen très résiduel, uniquement représenté dans un nombre limité d'États. La thèse de Philippe Maffre sur l'histoire de l'enseignement commercial supérieur en France au dix-neuvième siècle aborde de manière allusive l'existence de formations commerciales supérieures dans l'Europe d'alors[365]. De son côté, Didier Musiedlak, étudiant les conditions d'émergence et de développement de l'enseignement économique universitaire dans l'Italie du début du vingtième siècle via le cas de l'Université Bocconi, considère que la période antérieure à 1870 correspondrait à la naissance de l'enseignement commercial supérieur en Europe. Selon ses termes, avant 1870 l'enseignement commercial supérieur serait un phénomène embryonnaire et limité dans son extension géographique : « la première [période] est caractérisée par un mouvement très restreint tant pour le nombre des créations que pour leur rayonnement géographique. Trois pays seulement sont intéressés en Europe : la France, la Belgique et l'Italie »[366]. Ces conclusions s'inscrivent dans la droite lignée de travaux antérieurs : en 1971, Amelio Tagliaferri, examinant les conditions de

---

[365] Maffre P. (1983), « Les origines de l'enseignement supérieur commercial en France au XIXe siècle », thèse de troisième cycle en histoire, Université Paris 1 Panthéon-Sorbonne.

[366] Musiedlak D. (1980), « La création de l'Université Luigi Bocconi et le développement de l'enseignement supérieur commercial en Europe (1896-1914) ». In *Mélanges de l'École française de Rome. Moyen Age, Temps modernes*, vol. 92, no. 2, 625-662.

la création de l'École supérieure de commerce de Venise, avançait également que seuls ces trois États avaient déployé en Europe les linéaments d'un enseignement commercial supérieur avant 1870 ; les autres pays n'ayant, selon lui, pas encore organisé un tel enseignement. Ces conclusions ont généralement été reprises par nombre de chercheurs étudiant l'histoire de l'enseignement commercial sur cette période et au-delà. Parmi eux, Marino Berengo, puis Lars Engwall et Vera Zamagni maintiennent ainsi que les écoles supérieures de commerce constitueraient de fait, avant 1870, une exception idiosyncrasique propre à la France, à la Belgique et à l'Italie ; le reste de l'Europe ne s'ouvrant véritablement à cette forme d'enseignement commercial, selon eux, qu'à l'extrême fin du dix-neuvième siècle[367]. Plus récemment, d'autres auteurs ont même considéré que l'exception continentale représentée par l'émergence des écoles de commerce avant 1870 aurait donné naissance à un modèle « latin » de formation commerciale, modèle précoce et initialement moins académique qu'un modèle dit « germanique » qui se serait développé à la fin du siècle[368].

La présente annexe montre combien ces conclusions méritent d'être réexaminées : l'enseignement commercial dit « supérieur » avant 1870 a constitué un phénomène européen plus large dans son expression géographique que décrit jusqu'à présent, comme le révèle le tableau ci-dessous. Ensuite, si nombre d'écoles de commerce se proclament « supérieures » dès cette époque, il faut toutefois constater que cette appellation générique dissimule, en réalité, bien des différences de situations[369]. Enfin, il faut constater que, durant cette période, l'Europe est inégalement pourvue en formations commerciales. Cette situation repose sur plusieurs facteurs, tant matériels – l'inégale manifestation de la seconde industrialisation entre les différents États européens, les coûts de création des établissements de formation commerciale, l'insuffisance voire l'absence d'enseignants capables et qualifiés – que psychologiques – les mentalités contemporaines, majoritairement, ne sont pas favorablement disposées à l'égard de cet enseignement qui déjà stigmatise ceux qui le suivent, les « épiciers ». En cela, les formations commerciales présentent déjà, à l'époque, des profils contrastés, avec des niveaux d'instruction commerciale, des publics, des finalités et des moyens très hétérogènes entre les établissements.

[367] Berengo M. (1989), *La fondazione della Scuola superiore di commercio di Venezia*. Venezia: Il Cardo. Engwall L. & Zamagni V. (1998), *Management Education in Historical Perspective*. Manchester: Manchester University Press, 4-7.
[368] Kaplan A. (2015), "European management and European business schools: Insights from the history of business schools". *European Management Journal*, no. 32, 529-534.
[369] Passant A. J.-G. (2016), "Issues in European business education in the mid-nineteenth century: A comparative perspective", *Business History*, 58, 7, 1118-1145.

Pays	Ville	Institution	Ouverture
Allemagne	Bautzen	Institut de commerce public de Bautzen	1856
	Breslau	Institut supérieur de commerce de Breslau	1869
	Brunswick	Institut supérieur de commerce de Brunswick	1861
	Chemnitz	Institut de commerce public de Chemnitz	1848
	Dantzig	Académie de commerce de de Dantzig	1814
	Dresde	Institut de commerce de Dresde	1854
	Dresde	École supérieure de commerce de Dresde	1860
	Erfürt	École supérieure de commerce d'Erfürt	1868
	Gera	École supérieure de commerce de Gera	1849
	Hanovre	École de commerce municipale de Hanovre	1837
	Königsberg	École de commerce de Königsberg de Leipzig	1850
	Leipzig	Institut public de commerce de Leipzig	1831
	Leipzig	Institut de commerce de Leipzig	1869
	Munich	École de commerce municipale de Munich	1868
	Nuremberg	École de commerce municipale de Nuremberg	1834
	Osnabrück	École internationale de commerce d'Osnabrück	1838
	Stuttgart	École de commerce de Stuttgart	1854
Autriche	Budapest	Académie de commerce de Budapest	1857
	Graz	Académie de commerce et d'industrie de Graz	1861
	Laybach	Institut commercial de Laybach	1834
	Prague	Académie de commerce de Prague	1856
	Prague	École de commerce Skrivan	1856
	Reichenberg	École de commerce	1854
	Vienne	École de commerce Pazelt	1840
	Vienne	École de commerce Schwalbl	1864
	Vienne	Académie de commerce de Vienne	1858
	Vienne	École de commerce Mühlbauer	1848
Belgique	Anvers	Institut supérieur de commerce d'Anvers	1852
Danemark	Copenhague	Académie de commerce Grüner	1843
Espagne	La Coruña	École de commerce de La Coruña	1850
	Barcelone	Académie de commerce de Barcelone	1787
	Bilbao	École de commerce de Bilbao	1850
	Cadiz	École de commerce de Cadiz	1803
	Grande Canarie	École de commerce de Grande Canarie	1857
	Madrid	École de commerce de Madrid	1828
	Malaga	École de commerce de Malaga	1850
	Santander	École de commerce de Santander	1850
	Séville	École de commerce de Séville	1850
	Valence	École de commerce de Valence	1787

France	Mulhouse	Académie de commerce de Mulhouse	1781[370]
	Mulhouse	École supérieure de commerce de Mulhouse	1866
	Paris	École spéciale de commerce et d'industrie de Paris	1819
	Paris	Académie de commerce de Paris	1815
Hollande	Amsterdam	École de commerce d'Amsterdam	1846
Italie	Turin	École de commerce de Turin	1809[371]
	Turin	École spéciale de commerce de Turin	1850
	Venise	École supérieure de commerce de Venise	1868
Portugal	Lisbonne	École de commerce de Lisbonne	1759
Roumanie	Bucarest	École de commerce publique de Bucarest	1864
	Craïova	École de commerce publique de Craïova	1867
	Galatz	École de commerce publique de Galatz	1864
Russie	Moscou	Académie pratique de commerce de Moscou	1810
	Moscou	École de commerce de Moscou	1804
	Odessa	École de commerce d'Odessa	1862
	Saint-Petersbourg	École de commerce de Saint-Petersbourg	1772
Suède	Stockholm	École de commerce Schartau	1865
	Gothemburg	École de commerce de Gothemburg	1826

La lecture du tableau ci-dessus révèle que l'une des premières écoles de commerce créées en Europe est l'École de commerce de Lisbonne, ouverte le 1er septembre 1759. Son initiateur en est le premier ministre, Sebastião José de Carvalho e Melo, qui deviendra dix ans plus tard marquis de Pombal. Formant de jeunes garçons âgés de 11 ans révolus, cette école connaîtra une longévité inédite pour l'époque : elle disparaîtra en 1844, après quatre-vingt-cinq années d'existence.

Le Portugal devait également être à l'origine de l'une des toutes premières écoles de commerce du continent américain : l'École de commerce de Rio de Janeiro, ouverte en 1810. Indirectement, la France contribua à cette fondation car c'est l'invasion napoléonienne du Portugal en 1807 qui contraignit la famille royale ainsi que la plupart des nobles de Lisbonne à l'exil au Brésil. Face au prolongement de l'exil, et à la nécessité corollaire de disposer d'une élite sur place pour y administrer les affaires du royaume – la première banque du Brésil fut ouverte en 1808 – mais aussi pour continuer à soutenir le commerce maritime avec les alliés britanniques, le Prince Joã prit la décision d'ouvrir une école de commerce à Rio de Janeiro, nouvelle capitale du royaume portugais.

[370] Comme mentionné dans le chapitre 1 du présent ouvrage, l'Académie de commerce de Mulhouse a été ouverte à une époque où Mulhouse n'est pas encore rattachée à la France. La République de Mulhouse, indépendante depuis le quatorzième siècle, ne sera réunie à la jeune République française qu'en 1798, soit dix ans après la fermeture de l'école mulhousienne.

[371] La première école de commerce de Turin a été ouverte sous le Premier Empire, en 1809, à une époque où la ville, française, est chef-lieu du département du Pô (1802-1814).

Comme nous l'avons vu dans le premier chapitre du présent ouvrage, quelques années plus tard, en 1825, le cofondateur de ESCP, Amédée Brodart, allait également ouvrir l'une des premières écoles de commerce du continent américain, dans un pays nouvellement indépendant – l'Argentine – : l'Académie de comptabilité à Buenos Aires.

Ces quelques éléments révèlent combien l'histoire des écoles de commerce est ancienne et constitue encore, en grande partie, une *terra incognita* que de futures recherches permettront de mieux connaître. Contrairement donc à une idée reçue largement répandue – et diffusée parfois même au sein des milieux gestionnaires ou par leur intermédiaire – les écoles de commerce ne sont pas nées aux États-Unis ni même à l'extrême fin du dix-neuvième siècle ou au vingtième siècle : des établissements précurseurs, et aux origines géographiques diverses, les ont précédées[372].

[372] Pour plus de détails sur ce passionnant sujet, nous renvoyons le lecteur aux articles suivants : Passant A. J.-G. (2016), "Issues in European business education in the mid-nineteenth century: A comparative perspective", *Business History*, 58, 7, 1118-1145. Gonçalves M. & Da Costa Marques M.C. (2011), "Evolução do ensino da contabilidade em Portugal na segunda metade do século XIX: uma análise histórica, 1844-1886", *Pecvnia*, 13, 201-220. García Ruiz J. L. (1994), "Apuntes para una historia crítica de las Escuelas de Comercio", *Cuadernos de Estudios Empresariales*, 4, 135-154.

ANNEXE 2 – LES ÉCOLES D'INGÉNIEURS AVEC SECTION D'ENSEIGNEMENT COMMERCIAL EN EUROPE AVANT 1870

La présente annexe rappelle que si l'enseignement commercial dans l'Europe du dix-neuvième siècle a, traditionnellement, été abordé en référence aux écoles supérieures de commerce et aux facultés de commerce, il convient de ne pas oublier que les écoles d'ingénieurs ont aussi, parfois, offert une formation mixte dans les matières commerciales et techniques pour les étudiants se destinant aux affaires. De ce fait, les départements commerciaux de plusieurs écoles d'ingénieurs ont constitué au dix-neuvième siècle une première tentative publique, mais éphémère, pour promouvoir un modèle d'éducation commerciale combinant étroitement enseignement commercial et enseignement technique, et ce bien avant le vingtième siècle[373].

Pays	Ville	Institution	Ouverture de l'école	Ouverture de la section commerciale
Allemagne	Karlsruhe	Institut polytechnique de Karlsruhe	1825	1832
	Munich	Institut polytechnique de Munich	1868	1868
	Stuttgart	Institut polytechnique de Stuttgart	1829	1829
Autriche	Lemberg	École industrielle et commerciale de Lemberg	1865	1870
	Prague	Institut polytechnique de Prague	1806	1806
	Trieste	Académie commerciale et nautique de Trieste	1744	1817
	Vienne	Institut polytechnique de Vienne	1815	1815
Espagne	Madrid	Institut royal industriel de Madrid	1850	1850
Italie	Milan	Institut royal technique de Milan	1863	1863
	Naples	École d'ingénieurs de Naples	1863	1863
	Turin	École d'ingénieurs de Naples de Turin	1860	1860
Pays-Bas	Delft	Académie royale de Delft	1842	1842
Portugal	Lisbonne	Institut polytechnique de Lisbonne	1852	1869
	Porto	Académie royale polytechnique de Porto	1837	1837
Russie	Riga	Institut polytechnique de Riga	1862	1868
Suisse	Lausanne	École industrielle de Lausanne	1869	1869
	Zurich	École industrielle de Zurich	1773	1833

[373] Passant A. J.-G. (2019), "The early emergence of European commercial education in the nineteenth century: Insights from higher engineering schools", *Business History,* 61, 6, 1051-1082.

Annexe 3 – Liste des différents noms portés par ESCP depuis 1819

Dates	Noms officiels de l'école depuis sa fondation	Logos associés
1819	École spéciale de commerce et d'industrie	–
1821	École spéciale de commerce[374]	–
1852	École supérieure de commerce[375]	–
1905	École supérieure pratique de commerce et d'industrie de Paris[376]	–
1928	École supérieure de commerce de Paris[377]	–
1964	École supérieure de commerce et d'administration des entreprises de Paris	–
1969	École supérieure de commerce de Paris	ESCP
1980	Groupe ESCP	GROUPE ESCP
1999	ESCP-EAP	ESCP-EAP OXFORD PARIS MADRID BERLIN European School of Management

[374] L'orthographe « École spéciale du commerce » est également attestée pendant cette période.

[375] L'orthographe « École supérieure du commerce » est également attestée pendant cette période.

[376] Pour des raisons de lisibilité, la section maritime de l'école, créée en 1905 et transformée en « École supérieure de navigation maritime » de 1908 à 1913, n'a pas été présentée dans le tableau.

[377] Pour des raisons de lisibilité, le cycle secondaire de l'école, créé en 1905 et transformé en « École secondaire de commerce » de 1941 à 1949 n'a pas été mentionné dans ce tableau.

Dates	Noms officiels de l'école depuis sa fondation	Logos associés
2009	ESCP Europe	ESCP EUROPE
2019	ESCP	ESCP BUSINESS SCHOOL

ANNEXE 4 – LISTE DES DIFFÉRENTS SITES URBAINS OCCUPÉS PAR ESCP DEPUIS 1819

Dates	Adresses officielles de l'école en France [378]	Ville	Précisions
1819 - 1819	4 rue du Bouloi, Paris (75001)	Paris	Adresse personnelle de Germain Legret
1819 - 1820	Rue Jean-Jacques Rousseau, Paris (75001) [Rue de Grenelle-Saint-Honoré avant 1868]	Paris	Hôtel des Fermes
1820 - 1829	62 rue Saint-Antoine, Paris (75004) [143 rue Saint-Antoine avant 1868]	Paris	Hôtel de Sully
1830 - 1832	47 rue des Tournelles, Paris (75003) [10 rue Neuve-Saint-Gilles avant 1839]	Paris	Immeuble de rapport
1832 - 1838	59 boulevard Beaumarchais, Paris (75003) [59 boulevard Saint-Antoine avant 1833]	Paris	Ancien hôtel particulier du XVIIIe siècle
1838 - 1898	102 rue Amelot, Paris (75011) [22 rue Saint-Pierre-Popincourt avant 1868]	Paris	Ancien hôtel particulier de Mme de Vaxheim
1898 - …	79 avenue de la République, Paris (75011)	Paris	Immeuble consulaire
1914 - 1917	108 boulevard Malesherbes, Paris (75017)	Paris	Immeuble de l'école HEC
1939 - 1940	3 rue de Belgique (internat) et boulevard du Sichon (classes), Vichy (03200)	Vichy	Hôtel du Havre et de New-York
2000 - 2002	6 avenue de la Porte de Champerret, Paris (75017)	Paris	Ancien campus de l'école EAP (1992-2000)
2003 - 2019	81 avenue de la République, Paris (75011)	Paris	Immeuble consulaire
2017 - …	3 rue Armand Moisant, Paris (75014)	Paris	Campus de l'école Novancia

378 Pour des raisons de lisibilité, les sites additionnels occupés à titre temporaire quelques semaines, tels que les locaux de l'École commerciale de l'avenue Trudaine à Paris investis en octobre 1914 par les élèves du cycle secondaire, ne sont pas ici répertoriés. Les numérotations des arrondissements de Paris correspondent aux arrondissements actuels.

Dates	Adresses officielles de l'école en dehors de France	Pays	Précisions
2000 - **2004**	12 Merton Street, Oxford (OXI 4JH)	Angleterre	Campus ouvert par l'EAP (1976)
2000 - …	6-10 Heubnerweg, Berlin (14049)	Allemagne	Campus ouvert par l'EAP (1985)
2000 - …	1 Calle Arroyofresno, Madrid (28035)	Espagne	Campus ouvert par l'EAP (1992)
2004 - …	527 Finchley Road, Hampstead, London (NW3 7BG)	Angleterre	Campus ouvert par ESCP-EAP (2004)
2004 - **2005**	38 Corso Stati Uniti, Turin (10128)	Italie	Immeuble de l'Unione Industriale di Torino
2005 - …	218 bis Corso Union Sovietica, Turin (10128)	Italie	Locaux de l'Université de Turin
2015 - …	57-59 Jagiellońska Saint, Varsovie (03-301)	Pologne	Locaux de l'Université Kozminski

Annexe 5 – Tableau des principales évolutions historiques de ESCP depuis 1819

Critères de comparaison	1819- 1821	1821- 1852	1852- 1905	1905- 1928	1928- 1964	1964- 1969	1969- 1980	1980- 1999	1999- 2009	2009- …
Nature de l'école	École de commerce	École de commerce	École de commerce	École de commerce	École de commerce	École de commerce	École de management	École de management	École de management	École de management
Périmètres des activités	Formation initiale	Formation initiale	Formation initiale	Formation initiale	Formation initiale	Formation initiale	Formation initiale et continue, recherche	Formation initiale et continue, recherche	Formation initiale et continue, recherche	Formation initiale et continue, recherche
Régime juridique	BP, SCG	SCG, BP, SCA	SC, BP, SCCIP	SCCIP	SCCIP	SCCIP	SCCIP	SCCIP	SCCIP / Asso	SCCIP / Asso / ÉESC
Siège social	Paris	Paris	Paris	Paris	Paris	Paris	Paris	Paris	Paris	Paris
Statut social	ÉTPS	ÉTPS	ÉTPS	ÉTPS	ÉTPS, ÉES	ÉES	ÉES	ÉES, GÉCM	ÉES, GÉCM	ÉES, GÉCM
Dénomination de l'école	École spéciale de commerce et d'industrie	École spéciale de commerce	École supérieure de commerce	École supérieure pratique de commerce et d'industrie de Paris	École supérieure de commerce de Paris	École supérieure de commerce et d'administration des entreprises de Paris	École supérieure de commerce de Paris	Groupe ESCP	ESCP-EAP	ESCP Europe, ESCP
Nombre de campus	1	1	1	1	1	1	1	1	4 puis 5	5 puis 6
Nombre de professeurs permanents	0	0	0	0	0	0-3	3-68	75-89	119-129	129-156

Critères de comparaison	1819- 1821	1821- 1852	1852- 1905	1905- 1928	1928- 1964	1964- 1969	1969- 1980	1980- 1999	1999- 2009	2009- ...
Nombre d'élèves/ an	60-70	60-118	89-278	217-792	252-1 079	708-775	700-775	700-1 850	2 556-3 957	3 917-5 573
Nombre de diplômés /an	0-8	6-17	8-69	26-256	200-230	238-255	220-250	250-660	815-1 647	1 620-1 911
% d'étudiantes	0 %	0 %	0 %	0 %	0 %	0 %	30 %-40 %	30 %-40 %	40 %-50 %	47-55 %
% d'élèves étrangers	0-30 %	?	0-20 %	0-9 %	0-2 %	0-2 %	2-5 %	10-18 %	18-40 %	40-51 %
Superficie des locaux	1 000 m²	1 500 m²	1 900 m²	8 000 m²	10 000 m²	15 000 m²	30 000 m²	30 000 m²	40 000 m²	58 000 m²

Légende : BP (bien personnel du propriétaire) ; SCG (société en commandite générale) ; SCA (société en commandite par actions) ; SC (société civile) ; SCCIP (service de la Chambre de commerce et d'industrie de Paris) ; Ass (association) ; ÉTPS (École technique postsecondaire) ; ÉES (Établissement d'enseignement supérieur) ; GÉCM (Grande école de commerce et de management) ; ÉESC (Établissement d'enseignement supérieur consulaire). Note : après 1999, le régime juridique de l'école est double car les campus européens ont le statut d'associations dans leurs pays respectifs, alors que le campus de Paris est un service consulaire jusqu'au 1er janvier 2018 inclusivement, puis un établissement d'enseignement supérieur consulaire.

Annexe 6 – Schéma des principales évolutions organisationnelles et stratégiques de l'École depuis 1819

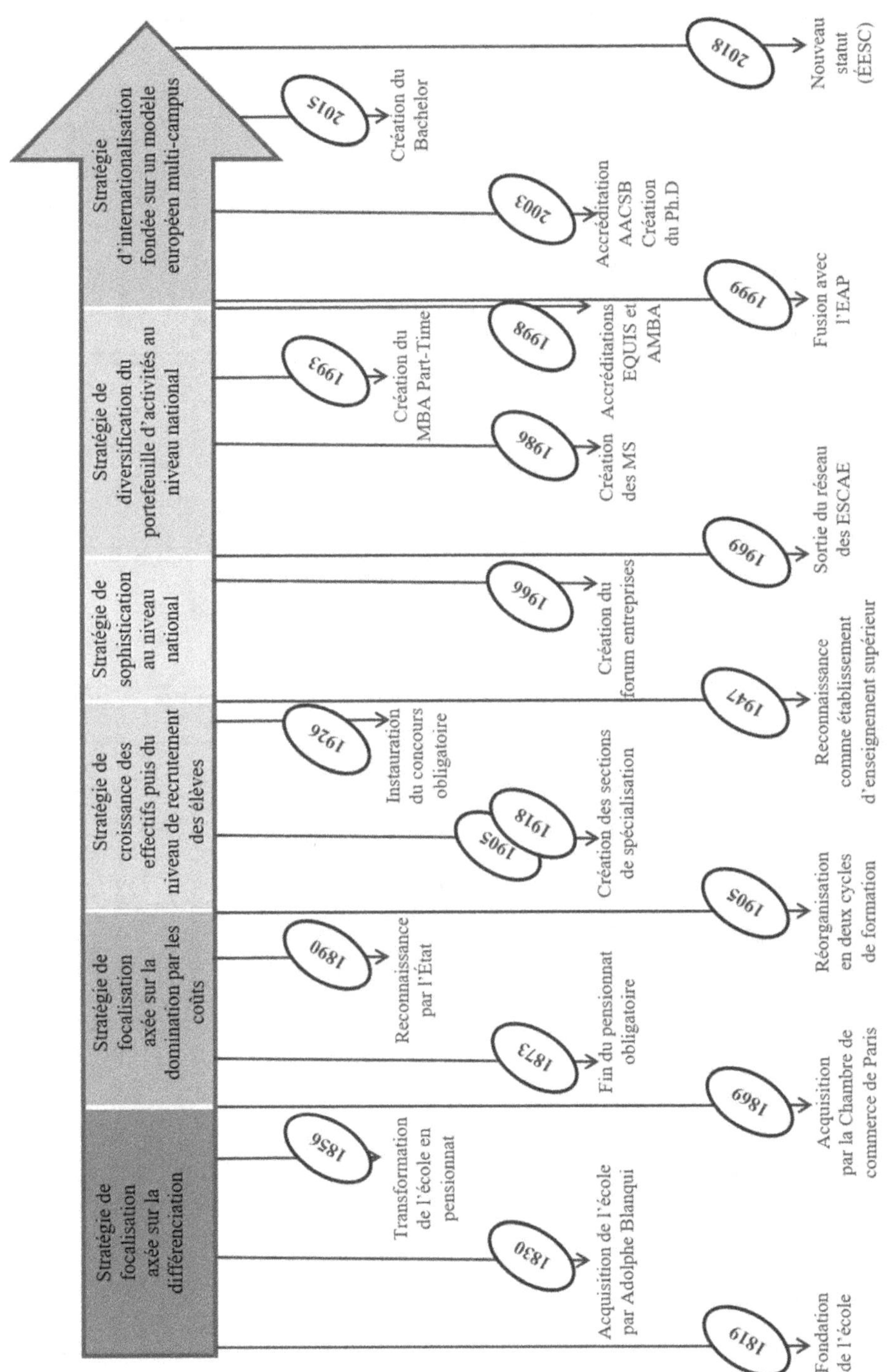

Annexe 7 – Schéma des principales évolutions du programme de formations de l'École depuis 1819

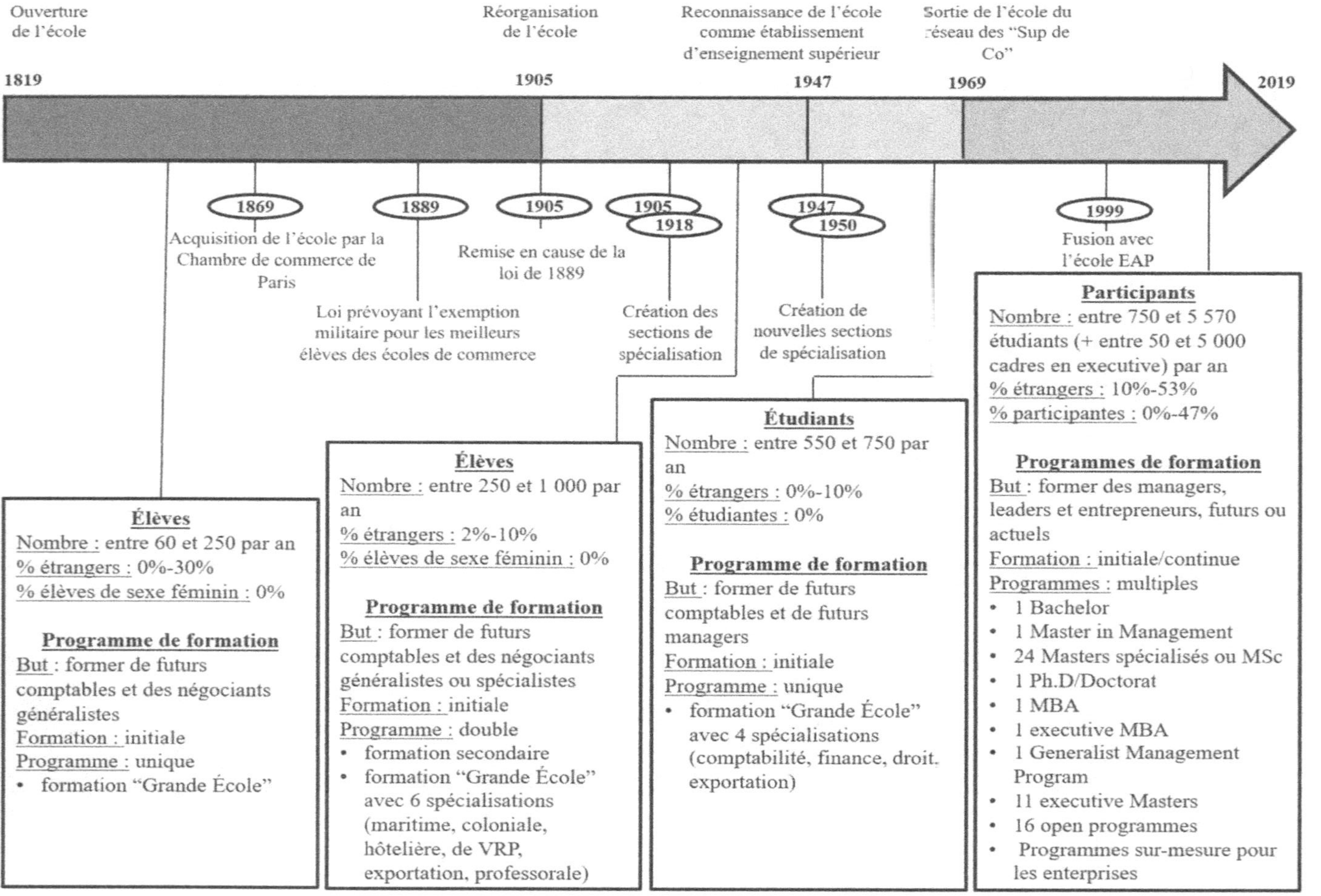

Annexe 8 – Liste des directeurs ayant dirigé ESCP depuis 1819

Une voie féconde pour comprendre l'évolution d'une organisation dans la longue durée consiste à s'intéresser à ses dirigeants. Dans notre cas, s'intéresser à l'ensemble des directeurs qui ont administré ESCP, à leur origine sociale et académique, puis à leur carrière est une démarche fructueuse. Cette dernière permet, en effet, de saisir sur un plan prosopographique, entre autres choses[379], l'évolution de la stratégie de l'école dans la longue durée.

La lecture du tableau ci-dessous est éclairante. Depuis son ouverture en 1819, vingt-six directeurs se sont succédé à la tête de ESCP – soit presque autant que de présidents de la République en France. Comparativement à d'autres écoles de commerce, ce nombre ne semble pas particulièrement élevé. Une comparaison est évidemment difficile dans la mesure où aucune autre école de commerce n'a, à ce jour, atteint les deux siècles d'existence. Néanmoins, si ce chiffre est comparé à celui d'autres écoles de commerce, on peut constater qu'il semble plutôt s'inscrire dans ce qui pourrait s'apparenter à une moyenne[380] :

- HEC Paris a connu quatorze directeurs depuis sa fondation en 1881 ;
- HEC Montréal a été dirigée par dix directeurs au cours de son premier siècle d'existence (1907-2007) ;
- La Harvard Business School a également connu dix directeurs au cours de son premier siècle d'existence (1908-2008) ;
- La Copenhagen Business School a connu onze directeurs au cours de son premier siècle d'existence (1917-2017) ;
- L'École supérieure de commerce de Rouen, aujourd'hui devenue Neoma Business School, a connu quatorze directeurs depuis sa fondation en 1871.

La durée des mandats est fortement variable, s'étendant de deux mois pour Pierre Koch (2014) à vingt-huit ans pour Paul Wiriath (1910-1937). Il semble que des périodes de mandats directifs de longue durée – comme les directions Perrin (1979-1989) et de Chantérac-Lamielle (1989-1999), qui sont restés tous les deux dix ans à la tête de l'école –, aient délibérément été recherchées par la Chambre de commerce et d'industrie de Paris après des périodes de directions nettement plus brèves – les directions Schapira (1972-1974) et Serna (1974-1979).

Véronique de Chantérac-Lamielle est à ce jour la seule femme à avoir dirigé l'école. La Chambre de commerce et d'industrie de Paris tenait, à

[379] Une telle démarche permet également de comprendre la politique de recrutement de l'organisation de manière longitudinale.

[380] Ce chiffre paraîtra même faible comparativement à celui du nombre de présidents consulaires. Au cours de ses deux premiers siècles d'existence (1803-2003), la Chambre de commerce et d'industrie de la région Paris – Île-de-France a connu pas moins de soixante-cinq présidents.

l'époque, à ne pas féminiser le titre. De ce fait, Véronique de Chantérac-Lamielle n'a pas été « Directrice générale » de l'école mais bien « Directeur général ». D'autres femmes ont exercé des fonctions de direction au sein de l'école, et notamment à la tête des campus de Madrid (Annie Médina) et de Paris (Claudine Bertin-Lord).

Étonnamment, aucun directeur de ESCP n'est diplômé de l'école ; ce qui contraste avec d'autres écoles de commerce telles que l'INSEAD, HEC Paris, l'ESSEC, l'EMLYON, Toulouse Business School ou même, en leur temps, l'École supérieure de commerce de Marseille ou HEC-Jeunes Filles qui sont des écoles dont plusieurs anciens directeurs étaient également des anciens élèves.

Pourquoi cette particularité de ESCP ? Des recherches plus approfondies semblent nécessaires pour répondre à cette question qui ne manque pas d'étonner le chercheur aujourd'hui. Néanmoins, si aucun directeur de l'école n'en a été préalablement diplômé, il apparaît que plus de la moitié d'entre eux exactement (quatorze sur vingt-six) y avaient déjà travaillé, soit en qualité de professeurs (Adolphe Blanqui, Aimé Girard, Paul Schwaeblé, Jules Grelley, Véronique de Chantérac-Lamielle, Frank Bournois), soit en qualité de cadres administratifs (Guillaume Gervais, A. Rollin, François Belin, Jean Vigier, Jean Schapira, Pierre Koch), ou les deux (Amédée Brodart, Pascal Morand). Cet état de fait semble confirmer que le recrutement interne des dirigeants est une manifestation de la communauté que l'organisation construit autour de son projet pour assurer sa pérennité.

Autre remarque, tous les directeurs de l'école ont été jusqu'à présent de nationalité française[381]. Cette situation, parfaitement compréhensible lorsque l'école était uniquement une école de commerce française monosite au dix-neuvième siècle et au vingtième siècle, est plus étonnante pour le vingt-et-unième siècle. De 1999 à 2019, tous les directeurs généraux de l'école ont été français ; les directeurs des campus européens étant, quant à eux, de la nationalité du pays d'implantation. Si l'école s'oriente, comme cela semble être le cas, vers un type de développement inspiré par le modèle de L'Oréal – une entreprise d'origine française mondialement connue avec plusieurs implantations à l'international –, cette particularité pourrait être amenée à disparaître à l'avenir. Comme nous l'ont annoncé les actuels dirigeants de l'école, l'hypothèse d'un directeur général de nationalité étrangère est tout à fait possible pour l'avenir, à condition que des candidatures de qualité émanant de ce genre de profils émergent le moment venu. Plusieurs écoles de commerce françaises sont d'ores et déjà dirigées par des directeurs étrangers, comme le Canadien Peter Todd, directeur général de HEC Paris depuis 2015, ou encore l'Italien Vincenzo Esposito Vinzi, qui est le directeur général du groupe ESSEC depuis 2017.

---

[381] Cette remarque ne vaut pas pour l'école EAP avec laquelle le Groupe ESCP a fusionné en 1999. L'école EAP a connu quatre directeurs au cours de son histoire (1973-1999) dont trois étaient de nationalité française. Son troisième directeur, Sybren Tijmstra, était, quant à lui, hollandais.

Pour ce qui concerne les titres universitaires des directeurs, plusieurs tendances peuvent être observées. Au dix-neuvième siècle, la moitié des directeurs de l'école étaient militaires de formation (Amédée Brodart, Henri Monnier des Taillades, Paul Schwaeblé, Jules Grelley, Victor Cantagrel), l'autre moitié ayant suivi des formations en droit (Louis Pelleport) ou en médecine (Guillaume Gervais), voire en chimie (Aimé Girard). Au vingtième siècle, la moitié des dix directeurs sont juristes de formation (François Belin, René Villemer, Jean Schapira, Jean-Christian Serna et Véronique de Chantérac-Lamielle), les autres ayant suivi des cursus en sciences humaines (Paul Wiriath et Jean Vigier) ou en économie (Jacques Perrin). Il faut attendre l'aube du vingt-et-unième siècle pour qu'apparaissent les premiers gestionnaires de formation à la tête de l'école : Jean-Louis Scaringella est ainsi le premier directeur de l'école diplômé en sciences de gestion (diplômé de HEC et de la Harvard Business School), suivi par le directeur intérimaire Pierre Koch (diplômé de l'INSEAD), puis de Frank Bournois (diplômé de l'EMLYON et de la Aston University)[382].

Relativement peu de directeurs ont exercé des fonctions professionnelles dans des entreprises privées avant d'occuper la tête de l'école : seuls dix directeurs sur les vingt-six qu'a connus ESCP ont travaillé dans ce genre d'établissements[383]. Trop de détails sur les secteurs d'activités couverts par ces fonctions manquent à ce jour pour poursuivre l'analyse plus en profondeur.

Toutefois, l'analyse longitudinale de leurs parcours professionnels révèle qu'au cours du temps la population des directeurs ayant exercé des fonctions de direction dans d'autres établissements de formation s'est accrue. En effet, pendant son premier siècle d'existence, sur les treize directeurs que l'école a comptés, deux seulement avaient déjà dirigé une école de commerce avant de prendre les rênes de l'établissement parisien ; à savoir Victor Cantagrel (ancien directeur de l'École supérieure de commerce de Montpellier) et Émile Paris (ancien directeur de l'École commerciale de l'avenue Trudaine).

En revanche, au cours de son deuxième siècle d'histoire, sur les treize directeurs que l'école a connus, quatre avaient déjà dirigé une école de

[382] Sur les quatre directeurs qui ont dirigé l'EAP, deux avaient reçu une formation en gestion. Il s'agit de Michel Furois, diplômé de l'EDHEC (1951), et de Michel Raimbault, diplômé de HEC (1971) et titulaire d'un doctorat en sciences des organisations de l'Université Paris IX-Dauphine (1980). Les deux autres directeurs de l'EAP avaient reçu des formations dans des disciplines autres que la gestion. Sybren Tijmstra avait reçu un doctorat en sciences sociales de l'Université d'Amsterdam tandis que Bruno Leblanc avait obtenu un doctorat en économie de l'Université d'Oxford.

[383] Cette remarque ne vaut pas pour l'école EAP. Par exemple, son premier directeur, Michel Furois, avait travaillé en entreprise avant de prendre la direction de l'EAP. Le troisième directeur de cette école, Sybren Tijmstra avait également exercé des fonctions d'encadrement et de direction dans des organisations internationales, telles que la European Foundation for Management Development ou l'Institute of Strategic Management Europe, avant de prendre la tête de l'école. Son dernier directeur, Michel Raimbault, avait été consultant en stratégie et en management auprès de groupes industriels, comme Saint-Gobain, et d'organisations publiques, comme le CNRS.

commerce : Marius Desbordes (ancien directeur de l'École commerciale de la rive gauche), Jean Vigier (ancien directeur de l'École commerciale de la Chambre de commerce et d'industrie de Paris), Véronique de Chantérac-Lamielle (ancien directeur de l'Institut supérieur des affaires) et Jean-Louis Scaringella (ancien directeur du Centre de perfectionnement des affaires). En outre, deux autres directeurs avaient déjà dirigé un établissement d'enseignement supérieur autre qu'une école de commerce ; à savoir Pascal Morand (ancien directeur de l'Institut français de la mode) et Pierre Koch (ancien directeur de l'École nationale supérieure d'arts et métiers à Aix-en-Provence).

Cet accroissement du nombre de directeurs ayant préalablement déjà dirigé une école avant de prendre la tête de ESCP semble témoigner de la professionnalisation croissante de la fonction de directeur de l'école. Il s'agit là d'une hypothèse qu'il faudrait approfondir par des travaux ultérieurs[384].

[384] Pour chacun des directeurs de l'école, une biographie détaillée et illustrée – du moins pour la période postérieure à 1830 – est disponible dans le cadre de notre thèse de doctorat soutenue le 8 novembre 2018 à l'Université Paris 1 Panthéon-Sorbonne, pp. 592-686.

N°	Directeurs	Période de direction	Âge à la prise de fonctions	Durée du mandat	Nationalité	Titres scolaires lors de la prise de fonctions	Expérience professionnelle dans une entreprise privée avant la prise de fonctions	Logement du directeur à l'école	Enfants diplômés de l'école	Cause du départ à la tête de l'école
1	Germain Legret	1819-1821	67 ans	2 ans	Française	?	Négociant	Oui	Non	Départ volontaire
2	Amédée Brodart	1821-1824	31 ans	3 ans	Française	Ancien élève de l'École de Saint-Cyr	Négociant	?	Non	Départ volontaire
3	Henri Monnier des Taillades	1824-1829	?	4 ans	Française	Ancien officier d'artillerie	?	?	Non	Mort pendant son mandat
4	Louis Pelleport	1829-1830	?	< 1 an	Française	Licencié en droit	?	?	Non	Départ volontaire
5	Adolphe Blanqui	1830-1854	31 ans	24 ans	Française	Professeur à l'école	Non	Oui	Non	Mort pendant son mandat
6	Guillaume Gervais	1854-1867	51 ans	13 ans	Française	Docteur en médecine	Administrateur de la Compagnie des mines de la Loire	Oui	Non	Mort pendant son mandat
7*	Aimé Girard	1867-1869	37 ans	1 an	Française	Professeur à l'école	Non	?	Non	Départ volontaire
8	Paul Schwaeblé	1869-1880	34 ans	11 ans	Française	Ancien élève de l'École polytechnique	Ingénieur principal à la Compagnie des forges de la Franche-Comté	Oui	Non	Mort pendant son mandat
9*	A. Rollin	1880-1880	?	2 mois	Française	?	?	?	Non	Départ volontaire
10	Jules Grelley	1880-1898	41 ans	18 ans	Française	Ancien élève de l'École polytechnique	Employé dans l'industrie	Oui	Non	Départ à la retraite
11	Victor Cantagrel	1898-1904	57 ans	6 ans	Française	Ancien élève de l'École polytechnique	Non	Oui	Non	Départ à la retraite
12	Émile Paris	1905-1909	44 ans	4 ans	Française	Certifié du secondaire	Non	Oui	Non	Prise de fonction hors de la CCP
13	Paul Wiriath	1910-1937	43 ans	28 ans	Française	Agrégé d'histoire et de géographie	Non	Oui	Un fils	Départ à la retraite
14	François Belin	1938-1945	58 ans	7 ans	Française	Licencié en droit	Non	Oui	Non	Départ à la retraite
15	Marius Desbordes	1946-1947	51 ans	1 an	Française	Licencié ès sciences	Chef du service commercial d'une entreprise privée	Oui	Non	Mort pendant son mandat

N°	Directeurs	Période de direction	Âge à la prise de fonctions	Durée du mandat	Nationalité	Titres scolaires lors de la prise de fonctions	Expérience professionnelle dans une entreprise privée avant la prise de fonctions	Logement du directeur à l'école	Enfants diplômés de l'école	Cause du départ à la tête de l'école
16	René Villemer	1948-1966	47 ans	18 ans	Française	Docteur en droit, ingénieur des arts et manufactures	Ingénieur à la Compagnie de construction des fours de Montrouge	Oui	Non	Départ à la retraite
17	Jean Vigier	1967-1971	58 ans	5 ans	Française	Licencié ès lettres	Non	Oui	Non	Départ à la retraite
18	Jean Schapira	1972-1974	59 ans	2 ans	Française	Avocat à la Cour	Non	Non	Non	Promotion consulaire
19	Jean-Christian Serna	1974-1979	37 ans	5 ans	Française	Docteur en droit	Non	Non	Une fille	Promotion consulaire
20	Jacques Perrin	1979-1989	34 ans	10 ans	Française	Docteur ès sciences économiques	Responsable de la planification des produits chez ITT Oceanic	Oui	Non	Promotion consulaire
21	Véronique de Chantérac-Lamielle	1989-1999	39 ans	10 ans	Française	Docteur en droit	Non	Non	Une fille et un fils	Promotion consulaire
22	Jean-Louis Scaringella	1999-2006	51 ans	7 ans	Française	Docteur en droit, diplômé de la Harvard Business School	Non	Non	Non	Promotion consulaire
23	Pascal Morand	2006-2012	50 ans	6 ans	Française	Docteur ès sciences économiques	Non	Non	Deux filles	Promotion consulaire
24	Édouard Husson	2012-2014	43 ans	2 ans	Française	Docteur en histoire, agrégé de l'Université	Non	Non	Non	Départ de la CCIRP
25*	Pierre Koch	2014-2014	58 ans	2 mois	Française	Docteur en sciences de gestion, ingénieur de l'ENSAM, MBA	Adjoint au directeur de programme chez Renault	Non	Non	Prise de fonction en dehors de la CCIRP
26	Frank Bournois	2014-…	51 ans	…	Française	Docteur en sciences de gestion, MBA, agrégé de l'Université	Adjoint au directeur des ressources humaines chez Rhône-Poulenc	Non	Non	…

Légende : le signe * signifie que le directeur a été nommé à titre temporaire en qualité de directeur intérimaire ; « CCP » : Chambre de commerce de Paris ; « CCIRP » : Chambre de commerce et d'industrie de région Paris – Île-de-France.

Annexe 9 – Liste des sources consultées

Les archives témoignant de l'histoire de ESCP ont pour caractéristique d'être très dispersées. De ce fait, de très nombreux lieux de conservation ont été identifiés et fréquentés.

De manière classique, nous avons consulté les inventaires quand ils étaient disponibles[385], puis déchiffré les archives feuilletées ou microfilmées, puis photographié de très nombreux extraits afin d'avoir le temps, ultérieurement, de les analyser plus en profondeur tout en effectuant des allers et retours avec le reste de notre travail.

À ce jour, les personnels de ESCP sur le campus de l'avenue de la République à Paris conservent des documents d'archives dans leurs bureaux. Malheureusement, ces documents ne sont pas toujours identifiés comme tels : ils sommeillent dans les armoires des personnels administratifs et enseignants, dans les caves et dans le grenier de l'école. Y accéder est donc particulièrement difficile ; en grande partie parce que les détenteurs de ces documents ignorent qu'ils ont entre leurs mains des documents d'archives. Après les locaux mêmes de l'école, de nombreux sites conservent des documents d'archives sur l'histoire de celle-ci. Nous recensons ci-dessous les principaux que nous avons consultés pour rédiger le présent ouvrage[386].

1. Archives de la Chambre de commerce et d'industrie de région Paris – Île-de-France : 27 avenue de Friedland, 75008 Paris (France).
2. Archives départementales de Paris : 18 boulevard Sérurier, 75019 Paris (France).
3. Archives de l'Éducation nationale : 2 rue des Archives, 77300 Fontainebleau (France).
4. Archives de la famille Bonaparte : 59 rue Guynemer, 93383 Pierrefitte-Sur-Seine (France).
5. Archives de l'Institut national de l'audiovisuel : quai François Mauriac, 75706 Paris (France).
6. Archives du Monde du travail : 78 boulevard du Général Leclerc, 59170 Roubaix (France).
7. Archives municipales de Paris : place de l'Hôtel de Ville, 75004 Paris (France).
8. Archives de la Bibliothèque historique de la ville de Paris : 24 rue Pavée, 75004 Paris (France).
9. Archives de la Commission du Vieux Paris : 9 rue Cadet, 75009 Paris (France).
10. Archives de la Bibliothèque de l'Arsenal : 1 rue de Sully, 75004 Paris (France).

[385] Ce qui n'était pas le cas des documents d'archives conservés à la bibliothèque de ESCP et dans le bureau du responsable événementiel.

[386] Il s'agit ici d'une présentation très sommaire de l'état des sources que l'on peut consulter de façon plus détaillée dans le cadre de notre thèse de doctorat soutenue le 8 novembre 2018 à l'Université Paris 1 Panthéon-Sorbonne, pp. 889-923.

11. Archives municipales d'Amboise : 60 rue de la Concorde, 37400 Amboise (France).
12. Archives départementales d'Indre et Loire : 6 rue des Ursulines, 37100 Tours (France).
13. Archivi del Accademia delle Scienze di Torino : 6 via Accademia delle Scienze, Torino (Italia).
14. Archivo y Museo históricos del Banco de la Provincia de Buenos Aires Arturo Jauretche : Sarmiento 364 (1041), Ciudad de Buenos Aires (Argentina).

Parallèlement au dépouillement des archives, nous avons interrogé plus d'une soixantaine d'individus, au cours d'une centaine d'entretiens individuels. Nous nous sommes intéressés à tous les directeurs généraux de l'école, actuel et passés, de même qu'à tous les directeurs de l'enseignement à la Chambre de commerce et d'industrie de région Paris – Île-de-France, actuel et passés. Nous avons ensuite interrogé plusieurs directeurs académiques, présents et passés, de l'école, de même que des professeurs en activité ou retraités ayant exercé à l'école. Enfin, des responsables administratifs – directeurs de campus, responsables événementiels, etc. – ont été rencontrés. Les entretiens ont, en moyenne, duré entre une heure et deux heures. La plupart des enquêtés ont été rencontrés plusieurs fois. Pour la période antérieure aux années 1950, nous avons tenté de suppléer l'absence de directeurs généraux et de leurs proches collaborateurs d'alors en interrogeant les individus qui ont pu être témoins, voire acteurs, de la vie de l'école, quoiqu'avec des statuts différents (présidents de l'Association des anciens élèves[387], anciens professeurs, etc.).

[387] En dépit de nos tentatives, nous ne sommes malheureusement pas parvenus à rencontrer le doyen des anciens présidents de l'Association des anciens élèves qui était également l'un des doyens des anciens élèves – Jacques Ehrsam (1917-2018). Son état de santé ne nous a pas permis de l'interroger sur sa scolarité à l'école (1934-1936) ni sur son mandat à la tête de l'Association des anciens (1968-1972). À l'occasion de ce dernier, Jacques Ehrsam avait été acteur et témoin d'opérations stratégiques de premier ordre pour l'école : la création de la formation continue (1968), l'autonomisation de l'école en dehors du réseau des ESCAE (1969), l'introduction de la mixité (1970-1973), mais aussi le projet de fusion avec HEC-Jeunes Filles (1972). Jacques Ehrsam est malheureusement décédé au cours de notre travail, en juin 2018, à l'âge de 101 ans. Nous avons, en revanche, pu interroger l'un de ses successeurs, François Valverde, qui a été élève à l'école (1944-1946) puis président de l'Association des anciens élèves (1976-1979). Depuis le décès de Jacques Ehrsam, François Valverde est, à ce jour, le doyen des anciens présidents de l'Association des anciens élèves.

TABLE DES MATIÈRES

Structures éditoriales du groupe L'Harmattan

L'Harmattan Italie
Via degli Artisti, 15
10124 Torino
harmattan.italia@gmail.com

L'Harmattan Hongrie
Kossuth l. u. 14-16.
1053 Budapest
harmattan@harmattan.hu

L'Harmattan Sénégal
10 VDN en face Mermoz
BP 45034 Dakar-Fann
senharmattan@gmail.com

L'Harmattan Cameroun
TSINGA/FECAFOOT
BP 11486 Yaoundé
inkoukam@gmail.com

L'Harmattan Burkina Faso
Achille Somé – tengnule@hotmail.fr

L'Harmattan Guinée
Almamya, rue KA 028 OKB Agency
BP 3470 Conakry
harmattanguinee@yahoo.fr

L'Harmattan RDC
185, avenue Nyangwe
Commune de Lingwala – Kinshasa
matangilamusadila@yahoo.fr

L'Harmattan Congo
67, boulevard Denis-Sassou-N'Guesso
BP 2874 Brazzaville
harmattan.congo@yahoo.fr

L'Harmattan Mali
Sirakoro-Meguetana V31
Bamako
syllaka@yahoo.fr

L'Harmattan Togo
Djidjole – Lomé
Maison Amela
face EPP BATOME
ddamela@aol.com

L'Harmattan Côte d'Ivoire
Résidence Karl – Cité des Arts
Abidjan-Cocody
03 BP 1588 Abidjan
espace_harmattan.ci@hotmail.fr

L'Harmattan Algérie
22, rue Moulay-Mohamed
31000 Oran
info2@harmattan-algerie.com

L'Harmattan Maroc
5, rue Ferrane-Kouicha, Talaâ-Elkbira
Chrableyine, Fès-Médine
30000 Fès
harmattan.maroc@gmail.com

Nos librairies en France

Librairie internationale
16, rue des Écoles – 75005 Paris
librairie.internationale@harmattan.fr
01 40 46 79 11
www.librairieharmattan.com

Lib. sciences humaines & histoire
21, rue des Écoles – 75005 Paris
librairie.sh@harmattan.fr
01 46 34 13 71
www.librairieharmattansh.com

Librairie l'Espace Harmattan
21 bis, rue des Écoles – 75005 Paris
librairie.espace@harmattan.fr
01 43 29 49 42

Lib. Méditerranée & Moyen-Orient
7, rue des Carmes – 75005 Paris
librairie.mediterranee@harmattan.fr
01 43 29 71 15

Librairie Le Lucernaire
53, rue Notre-Dame-des-Champs – 75006 Paris
librairie@lucernaire.fr
01 42 22 67 13

Achevé d'imprimer par Corlet Numéric, Z.A. Charles Tellier, 14110 Condé-en-Normandie
N° d'imprimeur : 167371 - Dépôt légal : août 2020 — *Imprimé en France*

www.ingramcontent.com/pod-product-compliance
Lightning Source LLC
LaVergne TN
LVHW011951220826
846092LV00001B/154

9782343186597